爸爸怎能错过孩子的童年

阅读　运动　陪伴　榜样　游戏　情商　学习　大自然　学校教育

真正的陪伴

—— 爸爸教育孩子的9个关键词

张贵勇◎著

中央编译出版社
CCTP Central Compilation & Translation Press

教育的9个关键词

阅读 最适宜的年龄与最好的书相遇,迸发出的不仅是快乐,还会埋下一颗珍贵的种子。

运动 尽管经历了不少波折,但孩子运动的习惯保留了下来,也练就了他健康的体魄,积极向上的生活态度,走到哪里,都是一脸阳光。

陪伴 每每放下手里的工作,与孩子在一起,我的心里总是想着,这个小小的孩子需要我,我也需要他。

榜样 父母希望孩子成为什么样的人,父母自己首先要成为那样的人。父母修炼自己,就是在修炼孩子。

游戏 在喜欢的事物面前,每个孩子都能够做到过目不忘,思维极其活跃,火花四处发散,精彩观点脱颖而出,儿童因而成为哲学家。

情商 只要孩子对自己持积极的看法,对未来有乐观的态度,那父母就大可放心,这孩子这辈子不会离幸福太远。

学习 童年的学习,更多的是让孩子不断尝试各种事物,扩大孩子的阅读量,专注于打基础,激发兴趣,这样才能培养出有后劲的优等生。

大自然 "大自然不仅在智育中起着巨大的作用,在丰富儿童精神生活方面也起着同样重要的作用。"

学校教育 我提醒父母们要警惕凡事争第一的观念。唯分数至上者,其实并不利于孩子的未来成长。

各界好评

读这本书，我觉得，贵勇就像一株静静立在孩子身边的树，理性而有智慧。每个孩子都会是整个世界，你不可能不关注他，但你不必让他知道你的关注，更不要逼使或代替孩子去做他并不想做的事。依据常识，不为物所役，不给孩子灌输所谓的"成功"，让孩子自由地呼吸，享受生命的快乐，——贵勇做到了。

——吴非（杂文家）

今天我们如何做父母？这本书给出了答案：阅读、运动、陪伴、榜样……每一个关键词都蕴藏着童年的秘密，照亮了孩子成长的岁月，揭示了孩子成长的密码。我们从中看到了温情，看到了爱，也看到了智慧，看到了家庭教育无限丰富的可能。这本书摒弃了枯燥的说教，如此生动，又如此温暖。

——闫学（著名阅读推广人，著名特级教师，杭州市建新小学校长）

阅读这本书中的文字，总是不自觉地还原出一个个温馨画面，父亲与儿子，成人与儿童，相互发现，彼此欣赏，共同成长。

职业的特点，使得作者视野开阔，分析透彻；父亲的身份，则赋予作者温情的笔触，用心的运思。

今天，怎么做父母？这本书给我启发，更给我感动。

——周益民（著名阅读推广人，南京市琅琊路小学特级教师）

每次读爸爸和小伙的那些成长趣事，我都感受到浓浓的亲情从字里行间汩汩流淌。父子一起畅享成长的快乐，真是中国版的《父与子》。人说好妈妈胜过好老师。读完此书，面对现在的"男孩危机"，面对着那些需要拯救的"男孩们"，你一定会如我一样感叹：好爸爸胜过好老师！

——王艳芳（山东省威海市塔山小学）

真实、质朴、纯净，没有华丽的词藻，只有及时而真实的记录，随心而发的慨叹与反省，只有切切的父子情在笔端飞泻，浓浓的爱意在字里行间流淌，育人的技巧与智慧在一个个场景中彰显……怎样的爱才是真爱才算会爱？亲子之间如何交流？本书从教育人的视觉、媒体人的嗅觉、家长的触觉，为你打开一扇破天的窗，撑起一盏明亮的灯，解开心中的结与惑。

——王丽君（四川省阆中市教育教学研究室）

与其他很多介绍如何培养孩子的家庭教育著作不同，张贵勇的这本书讲的是生活中的真实故事，非常具有现场感，读来更加亲切。作者在学做父亲的过程中，边学习，边思考，边记录，总结出了9个关键词，并对每个关键词进行了具体生动的解读。尤其是记录孩子成长的片段，原生态地还原了一幕幕教育场景，更让人体会到他的用心。

特别值得注意的是，作者是用做事业的心态来培养孩子的，在做好教育记者的同时，也成为了一个好爸爸，做到了家庭事业兼顾，这在当下孩子教育中"父亲"普遍缺位的情形下更显得难能可贵。

用心做爸爸，和孩子一起出发，培养孩子一起成长。同样作为爸爸的我，从中受到了很多的启发。相信很多父母都能从这本鲜活的家庭教育手记中汲取家庭教育的智慧。

——刘波（浙江省宁波市镇海区仁爱中学）

目录
Contents

序 一　有父亲的陪伴，真好　窦桂梅 ………… 1
序 二　和孩子一起建造美好的生活　方卫平 ………… 5
自 序 ………… 9

成长关键词之一：阅读 ………… 1
一、亲子阅读进行时 ………… 5
　　1. 孩子不爱阅读怎么办 ………… 6
　　2. 何时让孩子自主阅读 ………… 7
　　3. 图画书可以不加筛选吗 ………… 8
　　4. 边读边讨论好不好 ………… 9
二、为孩子选书是一门学问 ………… 11
三、亲子共读的惑与获 ………… 13
四、在那些经典故事里想起我 ………… 15
五、和哲哲一起读《猫头鹰王国》 ………… 18
六、有关阅读的成长片段 ………… 21

1. 像大卫·威斯纳一样疯狂 21
2. "眼泪是自己掉下来的" 24
3. 最美的文字，最美的心灵 26
4. 每个细节都印在心里 28
5. "为什么他们手里的书不一样" 30

成长关键词之二：运动 35
一、让孩子爱上运动的秘密 39
    1. 运动项目要与孩子年龄相匹配 40
    2. 孩子的运动量多少合适 42
    3. 养成运动习惯受用终身 44
    4. 专项培训要有教练指导 45

二、滑板上的成长 48
三、泳池里的快乐童年 50
四、加内特也是好爸爸 53
五、有关运动的成长片段 55
    1. "你是我的运动之神" 55
    2. "跑着跑着就舒服多了" 56
    3. "跟着一群人过马路挺安全的" 57

成长关键词之三：陪伴 59
一、父母不能做"甩手掌柜" 63
    1. 敏感期离不开父母的陪伴 63
    2. 陪伴孩子，父母双方都不能缺位 64
    3. 陪伴不是一个物理概念 66

二、单车上的父与子 67
三、我怎么爱你也不够 69

四、因为你是我的孩子 71

五、那些云下的日子 73

六、有关陪伴的成长片段 76

  1."有你天天陪着,我很幸福" 76

  2.一封给爸爸的表扬信 78

  3."有你在我就不害怕" 80

  4.爱是什么？爱是陪伴！ 81

  5."牙齿真的掉了,也不怪你" 84

成长关键词之四：榜样 87

一、父母如何为孩子做榜样 90

  1.为了孩子,改变自己 94

  2.做积极上进的学习榜样 97

  3.在细微处为孩子做榜样 99

二、父亲的含义是榜样 101

三、好爸爸是如何练成的 103

四、化不开的父爱 106

五、多年父子亦兄弟 108

六、有关榜样的成长片段 110

成长关键词之五：游戏 113

一、儿童游戏的原则与禁忌 117

  1.各个年龄段孩子的游戏不一样 118

  2.在游戏中观察孩子 120

  3.亲子游戏要以孩子为出发点 122

  4.换种角度看待网络游戏 124

二、奥特曼对于孩子的意义 126

三、让网络游戏成为教育好帮手 129

四、在网游中发现孩子的特点 131

五、与游戏有关的成长片段 135

成长关键词之六：情商 139

一、如何培养孩子的情商 143

    1. 培养情商的若干建议 144

    2. 帮助孩子排遣负面情绪 152

二、有个小孩喜欢恶作剧 153

三、会变魔术的小孩 155

四、话里话外都是爱 157

五、我家的搞怪大王 159

六、有关情商的成长片段 162

    1. "不对，是害羞的斑马" 162

    2. "我喜欢从一开始就快乐" 164

    3. "记得要多吃胡萝卜呀" 166

    4. "你怎么这么不解风情呢" 167

    5. "我妈妈什么也没买，拿了两个塑料袋" 169

    6. 一个叫"梦幻"的冬日 171

成长关键词之七：学习 173

一、让孩子爱上学习的秘诀 178

    1. 在积极的状态下学习 178

    2. 让孩子学会管自己 181

    3. 教孩子自主学习的能力 184

二、和孩子一起画画 186

三、在生活中扫盲 189

四、有关学习的成长片段 191
    1. 知识不是力量，思考才是 191
    2. 孩子是天生的艺术家 193
    3. 充满求知欲的小学生 195
    4. "你要多向科学老师学习" 197

成长关键词之八：大自然 199

一、该如何去亲近大自然 203
    1. 不同年龄亲近自然的方式不一样 204
    2. 鼓励孩子在大自然中记笔记 206
    3. 出游前宜做好几种准备 208

二、"每个孩子都应该多亲近自然" 210

三、有关大自然的成长片段 215
    1. "这真是野餐的好地方" 215
    2. 萦绕在乡间里的笑声 216
    3. 大自然有一种神奇的力量 218

成长关键词之九：学校教育 221

一、弥补学校教育的不足 225
    1. 家庭教育才是孩子成长的根本 225
    2. 孩子上学后，父母要做的事情更多 226
    3. 家长要多加强与老师的沟通 228
    4. 如何看待分数 231

二、哲哲的班事 232

三、快乐的小学生活 235

四、一流考生不等于一流学生 238

五、有关学校教育的成长片段 242

1. 一大群作业正在接近……...............242
2. "告诉答案也好也不好"...............244
3. "你的心纯净得像一块水晶，不染纤尘"...............246
4. "看来老师说的也不全对"...............247
5. 学习坐在路边鼓掌的小朋友...............249

结语：长长的路 251

附录：推荐给家长的 99 本经典童书 253

序一　有父亲的陪伴，真好

窦桂梅

北京清华附小校长，全国著名特级教师

前不久，《爸爸去哪儿》这档电视节目吸引了很多人的关注。

这档节目之所以一下子引起观众的兴趣，成为坊间热议的话题，我认为不仅仅在于明星及其宝贝们在野外、沙漠、海岛、雪地里让人忍俊不禁的表现，而是触动了很多家庭的神经，抛出了当前我国家庭教育普遍存在的问题——父亲在家庭教育中的缺位。

我有一个女儿，是我一手带大的。和很多家庭一样，我的爱人也是忙于工作，陪伴女儿时间很少。女儿小时候，我是一边备课、教书，一边照顾她的生活。有时候我在想，还好是个女儿，由我来带相对没有那么多的问题。如果是个儿子，他会长成什么样，我真的无法想象。

当读到贵勇这本书时，我有一种眼前一亮的感觉。这本书让我看到了有父亲陪伴的孩子过着怎样的生活，拥有怎样的童年，以及孩子思维、品格的独特之处。从这些细腻而真诚的文字中，我愈发觉得，当前的家庭教育需要父亲担起责任，需要父亲身体力行为孩子做好榜样，更需要父亲为孩子的内心注入坚定从容、果断自信和幽默风趣等品质。

据我的观察，父爱缺失或者父亲缺位的家庭，孩子往往缺乏自信，自尊心低下，自制力差，过于敏感，容易焦躁、孤独，产生情感障碍，动手能力和学业成绩也相对不够理想。在班级事务的参与过程中，缺少积极性和主动性。即便他们成人以后,也会有许多不良的生活习惯,难以在精神上"立"起来。

而那些有父亲陪伴的孩子,由于父亲的言传身教,更容易从父亲身上获得更多的知识、创造力、想象力,求知欲、好奇心和自信心得到充分激发,拥有更多的生活经验。父亲的角色不仅关系到孩子个性品质的形成、性别角色的正常发展,也影响孩子的智力发展和身心成长。当然,这些都不是绝对的,但父亲在孩子成长中有不可或缺的作用却是毋庸置疑的。

从某种角度讲,贵勇这本书与其说是一个父亲对孩子的成长记录、一份父亲的育儿手记,不如说是在践行一种趋于理想化的家庭教育。尽管世界上没有完美的家庭教育,但书中展现的诸如在孩子成长的关键期给予恰当的帮助,以身作则引领孩子成长,带孩子感受大自然,从小爱上体育运动等,无疑是家庭教育所应遵守的首要原则。

书中选取的9个关键词——阅读、运动、陪伴、榜样、游戏、情商、学习、大自然、学校教育,也可谓抓住了孩子成长的关键点,找准了家庭教育的着力点。难能可贵的是,他针对每个关键词都进行了理论上的阐述、实践上的支撑,并辅以鲜活生动的故事。在阅读的过程中,一个可爱而调皮的孩子形象跃然纸上,一个个充满爱与温馨的教育场景浮现于眼前。我在敬佩贵勇育儿智慧的同时,更深深赞同他常年坚持为孩子大声朗读、陪伴孩子成长、在生活中教孩子知识、做学校教育的好帮手等理念。

其实,这9个关键词很多家长都知道很重要,但真正能做到并长期坚持下来的并不多。这本书让我们明白,爱孩子并不简单,教育孩子光有爱还不够,最重要的是拥有一个积极的家庭教育观,并在现实中不打折扣,身体力行。

这是因为,教育的核心是发掘潜力,培养能力,健全人格。家庭教育的主要功能是给孩子成长的空间,教孩子学会做人、学会生活,而这是学校教育所无法代替和补充的，两者在教育职责和定位上有着天然的区别。如果说学校教育重在解决孩子知识与社会化等外向性问题，那么家庭则重在培养孩子的乐观个性、独立人格等内向性问题。

相对来说，家庭教育是根，学校教育是枝叶。孩子的成长，家庭担负着重要职责。当前家庭教育最需要解决的问题，就是提高家长的自身素养，不断降低在其育儿过程中的错误率。我一直觉得，有父母陪伴的孩子是幸福的，尤其是有父亲陪伴的孩子。有着良好家庭教育的孩子在学校教育中也能得心应手，游刃有余，更好地适应集体生活，成为同龄人羡慕和学习的榜样。

值得一提的是，书中把阅读作为孩子成长的首要内容，就家庭阅读的误区和要点给予细致的分析，并讲述了父与子之间生动感人的读书生活，这一点我深表赞赏。英国著名学者斯沃勒·普埃尔说过："我一生中所读的书形成了我的世界观、我的信念、我的生活以及其他众多方面。许许多多的作品讲述的故事成了我生平之事的一部分，后来逐渐成为我灵魂的一部分。"可见，阅读之于一个人的成长不是可有可无，而是影响深远。

清华附小的孩子从一入学起，就开始阅读经典童书。6年下来，几乎每个孩子都阅读了二三百本书，有着满满的收获，因而能够在许多地方展现出自己独特的一面。而今，越来越多的家长认识到，给孩子读经典童书是一件非常重要且影响深远的事。因为经典阅读虽然与孩子的生活紧密相连，其中却往往藏着哲学的意蕴，在阅读中孩子们会更好地感受自己的生命存在，并从中建立起自己的世界观与价值观。所以，我真心希望广大父母能像贵勇一样，从阅读做起，帮助孩子养成终生受益的习惯，给孩子高质量的家庭教育。

贵勇是一个敬业、勤奋且视野开阔的记者，也是一个细心、耐心且富有爱心的父亲。如今，他8年的育儿文章经过认真梳理和总结后，辑录出版，对他来说是与孩子一起成长的见证，对很多家长而言则是一种有益的借鉴，尤其是那些全职妈妈更应该读一读。

　　当下家教类图书随处可见，但像这样朴实、坦诚、用心的图书，坦率地说并不多，书中所阐述的教育理念也都是基于日常生活的经验总结，有着对生活细节的观察思考，有着教育记者与众不同的视角与判断。这应该是这本书最大的价值所在吧。

　　最后，祝贺贵勇新书出版。是为序。

2014年1月于北京

序二　和孩子一起建造美好的生活

方卫平
著名儿童文学理论家，浙江师范大学教授

　　我是一口气读完了《真正的陪伴》一书的书稿。这是一部带有育儿手札性质的著作，作者张贵勇先生既是教育媒体领域的一位优秀记者，也是生活中一位优秀的父亲。我听说他的这些文章，大部分都是发表在博客上的育儿体会和感受。在繁冗的工作之外，他不但匀出时间陪伴他的孩子，而且有心地记录着与孩子在一起的点滴感受和思考，更把这样一种看似微不足道的写作行为一直坚持了下来，着实令人钦佩。显然，这样的写作不但源自作者对儿童教育的充沛热情和独到思考，更源自一颗深爱着孩子的父亲的心。

　　结合自己的育儿经验，作者为孩子的成长总结出了9个关键词：阅读、运动、陪伴、榜样、游戏、情商、学习、大自然、学校教育。我以为，对孩子的教育和成长而言，这9个关键词非常重要，它们构成了一个相对独特、完整、有机的儿童教育的观念体系，其中有些关键词，比如运动、陪伴、大自然等，显然也是今天的童年生活和成长中越来越缺乏的教育元素和资源。贵勇有着多年的教育采访工作经验，对许多当代教育问题也倾注了长期的关注，在他提出的这9个关键词中，包含着深刻的现代教育精神和智慧，也包含着对于当前一些儿童教育问题的关切和反思。

不过，如果仅以理论的方面而论，那么我们从许多其他的教育论著和育儿书籍中，也可以读到不少相似的论说。事实上，阅读这本书，最吸引我的还不是作者就儿童的各类教育问题展开的理论思考和总结，而是他在与自己的孩子相伴的这些岁月里，他们彼此所付出和体验到的那份发自内心的快乐和爱。正是诞生在一个父亲和孩子之间的这样一份真挚的欢乐和爱，赋予了书中的教育论说以一种动人的温度，它不是一个科学的教育工作者在客观地总结孩子的教育和成长规律，而是一位全情投入的父亲在向世人展示自己与孩子的彼此教育与共同成长过程。

在我看来，使《真正的陪伴》这本书变得最为与众不同的，是与作者本人真实的家庭生活体验联系在一起的那份生动的教育在场感和深浓的亲子之爱。它赋予了这本教育手札以一种怡人的亲切之感，也赋予了其中的教育智慧以一种日常生活的真实体温。在谈到教育的许多经验和体会时，作者的许多文字其实不是说理性的，而是抒情性的，它首先是对于作者本人曾体验过的那些美好、动人的亲子生活场景的充满深情的书写。比如谈到阅读对孩子成长的意义，其中最触动我们的不是关于阅读功能与意义的任何理论性的阐说，而是那个在被孩子冰雹般的问题砸得手忙脚乱的同时，仍然坚持每天和孩子一起读书、一起分享阅读快乐的父亲的身影，还有那个不管多晚都等待着父亲归来与他一起完成共读约定的孩子的身影。在这里，阅读不但被表述为一个有效的教育途径，更成全了父亲和孩子生命中最珍贵的一段时光和记忆。

我特别喜欢这本书每一章最后所附的"成长片段"部分。这些记录着孩子诗意的日常言行和动人的成长瞬间的文字，是这本著作中可以当作"诗"来读的一个部分。只有那些对孩子满怀挚爱的父母们，在与孩子的朝夕相处中，才能捕捉住这么多一闪而过的成长的小碎影，并且懂得从这些碎影的折射中去理解和学习那个光彩熠熠的童年的世界。它让我想起意大利哲学家、心理学家皮耶罗·费鲁奇的著作《孩子是个哲学家》。这本以作者本人对自己孩子的日常生活观察为思考触发点的儿童哲学小书，让我们看到了成人除了能从孩子身上发现孩子自己的世界之外，他们还能够从这个世界里学到什么。就此，我们也可以说，《真正的陪伴》不是要教人们如何教育孩子，而是要告诉人们如何与孩子一起建造一种美好的生活——而我相信，把教育还原为美好的生活，这正是教育最应有的本义。

在今天的家庭教育背景下，《真正的陪伴》还有一个特别的教育意义：它出自一位父亲之手。这样，这本书在探讨一般的家庭教育方式之外，又多了另一重富于当下性的教育意义，那就是关于父亲在孩子的成长中能够以及应该扮演什么样的角色的思考。这是一个意义重大的家庭教育课题；贵勇以他的亲身实践，向我们展示了父亲如何担任着孩子成长中的陪伴者、守护者和分享者的角色。相信父亲们读完这本书，一定也会觉得受益匪浅。

2014 年 1 月 22 日于浙江师范大学红楼

自 序

如果给人生画一条分水岭，无疑是当了爸爸之后。

和许多年轻父母一样，我并不知道如何当父亲，尤其是当一个称职的好父亲，我也是一路摸索，一路学习。但我知道再按小时候父母教育我那般去管教自己的孩子，是行不通的，毕竟时代不同了，社会环境也有了很大变化——当下的家庭教育面临着更多的挑战。

独自摸索，有过自得的经验，也有刻骨的教训。

美国学者约翰·霍特当了十年多的小学教师。他在《孩子为何失败》一书中指出，学校是一个让学生变笨的地方。由于孩子在学校试图取悦或逃避成人要求的各种方法，反过来学校未能满足学生的真正需求，于是培养出品学兼优的孩子就成了空中楼阁。

其实，家庭教育与学校教育有很多相似之处，如果不能在成长的关键期教给孩子恰当的能力，不能满足孩子的成长需求，不能在某些细节上做到遵循教育规律，那么也将注定遭遇教育失败。媒体上报道的诸如啃老、寡恩、离家出走等社会新闻，无不证明了家庭教育的失败。这些不是危言耸听，相反恰恰证明了失败的家庭教育所必须承受的结果。

身为教育记者，我十多年来在一线采访，有机会接触许多教育专家，如郑渊洁、卢勤、李子勋、周国平、全美优秀教师雷夫·艾斯奎斯、"巴巴爸爸"系列作者泰勒等。他们犀利的观察和独到的观点，常常让我反思家庭教育的得与失，想着如何在教育孩子上少走弯路。我还经常拿自己的孩子作为研究甚至采访对象，以了解他的情感、内心世界。

我也针对教育热点话题进行过深入采访。例如，我和同事一起探究了"奥数热"背后的利益驱动；约请众多专家与教师座谈，了解孩子不快乐的内在原因；去广州和深圳等地的家长学校采访，以探究如何在学校与家庭之间做好沟通，形成教育合力；到开展公民教育的中小学，探究怎样培养合格的世界公民。新闻见报后，有很多引起了不小的社会反响。

2009年，我到了《中国教育报》读书周刊，有机会阅读大量童书，并不间断地向教师和学生家长推荐经典童书，采访相关专家，请他们畅谈童书阅读的要点与规律。这无形中也为我的亲子阅读提供了大量经验，让我与孩子的相处越来越融洽。

如果说，这个世界上还存在好的教育，一定是从不间断的学习和实践中得来的。

我不想做失败的爸爸，不希望自己的孩子稀里糊涂地长大。我希望孩子健康成长，给他成长的养分，帮他养成好习惯，让他成为他所希望成为的那个自己。为此，我更看重他的习惯养成、情商培养和品行塑造，在培养他的健全人格、引导他爱上体育，以及提高动手能力等方面不遗余力。

慢慢地，我总结出了家庭教育的9个着力点，也可谓9个成长关键词。它们分别是阅读、运动、陪伴、榜样、游戏、习惯、情商、大自然、学校教育。

好在8年多的时间里，我看到了努力的结果。我家的哲哲爱读书，爱运动，好交际，思维活跃，动手能力强，在家里、在学校都快快乐乐，享受着他的五彩童年。

9个关键词，背后都是大量时间与精力的付出，都有或成功或失败的经验总结，都有让人回味的生活事例。我希望，众多的父母们能从这些关键词中感受到一位记者的深入思考、一位父亲的辛勤付出、一位家长的良苦用心。

我们，一起陪伴孩子成长吧。

成长关键词之一：阅读

我不能确定那些图画书能在哲哲的心里最终沉淀或生成什么，但看着他始终保持着孩子所特有的纯真与善良，有着热爱生活、勇于承担、积极进取的品质，我知道，那些堪称艺术品的图画书在不经意间浸润着童心，为他的心灵奠定了亮丽的底色。

最适宜的年龄与最好的书相遇，迸发出的不仅是快乐，还会埋下一颗珍贵的种子。

亲子共读不只是教孩子道理，也让成人不断感悟童心，发现童年的秘密。

有人说，书非借不能读也。我倒觉得，书买回家后，随意翻看才享受。更重要的是，我还有一点私心，我希望，长大的哲哲依然喜欢这些故事，或者再拿起这些花花绿绿的图画书时，能想起其中美好的故事，以及我给他读故事的那些美好时光。

孩子不爱看书，或者说没有养成阅读习惯，多半是错过了阅读的敏感期。……而让孩子爱上阅读的最好方法，就是尊重儿童阅读的规律，根据孩子的年龄、性别、个性和兴趣，选择最适合的书，让孩子与书建立联系，两者之间自由互动。

对于孩子而言，阅读有多重要？

先听听挪威著名童书作家、《查理和巧克力工厂》一书作者罗尔德·达尔的故事吧。

达尔从 8 岁起就被送往寄宿学校，在那里一住就是 10 年。10 年里，他饱受学校严苛的纪律束缚，感受到的只是失望与痛苦，几乎没有朋友。每学期，老师们在他的成绩单上都会重复写上"学习能力差"、"不爱动脑"、"难以管教"的评语。

他讨厌学校，显然学校也不喜欢他。

一个星期六的早晨，老师们去了当地的酒吧，男孩们排队去学校的礼堂，一个叫奥克诺尔的女士受雇照看他们。在两个半小时的光阴里，奥克诺尔夫人不仅仅照顾他们饮食，还和他们一起读书、谈书。她对书的热情和喜爱让男孩们印象深刻，她因此成了达尔学校生活中难得的一线光亮。

几周过后，达尔的想象力被点燃，他开始到处找书读。与奥克诺尔夫人在一起的一年，他成了如饥似渴的爱书人。成年后，他开始儿童文学写作，创作了诸如《詹姆斯与大仙桃》、《玛蒂尔达》、《女巫》等家喻

 真正的陪伴

户晓的经典作品。

阅读,是为童年打底色,更是孩子一生的伙伴。童年,不应错过图画书,更不应错过阅读。

从哲哲两岁开始,我开始给他读故事,最开始是随意翻读,后来开始精挑细选。当了读书周刊的编辑之后,对儿童阅读的内容与方法逐渐了然于心,家里的童书也越来越丰富,大大小小的、花花绿绿的,具体多少本、花了多少钱、给儿子读了多少故事,早已记不清了。

但我知道,每天晚上临睡前,哲哲喜欢递给我选好的一本书,依偎在我身边,以最舒服的姿势,安静地听我读着:"这个故事发生在7000多万年前的美洲大陆。由于气候发生了变化,曾经郁郁葱葱的森林和草原变成了荒野。一群三角龙在大角的带领下,正往温暖湿润的南方迁徙……"

6岁以前,给哲哲读的主要是图画书,现在也被称为"绘本"。我始终觉得,阅读图画书的阶段一旦错过就不再回来,就像种庄稼要赶农时,上小学之前,一个孩子要尽可能读遍世界上最经典、最优秀的图画书。采访儿童文学理论家彭懿时,他说:"人的一生应该有三次阅读图画书的阶段,分别是童年、为人父母后、老年。每次阅读图画书,都会有意想不到的收获。在西方,图画书陪伴着孩子的童年。而置身图画书中,人生就像打开了一扇美丽的窗,每个人都会被那些优美的故事所冲击、感动。"

有人说,读童书,就是成人转身变为儿童的过程。只有化身为儿童,返回儿童的世界,去聆听儿童心灵的音符,我们才能在精神上与儿童保持一致。儿童也只有在童书中,心灵才能得到舒展,精神才能得到成长。

实际上,给哲哲读故事时,我也在弥补自己童年缺失的阅读课。

我不能确定那些图画书能在哲哲的心里最终沉淀或生成什么,但看着他始终保持着孩子所特有的纯真与善良,有着热爱生活、勇于承担、积极进取的品质,我知道,那些堪称艺术品的图画书在不经意间浸润着

童心，为他的心灵奠定了亮丽的底色。

　　我也知道，在哲哲的世界里，书不是可有可无，而是必不可少。我多次发现，在他所画的新型汽车、未来房间、生活场景里，除了有独属于孩子的玩具之外，都有一个图书室。里面有好多的书架，上面摆放着被涂得五彩斑斓的图书，书脊上还写着书的名字。仔细看，那些小字有"天空在脚下"，有"我是霸王龙"，有"苹果树上的外婆"，还有"等等，等等"、"土鸡的冒险"、"科学的故事"……我爱极了这些歪歪扭扭的小字。

　　有一天，我问哲哲："如果有一天世界末日到了，你会怎么办？"他告诉我："我想和爸爸妈妈在一起，还要带一些东西。""都带什么呢？""我要带一些好吃的，带上水，还要带电脑和一些书。""如果电脑和书只能选一个呢？""当然选书了。"他回答得斩钉截铁。

　　我没有太多的财富送给我的孩子，就让那些经典童书伴他长大吧。

一、亲子阅读进行时

　　亲子阅读对孩子的成长百利而无一害，有助于孩子身心发展。但是，儿童阅读和成人阅读不太一样。成人读书可以有一定的随意性或倾向性，但儿童由于缺乏足够的阅读经验，相应的辨别力不足，因此需要成人尤其是父母来指导，应该遵循一些原则。

　　例如，孩子最好不要看超越其年龄阶段或认知水平的书籍，成人也不能强迫孩子阅读，不能放手让孩子见书就读，也不能硬性要求孩子写多少字的读后感，更不能偏食一样地只读某一类型的书。某些题材，如恐怖小说、奇幻文学等最好也不要让低年龄孩子阅读。

　　某种程度上，亲子阅读就是在孩子心中埋下一颗阅读的种子。

　　教育专家孙云晓 11 岁那年正赶上"文化大革命"。在此之前，出身工人家庭的他基本没读过什么书。一天，他哥哥所在的技校准备烧书，哥哥不忍心看着那么多书被白白烧掉，就悄悄藏起了一书包。"就是这一

真正的陪伴

书包书改变了我,我被书中的世界深深地震撼了。我好像一下被从一个黑暗的世界中解放出来一样,进入了一个全新的世界。1966年的冬天,我有了自己的梦想:成为一名作家。"孙云晓说。

所以,尽早开始亲子阅读,多给孩子讲故事,孩子的内心会大不一样。当然,如下这些与阅读有关的问题,我一直在思考,估计也是许多父母心中的困惑。

1. 孩子不爱阅读怎么办

采访时,经常会有一些家长询问孩子不爱阅读的应对之策。

我个人感觉,孩子不爱看书,或者说没有养成阅读习惯,多半是错过了阅读的敏感期。一般来说,孩子4岁之后开始逐渐对故事和图文感兴趣,此种状态会持续大概一年多的时间。如果此时家长能让孩子接触到经典童书,给孩子读一些优美的故事,很容易培养孩子的阅读兴趣。相反,如果错过了阅读关键期,孩子与书之间便会产生一种隔离感、疏远感。而让孩子爱上阅读的最好方法,就是尊重儿童阅读的规律,根据孩子的年龄、性别、个性和兴趣,选择最适合的书,让孩子与书建立联系,两者之间自由互动。

需要注意的是,即使在阅读敏感期,也不要强迫孩子看书,不要期望孩子马上就能读进去,也不应一下子给孩子太多的书,而应精挑细选最适合孩子心性的童书,每天喂一点儿,逐渐激发他的兴趣,这才是第一要务。

例如,小学三年级、性格偏内向的男孩,以前很少看书,此时不妨给他读几段"猫头鹰王国"系列最精彩的段落,可以是赛林和吉菲被抓到圣灵枭孤儿院的那一段,也可以是"无敌四人组"前往珈瑚巨树路上的历险,抑或是珈瑚卫士与纯族决战场景的描写。孩子一旦感兴趣,再从头读起,进而让孩子"吞下"整个故事。

等到"猫头鹰王国"系列读完了,可以给孩子"猫武士"系列,同样的历险故事，却有不一样的精彩。如果同类题材孩子看得多了，不想再看，可以转向家庭生活系列，从搞笑的故事入手，如《淘气的阿柑》、《小淘气尼古拉》，等等。

如果是个性偏内向的女孩，不妨首选一些安静而温情的书。对于小学低年级的女生，可以看《草莓山》、《长袜子皮皮》、《一百条裙子》。这些故事生动有趣，写活了女孩子的内心世界，是非常不错的入门书。

一旦孩子喜欢上了阅读，就要及时通过各种途径，给孩子找一些经典童书，但要记住，不要一下子给予，而是分阶段、分批地递给孩子，让他们看过一本，难忘一本，渐渐养成阅读的习惯。

而习惯一旦养成，自主阅读就是水到渠成的事了。

2. 何时让孩子自主阅读

要不要自主阅读，答案是肯定的，因为亲子阅读不可能无期限进行下去。

我有一个朋友，在苏州工业园区的一所学校当校长。他说，在他儿子8岁之前，他一直很认真地开展亲子阅读，后来由于工作比较忙，读故事的事情不得不放下。等到儿子10岁，他有时间再给孩子读故事时，没想到却遭到了孩子的拒绝。从那一刻开始，他知道，曾经温馨美好的共读时光，就这样一去不复返了。

何时自主阅读的确是个值得探讨的问题。有一次，我去某地一所农村小学采访，一名小学一年级学生自称饱读诗书。他的妈妈是这个学校的老师，在一旁插话说，他经常抢着看自己手里的书，什么《红与黑》、《读者文摘》都看过，尤其喜欢中国古典四大名著，现在已经把《西游记》和《三国演义》看完了。每天晚上，两个人手不释卷，其乐融融。

我问这位当教师的妈妈，你不和孩子一起读吗？妈妈说，不用，孩子能认识一千多个汉字，可以自主阅读了。又问，那遇到不认识的字或不理解的句子怎么办？妈妈说，那就查字典，或者借助拼音，上下文一

顺,就明白了,根本不用她帮忙。我又问孩子都看过什么书,喜欢哪些书。孩子列了一长串书单:《西游记》《窗边的小豆豆》《小故事大道理》、《红岩》……问他是否看过《猜猜我有多爱你》《青蛙弗洛格》《不一样的卡梅拉》《疯狂的星期二》《小黑鱼》等图画书,男孩摇摇头。

这次对话让我发现,一是孩子的自主阅读存在一定问题,即家长的引导缺位;二是他读的多是超越他年龄阶段的书,结果就是在阅读上少有心灵的共鸣和亢奋点,看不到阅读带给孩子那种发自内心的喜悦和自信;再就是阅读题材明显不均衡,过于文学化,过于成人化;说到底,孩子的饱读诗书仅仅是读过而已,具体的内容、情节和思想并没有在他的内心产生共鸣,进而转化为成长所必需的养分,而这其实是自主阅读最核心的所在。

更深的弊病在于亲子共读的缺失。没有了亲子共读的前提,缺失了孩子阅读过程中必需的价值引导,很容易产生误读现象,自主阅读的效果因而就要打上问号。而且,阅读的难度过大,可能会挫伤孩子的阅读兴趣。美国阅读委员会的专家曾指出,给孩子朗读比看课文以及做各种练习册和家庭作业都重要。大声为孩子朗读,应该贯穿整个小学阶段。

所以,除非哲哲主动提出要自主阅读,我会一直坚持给他朗读故事。在此过程中,我会观察他的反应,考察他对故事的理解,看他能否读懂作者想表达的意思,能否明白故事背后的深刻含义,从而更好地了解他,支持他,并鼓励他有自己的解读。

一言以蔽之,自主阅读不妨从长计议,慢慢来。

3. 图画书可以不加筛选吗

采访台湾信谊基金会董事长张杏如时,她明确表示,图画书不需要分级。在给孩子阅读图画书时,成人要把胸襟放开,不要给图画书设限,"图画书作者在文图之间都有自己的创意,在阅读时如果人为的限定多了,反而看不到作者想表达的深意"。

作为出版家，张杏如的观点或许没有错。但我一直觉得，给孩子选择图画书还是应该有所选择，主要是在题材方面，原因一方面是孩子的理解力有限，另一方面是有些内容可能触动敏感的童心，引起意想不到的负面心理反应。尽管现在的孩子相对早熟，但关于离婚、单亲家庭的故事还应尽量少让孩子接触，或者等他们长大一些再读给他们。例如，伊芙·邦婷与泰德·瑞德合作的《记忆的项链》，讲的是重组家庭的故事，内容很好，非常感人，但没有相关生活经验的孩子可能无法领会，不妨选个合适的契机再读给孩子。

还有关于战争题材的图画书，虽然其中不乏经典之作，但也不适合让孩子过早接触，尤其是在学前教育阶段。如《星期三书店》《铁丝网上的小花》《大卫之星》《敌人》等，这类书籍更适合小学低年级阶段的孩子阅读，而且需要老师的价值引导，帮助孩子从积极的角度看待故事以及故事中的主人公。毕竟孩子生活经验比较欠缺，一旦误读，很可能产生南辕北辙的效果。其他的，类似魔幻、恐怖小说也不应过早让孩子接触。

我采访过"鸡皮疙瘩"系列作者、美国著名作家R.L.斯坦，他说写这些书是为了给孩子提供快乐的历险，但他也承认他的书更适合小学高年龄段或中学的孩子。

实际上，检验图画书适不适合孩子阅读的方法很简单，就是自己先读一遍。我每次给哲哲选书的时候，都是这样做的，只要没有太过负面的东西，都会放行。遇到容易产生误解的部分，我会不厌其烦地跟他交流、讨论，直到孩子真正明白为止。

所以，图画书不需要分级，但需要家长认真筛选，替孩子把好关。

4. 边读边讨论好不好

曾经问一个同事，是否给孩子读图画书。同事很肯定地说，当然读了。

又问他："那你都读的哪些书呢？怎么给孩子读的？"他说："我啊，买了很多光盘，如《鞠萍姐姐讲故事》、《听妈妈讲故事》、《魔法妈妈讲故事》什么的，到时候一点播放键就行了，我家闺女挺爱听的。"

原来如此。

我个人非常不赞同这种偷懒的做法，而且妈妈过于温柔的讲故事方式，远没有爸爸那种形象又夸张的讲法吸引人。其实，所谓亲子阅读，是在父母和孩子之间的阅读，不是机器单向度的自吟自唱。鞠萍姐姐也好，魔法妈妈也好，讲故事虽然很动听，但都不是一个活生生的可以展现音容笑貌的人，不是可以交流的对象，代替不了哪怕笨口拙舌的爸爸或妈妈。亲子阅读，一方面是给孩子读故事，教他们懂得生活的哲理，另一方面在于增进亲子之间的感情，以书为载体加强亲子之间的互动。

值得一提的是，有的父母把亲子阅读当成任务，总是急急忙忙地读，也不管孩子爱不爱听。读的时候，甚至不允许孩子提问，生怕影响了故事的流畅性。读完故事，迅速把书收回书架，没有交流，也不问孩子的心理感受，转做其他。我认为，这样做都是不对或不科学的。

还是那句话，读不是目的，交流才是根本。我给哲哲读故事的时候，经常停下来与他讨论一番。有时候，讨论花了太长时间，以至于书都没读上几页。偶尔我也续编或改编一下原来的故事，玩得尽兴了，再去做别的事情。久而久之，我们都很享受这种交流，既学到了书本之外的很多东西，也真正做到了与人互动、与书互动，养成了读书思考、读书质疑的习惯。

而这种阅读习惯无疑会让孩子受益终身。

在我看来，与孩子探讨故事更重要。在此过程中，你才能知道他的小脑瓜在想什么，也才能摸清他的思维特点、语言表达能力、想象力、他的所爱所好等，毕竟好的教育首先建立在对教育对象的深入了解上。

二、为孩子选书是一门学问

1965年诺贝尔物理学奖得主、日本科学家朝永振一郎少年时，他的班主任送给他一本《物理的故事》。后来，朝永回忆说，正是这本书让一直病怏怏的他爱上了物理，走上了物理研究之路。

一本书真的有这么大的影响吗？也许有，也许没有。发生化学反应的关键，就是书是否与读者产生联系，触动读者内心深处最敏感的地方。

回想为哲哲读故事的经历，我时而后悔没有给他读那些经典的童书，时而自责给他读了和他年龄不匹配的书。两种情形让人想起几米的《向左走 向右走》，结局就是，错过。

例如，"不一样的卡梅拉"系列适合六七岁的孩子读，而我足足提前了两年，当时，我还纳闷他为何不喜欢这么经典的书。2010年春节，给他读《爷爷的天使》，儿子哭得一塌糊涂，很明显他不能接受亲人逝去的现实。《活了一百万次的猫》也是很经典的书，因为不少专家推荐，哲哲上幼儿园中班时就给他读过。前几天，问他对这本书的印象，他说唯一记得的是，那只猫"湿抹布一样地被捞上来"。

有了前车之鉴，其他的图画书，像《獾的礼物》、《爷爷变成了幽灵》、《小鲁的池塘》等，我虽然都买了回来，但却一直放在书架上，等他长大再读给他。

"海豚绘本花园"系列里的图书都很不错，但第一辑中的《我的爸爸叫焦尼》，我也一直没给儿子读。这本书讲了离婚后的母亲带着孩子去看父亲的故事。作者在绘画、色彩上用意很深，经过清华大学附属小学校长窦桂梅的讲解，更让人感觉到作者的伟大。但我一直没给他看，一是没有离婚的打算，二是不想让他去体验家庭破裂后的痛苦，尽管天各一方的父亲和母亲都声称很爱孩子。

孙幼军是个很不错的本土原创图画书作家，他的"小猪唏哩呼噜"系列口碑很好。哲哲4岁时给他阅读，感到他也不是十分热衷，只对唏

 真正的陪伴

哩呼噜因太胖掉了裤子、小蛇被作为腰带等比较俗气的细节感兴趣,哈哈笑个不停。至于书中那些友谊、责任等更有价值的东西,反倒没有沉淀下来。另外,书中关于欺行霸市、消极怠工、不守信用等属于成人世界的市侩,显然也不适合教给小孩子。所以,只读了一两本就束之高阁了。

倒是孙幼军的《洋教头手记》《桃园的大鸡和小鸡》,读着很有意思,我分明看到了一个活泼有趣、顽皮可爱的老人坐在跟前,绘声绘色地讲着年少时的趣事。

带领孩子阅读的过程,总感觉在阅读上自己是摸着石头过河,像极了格格巫一样的伪劣发明家,常常拿儿子做试验,得出了许多看似正确的结论,其实过程中都是惨痛的教训。

台湾作家汪培珽写过一本书,叫《喂故事书长大的孩子》。书的内容很好,但我对于书名中的"喂"有点异议。"喂",有太多强加的味道,故事书更多的应该是怀有敬畏和谨慎之心的"献给"。"献给"之前,父母首先要吃进去,进行反刍,然后再给孩子。几年来,愈发感觉,到底哪些书适合孩子,最有发言权的还是孩子。孩子不喜欢或没兴趣,不妨先放一放。

最适宜的年龄与最好的书相遇,迸发出的不仅是快乐,还会埋下一颗珍贵的种子。所谓快乐,就像给哲哲读漆仰平翻译的《鳄鱼哇尼》时,听到他肆意的、开怀的笑,看他绘声绘色的模仿。所谓种子,就像给儿子读"神奇的校车"系列后,他对科学产生的浓厚兴趣,就像在路过白石桥附近的机械科学院时,他问我:"爸爸,那里是研究科学的吗?""是!""那我将来要去那里上班,我要研究科学!"

说这些时,哲哲的语气异常坚决,从那张稚嫩的小脸上,我似乎已经看到了与费曼、薛定谔、玻尔等比肩的科学家。

三、亲子共读的惑与获

如果说在学校,决定教育效果的是师生关系,那么在家庭,最重要的则是亲子关系。而培养良好亲子关系的一个重要途径,就是亲子共读。

给孩子读什么?有人聚焦于本土原创图书,有人认为国外作品更有审美趣味。平心而论,国外的图画书作品历史更悠久,经受了图书市场和家长的检验,确实是首选。但国内也有不错的图画书作家,只是需要深入了解,如常新港的《兔子,快跑》就挺不错,既有曲折动人的故事情节,也突出了自立、团结、拯救与亲情等青少年喜欢的主题。

某次在深圳采访,一位资深教研员对我说,现在的小孩子要读经,尤其要熟读《三字经》,并指出现在小学生阅读的东西太浅,要加大难度,读那些跳一跳才能够得着的东西。从学校教育角度讲,这种观点无可厚非,但作为一个爸爸,我不认同这种观点。我不但不会和儿子共读《三字经》,也不会去读那些过于深刻的东西。

而且,阅读,最关键的不是加大难度,而是让孩子产生兴趣,心怀期待。

我喜欢睡觉前,哲哲粘腻腻地倚在身边,打开一本书,然后开始:"从前啊,在地球的另一边,有一个茂密的大森林,里面住着……"我喜欢他听故事时的那股开心劲和享受的表情,也喜欢和他一起讨论书中的问题,喜欢看他情绪激动时涨红得像苹果一样的小脸。

听故事时,哲哲喜欢发问,像冰雹一样常常把我砸得手忙脚乱。例如,读完了一本《神奇校车》,他抛出问题:为什么人类一次只生一个孩子,小动物怎么能一次生好几个?为什么那么多的动物都灭绝了?为什么钟会告诉我们时间,它是谁发明的?为什么世界上会有这么多颜色?……坦率地说,这些问题我都回答不了。

但是,就像一位教育专家所言,一节没有学生提问的课,一定不是好课,这样的老师也肯定不是好老师。真正的好课是学生带着问题进入

 真正的陪伴

教室,带着更多的新问题离开课堂。而好老师就是启发学生独立思考,在学生心里埋下一探究竟的种子。

后来,我试着面对儿子的提问,而不敢忽略或打压。有段时间,儿子总喜欢问图画书里的人物都说了什么。不得已,我开始施展语言编辑的特长。例如,"巴巴爸爸"系列里的《巴巴爸爸回到地球》,人类猎杀珍稀动物,巴巴爸爸一家迎头痛击那段,我的创编如下:"人类说,哇,这么多动物,我们发大财了,那个斑马我要做一件衣服,鳄鱼我要做一双手套,那个毛茸茸的黑球我要做成拳击手套……巴巴伯一听自己要被变成拳击手套,撒腿就跑,边跑边说,我才不要变成手套,要变也要变成口罩,堵住人类乱说的嘴……"编完一次还不算完,他还要再来一次,且不许重复,压力突然变得山大。

后来,孩子让我模拟对话的情形渐渐减少,转而开始像海派清口周立波一样,评论起故事情节的优劣来。例如,《蜗牛的长腿》让哲哲很感动,在为青蛙悲伤的同时,也诅咒起贪吃和坏心眼的国王来:"那个国王应该吃眼镜蛇和蝎子,吃完就被毒死。我要是当国王,天天吃素,而且自己种蔬菜,让小动物快乐地活着。"《狼大叔的红焖鸡》一书让他改变了对大灰狼的看法:"狼大叔真挺好心的,还能做那么多好吃的。爸爸,其实,狼有时不吃小动物,也做好事。我觉得坏人也不都是坏人,对吧?"

对于《小蝙蝠德林》哲哲也有自己的独立见解。该书讲的是一只蝙蝠颇具个性,别的同伴都是倒挂的,只有他是正立的。所以,他看到的世界总是和别人相反。例如,树梢上的月亮是在脚下,草丛和蝴蝶是在头顶。合上书后,他议论开来:"爸爸,我觉得,小蝙蝠德林的视角和我们人类是一样的,蝙蝠和人类不一样,所以其他的蝙蝠都不太喜欢德林。不过呢,你看,把书倒过来,我觉得自己就站在蝙蝠这边,挺有意思吧。"

那几天,外出游玩,哲哲总是喜欢弯腰把头埋进裤裆里,兴致盎然

地看着颠倒的世界。问他在干什么,他有板有眼地说,在学习小蝙蝠德林,还告诉我,倒立的世界真的很美妙,就是时间长了有点头晕。

终于,我真切地看到了童心与童书之间的化学变化。

四、在那些经典故事里想起我

同事说,他们亲子共读时,孩子特喜欢把自己编进故事书里,成为书中的主人公之一。偶尔,我也把哲哲编进曲折的情节里,但他显然不热衷于做主角,更喜欢以旁观者的角度加以审视,然后评头论足一番:"这个故事啊,我觉得,有点……爸爸,你说呢?"

对此,我只能武断地认为,孩子与孩子之间也有太多的不相似。

不过,我喜欢凡事儿子都有自己的判断和看法。有主见,有自主意识,这才是一个人逐渐成长的标志。啃老族与其说是在能力上有着"天然"的依赖性,不如说是在自主意识上有缺陷。于是,读故事的过程中,我总是期待孩子能有所思、有所问。

例如,上幼儿园那会儿,给哲哲读黑川光广的"恐龙大陆"系列。书很不错,插图和故事都很讲究,附在后面的恐龙百科知识也很严谨,没有粗制滥造的科普读物的"破腔(绽)百出"。读着读着,他问我:"爸爸,那种植食恐龙你说是副栉龙,为什么李逸凡和刘兴楠总说什么副节龙啊?"我告诉他:"副栉龙是对的,'栉'是鳞次'栉'比的栉(尽管他还没听过这个成语),明天你就告诉他们,'节'的叫法不对,你的读音才是正确的。""嗯。爸爸,你真厉害,怎么什么都知道!"

有时,我还会和哲哲就某个论题讨论一番,就像读旁帝"大翅膀"系列中的《小太阳丑八怪》。他认为,丑八怪的父母把丑八怪关进厨房,甚至堵上厨房的门是不对的。我反驳说,前提是丑八怪做了很多让父母心烦的事情,是丑八怪有错在先,不能完全怪父母。他反驳:"孩子即使犯了再大的错误,也应该原谅,他们是小孩,有点不懂事嘛。""小孩子

 真正的陪伴

就必须原谅吗？""当然了，你们大人有时候还犯错呢！"

儿子的一席争辩，让我感觉到真的不能以成人的标准来要求孩子，他们真的还小。回想自己曾严厉体罚过他，一下子心生无限内疚，差一点儿就像丑八怪的父母一样眼泪汪汪，或者如郭敬明所谓的"我的悲伤逆流成河"。

作为家长，的确该换个思维对待孩子。以前总以为给儿子读故事，是单向地类似施舍一样的教他知识。但在亲子共读中，我渐渐发现，阅读也是弥补自己的知识空白。读完《沙漠里的动物王国》，我才知道原来火龙果是某种仙人掌的果实，才知道最大的仙人柱能长15米高。读完《想要飞行的小企鹅》，才知道孵蛋的任务原来是企鹅爸爸来完成的，就像海马爸爸长着育儿袋，它们靠唱歌来吸引和辨别自己的宝宝。读了《坏脾气的章鱼》，才知道雄章鱼完成交配是要牺牲第三条右腕的，不过还能重新长出来。还有，章鱼最喜欢钻进小瓶子里，而渔人就是借助这种方式来捕捉章鱼的。

亲子共读不只是教孩子道理，也让成人不断感悟童心，发现童年的秘密。事实证明，在图画书面前，成人往往没有孩子那般深刻的观察力和理解力。例如，旁帝的"面具小鸡布莱兹"系列中的《小鸡的一千个秘密》，我就没看懂。其中第550页写着"鸡宝宝最喜欢玩的两项运动，一项是在一根空中绷紧的绳上'跳小鸡'"，但这些小鸡都跳到哪去了呢？后面没有交代，仔细找也没找到，最后让哲哲帮忙。他前前后后翻了翻，很快在不同的页数指出参加"跳小鸡"游戏小鸡的下落，并告诉我："这本书跟其他的书有点不一样，每页的画面和文字有点对不上，要跟前面的反复对照着看的，你没发现书里的页都是乱的吗？"一看，在尾页的旁帝和中文编辑电话连线中写得明明白白，原来如此。怪不得都说旁帝是最折腾读者的怪才。

读《小太阳丑八怪》，哲哲也证明了自己出色的观察能力：丑八怪有了朋友之后开始发生变化：最开始呼出的是黑黑的气体，但自从有了小

闹钟这个朋友后，黑气渐渐没有了；而且，从太空回来后，丑八怪身边一直有个小太阳陪伴着他。我仔细对照了画面，他果真是对的。

难怪有人说，伟大的作者没有什么能束缚他的想象力。而旁帝无疑是最理解孩子、最贴近孩子、最伟大的童书作者之一，因为他的图画书想象力始终无边盛开。与之相比，我们这些成人不去、不敢，也不愿展开天马行空的想象。一旦遭遇无拘无束的童真，立刻衬出我们头脑里的"小"来。

在哲哲上幼儿园大班的时候，我忽然意识到，不能只靠睡前读故事，一是时间太短，讲不了太多，二是阅读题材有限，兴奋过度难免彻夜难眠。于是，平时或周末带儿子外出时，也带上一本书。有段时间，他的游泳课改在长椿街附近的奋斗小学，于是一上地铁就开始给他讲故事，讲完一本也基本到站了。

《松鼠先生和月亮》《憋不住了，真的憋不住了》《怪兽出没的地方》、《好饿的毛毛虫》、《月光男孩》、《拇指姑娘》、"贝贝熊"系列等，就是这样讲完的。一次，我带了一本《松鼠先生和第一场雪》。当讲到书中松鼠和熊都没见过雪，只知道雪是白白的、软软的，于是把白色的臭袜子当做雪时，哲哲乐不可支，笑得天花乱坠，以至于整个车厢的人都像看外星人似的看我们，搞得我很不好意思。

偶尔，自己周末参加出版社举行的新书发布会，心血来潮，就带着哲哲一起去。采访结束，习惯带他到童书专区转一转。发现他对那些很经典的书，像"丁丁历险记"系列、《一本关于颜色的黑书》、《海底的秘密》等不是很感兴趣，拿在手里的往往是奥特曼，尤其喜欢里面的故事、大迷宫、找不同等。找个僻静的角落，两人挤在一起。给他读上几本后，再买上几本。有时候，还没到家，书就读完了。

有人说，书非借不能读也。我倒觉得，书买回家后，随意翻看才享受。更重要的是，我还有一点私心：我希望，长大的哲哲依然喜欢这些故事，或者再拿起这些花花绿绿的图画书时，能想起其中美好的故事，

 真正的陪伴

以及我给他读故事的那些美好时光。

终有一天，我将离开哲哲，离开尘世，我希望他能在那些经典的故事里想起我——知道我是多么多么的爱他。

五、和哲哲一起读《猫头鹰王国》

在老家休假的几天，给哲哲读完了凯瑟琳·拉斯基的《猫头鹰王国》。

15册将近一百五十多万的文字，一字一句地读下来，需要不少的时间和精力，回头看甚至生出很强的畏难情绪。但是，因为哲哲喜欢听，这项"艰难的工程"最终还是完成了。

《猫头鹰王国》是一部讲述猫头鹰世界的奇幻小说。在小说中，它们和现实中的人类一样，会说话，会思考，也会做梦，有勇气，有拌嘴，也常常退缩。其实，以赛林为首的精英团队求生历险、追求梦想的过程，就是一部经典的励志史诗。透过一个个极具个性的人物、一个个惊心动魄的瞬间、一个个跌宕起伏的情节，一部青少年的心灵成长史便悄然浮现于眼前。

也许这就是哲哲被这套书牢牢吸引的原因所在吧。

读到埃夫加的保姆蛇嘎嘎，为了一口宾格汁而背叛了冰爪同盟，最终落得众叛亲离的下场，哲哲咂咂嘴，品评道："哎，实在太不值得了。"同时，对叛徒的蔑视与仇恨溢于言表。在"海盗们的巢穴"一节，北方王国的海盗很愚蠢也很无知，他一副恨铁不成钢的态度："爸爸，你说，为什么有些人不知天高地厚呢？"反问他："你觉得是什么原因呢？""我觉得啊，这些人啊，走过的地方太少，眼界太窄，太容易满足了，就像那只坐井观天的青蛙，所以什么都不知道，总以为自己最厉害……"

有人说，积极的情感、态度与价值观不能硬性灌输，唯有渗透才有

效果。我愈发感觉,猫头鹰的故事其实是很不错的德育题材,胜过任何说教。

当主人公赛林带领精英团队去北方王国寻找援兵时,一开始没有得到冷霜喙、幸运之师,以及基尔蛇的帮助。哲哲露出一筹莫展的表情,歪着头问我:"爸爸,你说赛林他们为何不把保姆蛇们也武装起来呢?""它们啊,一直都是做家政的,平常都是扫扫地,做做饭啊,怎么能打仗呢?""爸爸,谁说只会做饭的人不能参加战斗了,这可是一次很好的锻炼机会呢。动物和人一样,其实都有很多潜力的,只要去挖就行。"

"潜力"一词从他的小嘴里蹦出来,别有一番味道。

不时地,哲哲也秀一下童真。有一章写道,嘎嘎喝了一杯宾格汁。他也抿抿嘴唇,做出一种垂涎欲滴的表情:美味的宾格汁啊,我也想喝一口,上帝啊,给我一杯吧。

"精英四人组"里,灰灰是一个战斗力极强的家伙。这只大灰猫头鹰喜欢一边唱歌一边攻击敌人,扰得对方受到精神和肉体上的双重摧残。每读到大灰参加战斗的文字,哲哲喜欢自告奋勇地表演,有时扮演灰灰,边唱边抡起小胳膊。有时扮演被灰灰攻击的对象,先是小肚子起伏不定,横眉竖目,表示很生气;接着怒眼圆睁,愤怒指数直线上升;然后五官扭曲,张牙舞爪,表示愤怒到极点;最后目瞪口呆,小腿一蹬,倒在床上。偶然还高高跳起来,倒在床上,手脚乱踢几下之后,一动不动。对之的解释为:在空中战斗的纯族猫头鹰被气昏过去之后,又落在地上被摔得 OVER 了。

许是受网络游戏的影响,描述"死去"一词时,哲哲常常用"OVER"来表达。

"精英四人组"申请援兵的路上,路过一个叫黑禽岛的地方。哲哲不认识这个"禽"字,求教于我。我告诉他,这个字念 qin,二声,像鸡、鸭、鹅都属于家禽。还没等我解释这个字的引申义,他做恍然大悟状:"我明白了,禽啊,你看上面是一个'人'字,下面是一个'离'字,

真正的陪伴

就是说离人不远的东西就是禽，鸡、鸭、鹅不是每天都能见到甚至每天都吃嘛！"

我很惊讶哲哲的解释，幻想着如果他有再多一些此类感悟，估计可登陆央视百家讲坛啦。

类似的独到见解随处可见。读到"埃夫加用那层透明的薄膜清理了一下双眼，这层透明薄膜使猫头鹰可以清理掉可能影响视力的东西……"哲哲评论曰："这一点跟青蛙有点像呢。爸爸，你说许多动物怎么会有如此相似的功能呢？"

这个问题我也无法准确回答，也许五万年前，两者就是一对亲兄弟，也许眼睑的作用天生如此，也许大自然里的很多东西就是一脉同源、息息相通的。但可以肯定的是，如果哪天哲哲被问及"猫头鹰与青蛙有哪些共同点"一题，他能用他聪明的小脑瓜，找出答案。

但有些问题注定没有一个准确的回答。

刚开始读这个故事时，哲哲就问我，昆郎为何要加入纯族。我以为读到最后能知道答案，但事实是，凯瑟琳·拉斯基公布了昆郎杀死弟弟或父母的原因——这是加入纯族的前提条件。这一点很像凯文·培根主演的一部电影《死亡判决》，但加入纯族的动机直至文尾也没有点明。

同样没有答案或无法说服哲哲的，还有关于死亡的问题。在书中，作者用了很多的文字来描述珈瑚王国采集队队长思趣的死，并明确说明了死亡只有一次，要珍惜生命。哲哲反问我："那为什么有的动物能活很多次？""瞎说，哪有这样的事？""就像那本《活了一百万次的猫》！"真难住我了。那是很著名的童话，但题目显然更容易误导人。于是，语重心长地跟他讲生命的来源与特征，也不知他是否真的明白了。

转而，哲哲的兴趣点又回到妮拉与昆郎的那个蛋——于月食之夜孵出的蛋预示着英雄或邪恶的重生，对猫头鹰王国的未来有着举足轻重的意义。"爸爸，我有一个好办法让猫头鹰王国永远和平。""什么好办法呢？""用妮拉的蛋做人质啊，这样纯族就不敢轻举妄动了。"这个办法很好，与秦王将太子安国君的儿子异人送去赵国做人质异曲同工。看来哲哲很有战略家的潜质，尽管他没有读过《史记》或《战国策》。

读故事的时候，逮到合适的机会，我就给哲哲普及一下科学知识。例如，在图拉拯救被海盗关押的吉菲时，他说："这些爱慕虚荣的鸟太特别了，他们在外边放上镜子，这样他们从西边飞进洞中时就能欣赏到自己……"我告诉他，只有人与猴子才知道镜子里的影像是自己，其他的动物都不知道，而人与动物最大的区别就是爱思考。

"爸爸，这个我知道，纯族的将军阿莫说什么，梦想都是熊屎，我们不做梦，也从不思考。其实，他们活得一点也没意义，圣灵枭的猫头鹰不思考，所以被纯族打败了，但纯族也不爱思考，所以被珈瑚王国的猫头鹰打败了。我看啊，不思考就不会成功。"说这些时，他一脸严肃。那严肃的表情很像小说中的赛林——一个由懵懂逐渐走向成熟的孩子。

突然感慨，哲哲真的长大了。

六、有关阅读的成长片段

1. 像大卫·威斯纳一样疯狂

造型

给哲哲讲科普书《蝴蝶妈妈的承诺》，读蝴蝶和蛾子的区别。

读完后，哲哲现学现卖，把姥姥叫过来，做了一个动作：蹲在枕头上，屁股上翘，两手后展，白鹤亮翅一样，问姥姥："你说我现在是什么？"姥姥说不知道。他两只手又合在一起，停在后背上，眼睛微闭，又问："现在我又是什么？"姥姥还是不知。

哲哲一声叹息："这都不知道？两只手打开的是蛾子，因为蛾子休息时翅膀是打开的。合上的是蝴蝶，因为蝴蝶休息时翅膀是合上的，我闭眼睛就表明蝴蝶在休息。知道了吗？""知道了！"姥姥说，"哎哟，跟

你一起真长见识。"

这一知识经过哲哲的诠释,让人终生难忘,如果学校里的老师都这么教,学生想必都会成才。

发明

如果说科普书增加了哲哲的知识储备,那么故事类图书无疑点燃了他的想象力。

意大利作家杰罗尼摩·斯蒂顿的《老鼠记者》就是一本非常有想象力、具有冒险精神的优秀童书。这天,读到《环保鼠勇闯澳洲》一篇。书中介绍达科他·活力鼠是一个环保主义者,也是一名发明家,并列举了他的伟大发明。哲哲看了,心血来潮地也要搞发明。我告诉他,发明是需要智慧的,而且很辛苦,爱迪生发明电灯就是失败了一千多次才成功的。

"爸爸,你要相信我,我也能发明的。""那你说说你想发明什么。""很简单,就说咱家的电视吧,我的发明是不用遥控器。""那你用什么?""用声音,我对着电视大喊'换成中央五套',电视就出现你爱看的篮球节目。我说我要看卡酷动画,电视就转到65频道。我说我不想看了,电视就自动关机。怎么样,很酷吧?"

哲哲的想法让我很惊讶,他太有想象力了,希望他能早日发明出这样的电视。

感动

参加出版社的新书发布会,拿到了一本韩国作家黄善美写的《走出院子的母鸡》。觉得书不错,回家的路上便开始给他读。

读到月芽被赶出鸡舍,无家可归时,哲哲眼含泪花,无比伤心,让我有点不忍心继续读下去。后来,又给他读《列那狐的故事》,读到"列那叼着野鸭就往森林里跑",哲哲不干了,略带哭腔地说:"不许吃小野鸭,它是月芽的好朋友,月芽就这一个好朋友了。"我赶紧发挥瞎编的功夫，说就在这万分紧急的时候，农场主突然出现，救走了野鸭，他这才破涕为笑。

童心伤不起。不过，好奇的是，哲哲不知道此野鸭非彼野鸭吗？

阿柑

《淘气的阿柑》是在西单图书大厦参加出版社新书发布会的时候顺便买的。

至于买的原因，主要是觉得哲哲和阿柑很相似，都非常调皮而可爱。阿柑的故事，他听得都很入迷。因为字数不多，他每次都要我多读几页，于是两天就读完了。读完，他罗列着阿柑给弟弟起的各种绰号：大头菜、菠菜、萝卜头、小豌豆……边说边笑，品评道："爸爸，我发现啊，这个阿柑跟小淘气尼古拉有点像，都很不老实，经常给人起绰号。""你觉得这好不好啊？""有点不太好，但阿柑没有恶意的，再说这是孩子的天性。""那你喜欢这本书吗？""当然喜欢了，爸爸，你多给我读这样的书吧。"

实际上，我一直在寻找这种适合他阅读的童书。我希望他的童年里有尼古拉、弗朗兹、夏洛、路易斯、米来、劳拉、艾丽、绿绿这样的朋友，始终被爱与童真温暖着。

听故事

有意思的是，讲阿柑的时候，哲哲特意找来了几个"小听众"。

因为喜欢《保卫萝卜》的游戏，哲哲放学后在家里画了很多游戏中的角色，并涂上色彩。对照游戏里的造型，会发现一个个都很神似。

开始讲故事时，他很认真地把小章鱼、星星侠、磨叽阿庆甚至便便侠（如果不知道这几个人物，赶紧补习一下《保卫萝卜》）等放在身边，按照他的喜好程度，从远到近一一排好，美其名曰让它们也听好听的故事，学学知识。

 真正的陪伴

讲完故事，我故意问小章鱼："你说说，刚才的故事讲了什么？如果你是主人公，你会怎么做呢？"这时，哲哲就学着小章鱼的声音，嗲嗲地，娓娓道来。偶尔有回答不出的问题，他就嘿嘿一笑，然后声色俱厉地批评星星侠："你刚才怎么没有认真听，下次要注意啊！"

这个家伙，真是个小精灵。

哈利路亚

许是这些美妙的故事释放了哲哲内心中狂放的天性。

一天下午，带哲哲去北京三中上游泳课。天气很好，路上不由自主地哼起《哈利路亚》。熟悉了旋律后，他也开始自编自唱："大青蛙呀，坐着荷叶，满天飞呀，吓得狗呀，撒腿跑呀，啊跑呀，啊跑呀，啊跑呀……"刚开始没明白他唱的是什么，不一会儿反应过来，原来是那本很经典的《疯狂星期二》。于是，一起跟他唱："看见池塘，跳进去啊，第二天啊，一群猪啊，开始飞呀……"

路上，尽是肆无忌惮的歌声。那一刻，我们和大卫·威斯纳一样，都很疯狂。

2."眼泪是自己掉下来的"

不是那个飞利浦

吃完晚饭，一家人坐在沙发上休息，电视里播放着飞利浦电器的广告。

我告诉哲哲："飞利浦是世界上最大的电气公司之一，总部在荷兰，公司创始人的名字叫飞利浦……"还没说完，他自信满满："我知道飞利浦，不就是《高空走索人》里的那个人嘛！""不对，在世贸大厦走钢索的那个叫飞利浦·帕特，飞利浦电气的创始人是杰拉德·飞利浦。"

哲哲的答案虽然错了，但说明他的记忆力很好。美国作家莫迪凯·葛斯坦绘的《高空走索人》我只讲了一遍，没想到却深深印在他的脑海里。

这也说明，经典图画书有着恒久的魅力，让人过目不忘。

别去儿童图书馆

休息够了，开始给哲哲读弗朗西斯卡·比尔曼的《吃书的狐狸》。

讲到"但是，狐狸先生是谁？他可是一只狡猾的狐狸！他早就盯上了一座房子，哪里的书多得数也数不清……"我停下来问他："你知道这座房子是哪里吗？""知道，是图书馆！"过一会儿，哲哲喃喃自语："狐狸先生可千万别去儿童图书馆啊，那里的书都是我爱看的，吃光了我就没的看了。"

哲哲很在意读书，这一点让我很高兴。

眼泪自己掉下来

图画书很快读完了，又拿起《窗边的小豆豆》。哲哲很喜欢那个跟他一样不爱上学只爱玩的小豆豆。读到小林校长耐心倾听小豆豆讲述自己的故事那段，哲哲很感动。也许有所共鸣，他眼含泪花。我做出夸张的表情，直盯盯地看着他："啊——连这都能让你感动得流泪？""才不是，我只是一眨眼，眼泪就自己掉下来了，根本不关我的事。"

我突然感觉，哲哲的心是如此纯真，真不该拿他的感动开玩笑。

父爱

让哲哲感动的还有常新港的十二生肖故事之《土鸡的冒险》。

土鸡的爸爸被黄鼠狼叼走后，身上没有半片羽毛、瘦骨嶙峋地回来。因为喉咙被咬破，无法与小土鸡说话，更无法表达对孩子的想念。但它每天站在篱笆上，让孩子明白打鸣之于公鸡的深远意义。

鸡爸爸的那段心里独白，我读得很轻，哲哲听得也很专注。听到最后，他明显很动情。其实，常新港的文字也深深打动了我，那种含蓄的父子之情让我想起朱自清的《背影》。

 真正的陪伴

《背影》的一段话我至今还记得——"我北来后，他写了一信给我，信中说道：'我身体平安，唯膀子疼痛厉害，举箸提笔，诸多不便，大约大去之期不远矣。'我读到此处，在晶莹的泪光中，又看见那肥胖的、青布棉袍黑布马褂的背影……"

父爱到底是什么？有人说，是山，是海，是对下一代深切的毫无保留的付出，是注视着孩子渐渐长大。我想，父爱，最要紧的还是陪同孩子一起成长的一段旅程、一辙印迹吧。

3. 最美的文字，最美的心灵

最美的文字

常新港的小说读了好几天。合上书后，哲哲开始了"猫头鹰王国"系列的征程。

一天晚上，读到赛林带着小伙伴灰灰、吉菲逃出圣灵枭孤儿院，和掘哥一起前往传说中的瑚尔海。哲哲专心致志地听着，完全进入了状态："交替之夜来了又去，当白天来得更早、黑夜变得更长的时候，珈瑚巨树上的猫头鹰都开心极了，因为黑夜才是他们喜爱的时刻。他们在长长的白天睡觉的时候，炎热笼罩着他们，时间过得是那么慢，慢得像一条懒惰的毛毛虫在爬……"

哲哲很喜欢这句话，反复说，作者写得真好，简直是太好了。问他好在哪儿，他说："你看时间慢得像毛毛虫在爬，多形象啊，说明炎热让人很无聊，猫头鹰们都希望快点结束。"发现他不仅对自然有着超乎寻常的感知，对文字也有与众不同的敏感。记得《土鸡的冒险》里的一句"仿佛看见自己的童年从蛋壳里爬出来"，也让他唏嘘半天。

我越来越感觉到，给儿童最美的文字，便可以看到最美的心灵。

膝盖

哲哲很爱《猫头鹰王国》，痴迷到凡是跟猫头鹰、跟鸟有关的事情，

他都开始刨根问底，一探究竟。

某天，他问我："爸爸，你说，为什么鸟不会走路，只会跳？""因为鸟没有膝盖吧？""不对，鸟是有膝盖的。我觉得吧，鸟只会跳，就像赛林他们，是因为鸟的膝盖是向后弯的，而人和哺乳动物的膝盖都是向前弯的。"

哲哲说得很有道理。那一刻，感觉自己真的不如一个孩子。

品位

巧合的是，学校放了一段《猫头鹰王国》电影的片段。其他小朋友都不太喜欢看，强烈要求老师放《喜羊羊与灰太狼》，唯有哲哲看得聚精会神。

哲哲喜欢《猫头鹰王国》的视频，是因为他喜欢这个故事。凯瑟琳·拉斯基的同名小说他已经快读完，他每次都要听3集以上。问他："你对其他小朋友要求看喜羊羊怎么看？""他们啊，他们的品位太差了，太幼稚，太无聊，太……"哲哲一脸严肃且有愠色。

有人说，经典书籍能提高一个人的精神品位，果然不谬。

差别

第二天，专门找来《猫头鹰王国》的电影给哲哲看，提出要求是看完电影要找与小说之间的不同之处。没想到，哲哲接连找出了11个不一样的地方。

电影中昆郎和赛林从树上一起掉下来，而在书中赛林是被昆郎推下去的。

电影中妮拉（注：昆郎的妻子）出现在圣灵枭，而书中是出现在银纱森林。

电影中赛林先遇到掘哥然后遇到灰灰，而小说中正好相反。

电影中林伯被妮拉杀死了，而小说中林伯是被斯嘣杀掉的。

电影中昆郎是被火烧死的,而小说中昆郎是被赛林杀死的。

电影里阿莫将军是被赛林杀死的,而小说中是被滑妞杀掉的。

电影里没有出现冰封海峡。

电影里也没有出现化名为"雾"的红藤,更没有她向白伦和白兰汇报纯族大举进攻的事。

……

哲哲将来可以当影评家了。

4. 每个细节都印在心里

歌佬炭火

十月底,天气转凉,我还带哲哲去北京三中游泳。

从三中游泳馆出来,由于没有穿棉衣,哲哲觉得有些冷,我让他从后面抱住我。走了两公里,问他还冷吗,他很大声地说:"爸爸,不冷了。"我很高兴:"你抱着我,是不是就像怀里抱着一个热水袋?""我觉得啊,不像热水袋,而是像爆砰火焰!"爆砰火焰是《猫头鹰王国》里边缘之地的火山喷发出来还没有落地的岩浆,温度很高,但却是猫头鹰制作战爪的必备燃料。

听了他的评价我很高兴。过了一会儿,哲哲又言:"爸爸,我说错了,你不像爆砰火焰,像歌佬炭火!"歌佬炭火是唯一的、最炙热的并拥有神奇魔力的爆砰火焰。

此评价让我的高兴再次升级。但愿在哲哲的心中,我永远是那块珍贵的热石头。

久国

《猫头鹰王国》最后三本终于出齐了,赶快买了来,给哲哲读。

讲到《久国》时,哲哲听得非常专注,注意力非常集中,因为故事中出现了第六个猫头鹰王国,那里的猫头鹰还都是蓝色的,就像《少年派之奇幻漂流》一样,很有奇幻色彩。

第二天,哲哲很开心地对我说:"爸爸,我知道这本书为什么叫久国了。""为什么?"坦白说,读书的时候,我只顾着读字,对内容并没有太深的思考。"爸爸,你知道吧,久国的猫头鹰不是蓝色的嘛,而且他们的寿命特别长。生命长久,所以叫久国啊!"

哲哲终于看出了门道,我越来越佩服他。

大战

终于给哲哲讲完了凯瑟琳·拉斯基的"猫头鹰王国"系列,如释重负。

15本书,150多万字,不知道在他心中留下了怎样的印象,精彩的故事在他的脑海中留下了多少印记。

没想到的是,听完故事,哲哲问我:"爸爸,你说猫头鹰王国一共发生过多少次大战呢?"心里念叨着,圣灵枭之战、一指大师被围困之战、与昆郎的决战、绝地之战、珈瑚巨树的烽火夜之战、与妮拉和强哥的决战,一共应该跟NBA的总决赛一样,是7场。

没想到,哲哲反驳我:"不对,爸爸,圣灵枭之战规模很小,偷蛋贼其实没怎么反抗就被纯族消灭了。这个不该算的。那个冰霜王宫大战,就是艾林爵士进攻西弗王后应该加进去,规模挺大的,更重要的是,写得很好,很吸引人。"

原来他看得比我明白,每个细节都印在他的心里。我再次感慨,孩子真的是一张白纸,在上面涂涂抹抹,写写画画,没准哪一天,白纸就焕发出闪亮的光彩,成为一张流传千古的名画。

广告

《猫头鹰王国》告一段落后,我们开始读世界文学大奖小说,先选了一本《波普先生的企鹅》。哲哲很喜欢这个故事,不知不觉一个小时过去,他依然沉醉其中。

真正的陪伴

正读着,哲哲利索地下床,我以为他不喜欢听了,便打算合上书睡觉。谁知他穿上拖鞋,回头冲我一笑:"我去上趟厕所,不要走开,广告之后更精彩。"

那张小脸满是灿烂,像极了曹文轩笔下油麻地里盛开的葵花。在我心里,如果将这张小脸作为广告形象,应该是很打眼的吧。

5."为什么他们手里的书不一样"

听故事

孩子妈妈出差。几天来,我没把孩子扔给他外婆,而是抽时间自己带。接送上下学、去游泳、辅导作业、讲故事,上学之外的时间,我俩几乎形影不离。

一天,和同事约好打台球。抢十的比赛,战况比较激烈,晚上快十点才到家。到家后,本以为哲哲已经睡着了,哪知一进家门,发现他还坐在床上翻书呢。

"宝贝,你为什么还不睡啊?"哲哲说:"你还没给我讲故事,你忘了答应我的事了?""没有,没有!"我赶紧拿出梅子涵主编的《中华民族奇幻故事集》,讲了两个少数民族后,才看着他倒向一边,眼皮沉下去,慢慢进入梦乡。

那一晚,我一直没睡着,反思自己的错误。

草莓山

霍贝尔曼的《草莓山》也算是文学名著,文字通俗、简单,写的都是孩子之间的趣事,哲哲一下子就沉浸其中,成为忠实听众。开篇部分,主人公艾丽因为听说全家要搬到草莓山,兴奋不已,以为那里真的是漫山遍野结满草莓,但结果却只是一个街名而已。

听到描写艾丽心里懊丧的文字,哲哲发表看法:"其实没必要伤心的,就像芝麻街不一定有芝麻,北京金隅也不是一条金鱼一样。"

"那爸爸是名副其实的好爸爸吧？""也不一定，你还打过我呢？""什么时候？""喏，我3岁的时候，还有5岁的时候，因为不游泳，你就打过我。"

后悔问了一句多余的话。只好费劲口舌解释为何动手，直到说服哲哲为止。原来，你的好、你的坏，孩子门清，都记在脑子里。

蛋蛋学校

2013年年初的北京图书订货会，参加了"蛋蛋学校"系列的新书发布会。

哲哲一拿到刚出的4本新书，特别高兴，自己先翻了一遍，随后央求我给他读读这套宋海东创作的"本土原创版神奇校车"。不得不承认，这套书确实不错，无论是表现形式，还是知识细节，都很讲究。

周末，带哲哲去紫竹院公园滑冰的时候，路过游乐场，他指着一个蛋形设施，问我："爸爸，你猜它像什么？""像什么，就是一个玩具啊？""不对，你看它多像太极龟的蛋蛋飞行器啊！"然后，还凑近摆出剪刀手，让我拍张照，作为纪念。

又一本好童书融入了他的生活，真好！

不学妈妈

台湾汉声出版的"中国童话"系列，讲的都是很精彩的中国传统故事。

我忙的时候，哲哲妈接着读。比较痛苦的是她的中文底子太差，"破腚（绽）百出"。例如，讲《黄帝与蚩尤大战》时，"蚩尤"被读成了"蛮尤"。"黄帝又到东海杀死了一只叫夔的怪兽"，哲哲妈索性偷懒，读成了"杀死了一只很可怕的怪兽"。"黄帝找来自己的女儿女魃"中的"魃"读对了，刚想夸奖哲哲妈一句，她坦陈，是蒙的。

后来问哲哲怎么看妈妈识字不多的问题，哲哲说，不学妈妈，不认识的字我就去查字典。我暗自佩服，他有着不错的学习方法。

 真正的陪伴

区别

给哲哲讲《最美最美的中国童话》，讲到三月份的一集，是《黑夜里勤学的孩子》。故事中罗列了凿壁借光的匡衡、囊萤照书的车胤、雪夜读书的孙康等，意在勉励小朋友勤奋学习。

读完了一集，刚要往下继续读，哲哲问我："爸爸，你说，为什么前面故事里的匡衡看的是竹简，而后面故事里的车胤和孙康看的是书呢？"这个发现让我很惊喜，没想到他这么用心，引导他："那你猜猜看，到底什么原因，是他们故意的吗？""不是，我觉得，前面的故事发生时可能还没有发明纸，而后面的车胤那时候纸已经发明出来了。"

回答得太精彩了，可以给满分。于是，我仔细地给他讲了东汉蔡伦改进造纸术的故事，他听得很认真。其实，所谓教育，就是引导，引导孩子观察和思考。做到了这些，教育就能成功。

还是区别

"中国童话"系列读完后，给哲哲读"小小孩"系列的《西游记》。

其实，哲哲对"小小孩"系列的名称总是嗤之以鼻，觉得自己是大孩子，不属于看小小孩的书。一天，我问他："你说，唐僧的三个徒弟有什么相同点？"本义是希望他说出"悟空"、"悟能"、"悟净"，都带一个"悟"字，属于悟字辈的。没想到他的回答却是，一是他们都很丑，二是他们都有武器，三是他们都爱杀人。

这个回答让我很震惊，哲哲做到了透过现象看本质。比起他的深刻来，我的想法却相当肤浅。的确，周星驰版《西游·降魔篇》里的三个徒弟，都爱杀人，而这似乎也是真实动物的常态。我总说被孩子教诲，果然哲哲又给我上了一课。

狗小说

读完了该读的故事书，手里一下子没有了合适的题材，于是翻出来

有点专业的《朗读手册Ⅱ》，因为书中介绍了很多经典儿童文学作品，虽然都是节选。

以动物为主题那一章，读完《小鹿班比》后，我问哲哲："你说，在动物小说里，哪种动物描写得最多？"他沉吟片刻，学了一声狗叫。我向他竖起大拇指，答对了，还挺聪明，并让他举例再证明一下。没一会儿，一个个答案冒出来：《城里狗 乡下蛙》、《大嘴狗》、《变身狗》、《小狗栗子球》、《傻狗温迪克》、《流浪狗之歌》……让我很惊讶。

接着，哲哲又说："爸爸，还有啊，《我永远爱你》其实也是写狗的，还有《玛蒂娜》里也有一个叫球球的小狗。对了，还有一个叫黑狗什么的，也讲的是狗的故事。"然后，他从书架上翻出黑鹤的《黑狗哈拉诺亥》。

这本书因为还不适合他的年龄段，一直没有给他读，但他好像知道这本书在未来的某个时间等着他。也许，人生的一大幸事之一便是与好书相遇吧。

家庭小说

动物小说的前一章是家庭故事。

讲的都是比较温馨的故事，如《亚历山大》、《波普先生的企鹅》、《朱丽安讲的故事》、《任性的娜迪亚》等。哲哲听得很入迷，讲到娜迪亚听信父母的玩笑话，把刚出生不久的弟弟送给别人时，他哈哈大笑，觉得小孩的想法很有意思，跟自己一样也爱异想天开。

跟哲哲讲我的新发现："宝贝，你发现没？很多故事的主人公都是没有爸爸或妈妈，有的甚至是孤儿呢！你看，《绿野仙踪》里的多萝西是跟叔叔婶婶生活的，《长袜子皮皮》就是孤儿，《红发安妮》也是出生3个多月就成了孤儿……""爸爸，你说的也不全对。我发现啊，缺少爸爸妈妈的孩子的故事大多数是奇遇和历险的，因为没有人管他们，所以啊，他们有机会去外面探险。而有爸爸妈妈的，一般都是比较快乐的故事，你看弗朗兹阿柑啊，米丽啊，玛蒂娜啊，贝贝熊啊，他们的生活多有

 **真正的陪伴**

趣、多好玩啊。"他巴拉巴拉说了一溜儿童文学中的人物,让我惊讶到目瞪口呆。

美国学者斯蒂芬·克拉生曾经写过一本《阅读的力量》。在哲哲身上,我着实看到了那种强大的力量——不仅仅是诸多美好的记忆,还有对生活与事物的深度思考。

萧袤的知音

给孩子讲《驿马》时,教室里安安静静的。

"青杨是一匹驿站的马。小时候,青杨经常听爸爸妈妈说起一个美丽的地方。在那儿,天蓝得像缎子一样,云白得像牛奶一样;河蓝得像宝石一样,羊白得像云彩一样。它,就是楼兰……"这本书我读过很多遍,每次读都觉得萧袤的文字有穿越时空的力量,传达出一种粗犷而夺人心魄的美。

记得前年刚买这本书时,给他读过一次。后来问哲哲,第一次读和这次课堂上读的,有什么区别。他歪头想了一会儿,说:"第一次读,我没什么感觉,就是觉得故事很好听。今天听你读啊,觉得这个故事很深刻。""怎么深刻呢?""我觉得啊,人类要保护环境,要不很多地方都会像楼兰一样,就 Game Over 了。""如果让你用一个词来概括这个故事,你会选择哪一个?""追求梦想——我觉得《驿马》是一个追求梦想的故事,尽管最终的梦想让人很难受。"说完,他发出了长长的一声叹息。

我很佩服一个 7 岁孩子有如此强烈的艺术感知力。如果萧袤听了这话,想必也会引以为知己吧。

 帮助孩子在学习上主动、专注、自律、自信,全面激发孩子的学习热情!

扫码免费听《如何说孩子才肯学》,20 分钟获得该书精华内容。

成长关键词之二：运动

孩子需要跑跳、玩耍，玩耍甚至应该是童年的唯一主题。……不游泳的日子，我们会去北京师范大学的操场跑步。在偌大的操场上，我和他先热身，然后快步走，再一圈一圈地跑。跑得满头大汗之后，再走几圈，练器械，最后买上两瓶水，坐在邱季端体育馆的台阶上，一边聊天，一边看着远方。

哲哲上幼儿园中班时，我给他报了游泳班。……尽管经历了不少波折，但运动的习惯保留了下来，也练就了他健康的体魄，积极向上的生活态度，走到哪里，都是一脸阳光。

　　我无意培养一个运动健将，只是希望儿子能发自内心地爱上体育，爱上一个体育项目，在运动中体会体育所特有的激情，永葆一颗不服输、不放弃的心。同时，在运动中感受责任、担当、协作、团结、勇敢与坚持。

成长关键词之二：运动

　　运动之于孩子成长的重要性不言而喻。

　　我在采访"全美最佳教师"、《第 56 号教室的奇迹》的作者雷夫·艾斯奎斯时，问及教育孩子的秘诀，他说，秘诀无非有二：一是艺术引领。他的"霍伯特的小小莎士比亚们"成员，每天放学后都和他一起排练。在练习的过程中，孩子们渐渐爱上戏剧，在学校充满激情。二是打棒球。众所周知，雷夫班上的孩子个个是棒球高手。体育运动练就了孩子的体魄，繁琐的计分算法也使许多学生在数学方面开了窍，成绩有了突飞猛进的提高。

　　但一个残酷的现实是，现在的孩子们缺少运动，也不太爱运动。

　　一方面，缺少运动场地。这一点，我有着切身体会。儿子两岁后，我想带他到不需要太大的空地上跑跑跳跳，或者散散步，或者滑轮滑，或者踢足球，但我们住的小区没有安全的空间，周边小区要么没有这样的空地，要么人满为患。和孩子玩耍只能到十公里以外的公园，或者到大学校园，而这并不是每次都能如愿。

　　回想起小学时学过《小球门手》的课文，"这块空地真是赛足球的好地方。放学以后，孩子们又来到这儿。他们分成两拨儿，把书包和帽子

真正的陪伴

堆起来做球门，就拉开阵势赛起来。小弟弟小妹妹被吸引来了，路过的大个子叔叔也坐到场边，欣赏他们这场球赛……"

那是多么美好的一幕啊。

孩子需要跑跳、玩耍，玩耍甚至应该是童年的唯一主题。浏览新近发生的社会新闻，会发现无论是校内还是校外，无论是城市还是农村，安全的空间越来越小。如今的父母都不放心孩子一个人在小区里、在外面乱跑，不放心让孩子独自过马路。即使在校园里，类似踩踏等安全事故也时有发生，让人无限感慨。

因为没有运动空间，假期的孩子在奔波于各种辅导班之后，就被圈养在家里，任其沉迷于互联网上的各种游戏。对此，我在一篇文章中曾经这样写道：

> 作为一个7岁孩子的爸爸，我不经意会对比自己与孩子的成长环境。
>
> 我羡慕00后这一代不必再吃那么多缺衣少食的苦，不必在一望无际的农田里辛苦耕作，不必走很远的路去上学，生活中也有那么多好吃的东西、好玩的玩具，有那么丰富的童书，甚至有机会去很远的地方观光、旅游。我甚至羡慕他们出生在一个前所未有的好时代，无论到哪儿，都能有信息发达的互联网。
>
> 但是，我也替这一代孩子深深担忧。
>
> 他们大多是独生子女，从小缺少兄弟姐妹的陪伴。他们生长在城市，长大在城市，远离山清水秀、草长莺飞的乡村田园。他们不知道放学后在野地里捉蟋蟀、在小溪里捉鱼虾、在槐树下荡秋千是何等快乐，不知道在寂静的小路上与伙伴骑车、打闹是多么有趣，也不知道站在稻田里、池塘边听取蛙声一片，又是怎样的一种心境……

缺乏运动空间的结果就是，孩子越来越不爱运动，爆发力不强，耐力很差，缺少团队合作精神，前几年风靡一时的文章《夏令营中的较量》中的忧思再次上演。相反，越来越多的电玩高手不断涌现，每每在一起，他们总是兴奋地交流着上网、游戏的心得，如数家珍。

我希望哲哲爱运动，不仅是为了拥有健康的体魄，还是为了感悟运动的快乐，体会运动中的团队合作、成就感、顽强不屈，以及不怕失败、勇于承担等意志品质。

哲哲上幼儿园中班时，我给他报了游泳班。每周两次，由专业教练辅导。从不敢下水到游得飞快，从畏惧游泳到爱上游泳，尽管经历了不少波折，但运动的习惯保留了下来，也练就了他健康的体魄，积极向上的生活态度，走到哪里，都是一脸阳光。

不游泳的日子，我们会去北京师范大学的操场跑步。在偌大的操场上，我和他先热身，然后快步走，再一圈一圈地跑。跑得满头大汗之后，再走几圈，练器械，最后买上两瓶水，坐在邱季端体育馆的台阶上，一边聊天一边看着远方。

运动，和孩子一起，是一段美好的幸福时光。

一、让孩子爱上运动的秘密

一些朋友知道我经常带孩子游泳，因此会问我让孩子坚持运动的秘密。

其实，运动和阅读一样，都要尊重孩子的身心发展规律，要让孩子发自内心地热爱。唯有适合孩子的年龄特点，才能最大程度减少运动伤害；唯有孩子真心喜欢，才能坚持下去，养成习惯。而家长们要做的就是，根据孩子的身心特点，选择适合的运动种类，然后陪孩子一起，在运动中指点他、帮助他、鼓励他，让他找到运动的门道，发现运动的乐趣，这样即便未来成不了所谓的运动高手，也能树立孩子的自信心，练

 真正的陪伴

就健康的体魄。

1. 运动项目要与孩子年龄相匹配

不同年龄段的孩子，运动项目不一样。

我个人非常喜欢篮球，每周都打上好几次，但篮球项目明显不适合9岁以下的孩子。一方面，他们的肌肉和协调性还达不到打球的要求，另一方面缺少自我保护的意识和经验，很容易受伤。我就看见过小区里的小朋友和大孩子一起玩篮球，不小心踩在球上而摔成指骨骨折。

中国学前教育研究会理事长虞永平曾说，人的有些能力、官能是需要适度保护的，超越了规律就要承担后果。对幼儿的教育要根据幼儿的成熟状态，不能操之过急。专项训练对处于人生发展初期的幼儿来说是极不适合的。幼儿的身体和心智还没有达到需要专项训练的程度，生动活泼、形式多样的游戏活动是促进幼儿身心发展最合理的途径。儿童的身心应发展遵循自然的法则，逾越这个法则，就可能对幼儿造成伤害。

在这方面，我也有过所谓的教训。

哲哲上小学的时候，学校让选报一些课外班。我想当然地给他报了思维训练、手工制作和轮滑班。滑了半年后，他总说腿疼。我不相信，以为他是想偷懒。后来，学校的体育老师告诉我，长期滑轮滑对孩子的膝盖不好，建议等孩子大一点再报名。在陪儿子滑轮滑的时候，我也发现他滑了不一会儿就喊累，想必是膝盖和腿部承受的压力太大。

任何运动都是有年龄要求的。在报道课外运动辅导机构的选题时，我走访了中国儿童中心等课外培训机构，发现培训项目所提供的游泳、击剑、跆拳道等，都是有年龄要求的。从中也可以看出，过早让孩子参加不适合孩子的运动，不仅不利于其骨骼的发育，长期或过度的训练还会造成运动伤害。这样的例子在现实中并不少见，有媒体报道：

> 5岁的豆豆是幼儿园大班的孩子，平时活泼好动的她，非常喜欢

模仿一些电视上的节目，尤其对舞蹈情有独钟。新学年，豆豆所在的幼儿园新来了一位姓刘的舞蹈老师。刘老师学体育舞蹈出身，擅长跳拉丁舞。刘老师带来的拉丁舞也深深吸引了豆豆。争强好胜的豆豆一心想在小朋友面前露一手，投入了很大的精力学习拉丁舞。可是，没过多久，家长发现，豆豆走路时有点瘸，豆豆也说自己的髋关节很疼。这一现象引起了豆豆爸爸的重视，于是带着豆豆去医院拍片。结果发现，豆豆的髋关节错位了。

我虽然不是运动专家，但不建议孩子学拉丁舞。因为拉丁舞中的伦巴、探戈等本来是一种基于社会交际目的的舞蹈，动作设计都有一定的男女情感因素在内，不太适合低年级的孩子练习。对舞蹈感兴趣的孩子，不妨在孩子运动系统发育成熟，即8岁以后，再练习那些高难度的动作。

我也不建议孩子过早学习跆拳道。而今，跆拳道培训十分火爆，一些培训班每到周末往往人满为患。据统计，仅北京市就有数百家跆拳道培训场所，每一家都有少儿甚至幼儿参加。有运动专家就指出：跆拳道是一项利用拳和脚进行搏击的对抗性运动，跆拳道的学习包括了基本技术部分，如步法、拳法、腿法等，当然更少不了技战术的运用，即实战部分。这就要求练习者熟练掌握技术要领，能很好地理解技战术，明白教师或者教练的意图，并能将技战术意图在实战中表现出来。仅从这一点来看，3—6岁的幼儿显然是做不到的。而且，幼儿的平衡能力不是很好，跆拳道腿法大多是单腿支撑，幼儿很难学习。

哲哲上幼儿园的时候，我很少给他报各种体育项目班，而是常带他去外面跑步，有时带上一个足球，练习传接球，或者一个沙袋，我扔他接。他玩得满头大汗，也达到了运动的目的。综合来看，学前的孩子不太适合从事专业项目的训练，因为从心理和身体发育的特点来看，3—6岁的孩子活泼好动，理解力也有限，心智尚未发育完全。专业的体育项目，感受一下尚可，专业训练则勉为其难。相反，简单易学且有趣味性

的活动显然更加适合孩子,孩子也会喜欢。

小朋友天性喜欢玩水,所以带孩子去游泳,算是一种合宜的选择。我是在哲哲上大班时开始让他学游泳的,但也不是出于专业培养的目的,而是由于他天生喜欢戏水。炎热的夏天,在泳池里"红掌拨清波",也算是一种不错的休闲。从实际效果看,学会了蛙泳、自由泳之后,他很有成就感,游泳的热情更高了。

总的来说,跑步、跳绳、足球等项目适合各种年龄段的男孩和女孩,作为父母可以让孩子多参与,或者陪伴孩子一起玩。而拉丁舞、跆拳道、篮球、羽毛球、轮滑等,由于并不适合学前或小学低年级的孩子,因此最好等到条件具备时,再让孩子练习也不迟。

2. 孩子的运动量多少合适

不久前,一条新闻让人触目惊心。浙江一位 6 岁的女孩遭父亲惩罚原地跑,结果女孩跑了 6 小时后殒命。

我想,这位父亲肯定没想到会有如此严重后果,而且他想必忽略了这样的事实:幼儿正处于生长发育期,身体内的器官、组织尤其是心血管系统还未发育成熟,不适宜长时间、大运动量的运动,加上孩子根本没有受过专业训练,高强度的运动一定会对身体造成极大损害,甚至使心脏负担过重,进而引发猝死。

幼儿运动,应该遵守循序渐进的原则,严格控制运动强度。而运动强度的标准,在我看来,一旦孩子满头大汗或者觉得有点累,就应停下来休息。在时间上,持续跑步不应超过半小时。对于成年人来说,有医生建议每天走上一万步,或者步行一小时,这样有利于保持身体的健康。对于孩子,也应该多步行,少坐车。我们经常看到不少老人推着小车带孙辈上学,这样其实不利于孩子成长。

每天晚饭后,我常和哲哲一起去散步,跑一跑,跳一跳,具体时长视他的情绪而定,高兴就多玩一会儿。即使是跑圈,也不过是跑上五六圈。跑之前，先热身，跑完后再做做身体拉伸，玩玩器械。如果中途他觉得有点累，就休息一会儿。

很多家长总以为，运动量越大，越能增强孩子的体力。媒体就报道过一位父亲让孩子跑马拉松的故事。几年下来，孩子的确能跑，小胳膊和腹部都清晰地显现出一条条肌肉来。看到这条新闻，我不禁为这个孩子担心：这么小就练成肌肉男，不是违反了儿童身体发育的基本规律吗？

事实上，有关部门在开展体育活动时比较遵循少年儿童的生长和发育规律，并因此制订了相关规定，如教育部、国家体育总局等每年11月都会推出冬季长跑的项目，但这一活动只在小学五年级以上的学生中开展，并且小学生每天推荐跑800—1000米，中学生是2000米。国外教育机构也推出了运动金字塔列表，感兴趣的家长不妨作为参考。

运动"金字塔"共分三层。底层是每天进行不少于30分钟的心血管运动。所谓心血管运动是指一些有益于心血管系统的有氧运动，包括散步、慢跑、骑车、游泳等。这类运动可以一次完成，也可以分散进行，如每次10分钟，共做3次。

第二层是每天进行5—10分钟的伸展运动，包括下蹲、转体、甩手等。伸展运动可使过劳的肌肉放松而伸展，恢复生理机能，预防伤害的发生，提高生活质量。做这类运动可以见缝插针，如起床后、工作中的休息时间、沐浴后、睡觉前等都可以进行。一次的伸展，并不是1—2秒钟就急速地做到极限，而是在宽松的状态，徐徐地持续拉引10—30秒钟。

位于运动"金字塔"顶端的是每周两次的力量训练。力量训练可使人的骨骼坚硬、肌肉强壮、代谢旺盛。强壮的肌肉还有助于消耗更多的热量，对减肥也非常有益。

 真正的陪伴

当然，最科学的方法还是求教体能或运动专家。

3.养成运动习惯受用终身

前全国体操冠军孙旭光在接受一家电视台采访时曾说，他为女儿制订了详细的体操计划，训练年限为22年。具体计划如下：2岁学会前后滚翻，3岁学会侧手翻，4岁上体校，6—8岁进省队，8—12岁在各省级比赛拿冠军，13—14岁进入国家队，16岁到18岁夺得亚运会、世界冠军。这一消息一出，引来了众多议论。

且不说此方案能否实现，只这种急功近利的初衷就与强身健体的运动宗旨背道而驰，与当前体校的培养模式没什么两样，都属于畸形的、不尊重儿童身心发展规律的运动观。我始终觉得，体育，不仅只是锻炼身体，更是让孩子养成习惯，给孩子快乐，让孩子从中体会到团队合作的乐趣，并领悟责任、担当、勇气、毅力、拼搏等品质。

孩子是好动的。童年是一个人养成运动习惯、打好身体底子的好时机，科学的锻炼、均衡的运动习惯十分重要。"体者，载知识之车而寓道德之所也。"体育锻炼，对于吃苦耐劳、坚定意志的养成很有必要。竞技项目锻炼人的身心配合、心理耐受能力。球类等集体项目能提高人的配合意识和能力、角色转换能力。运动习惯还有助于改善人的精神状态、心理健康，学会诙谐幽默。有研究表明，没有体育运动基础的人往往社会适应能力不强。

作为家长，应把孩子爱跑、爱跳的天性转化为兴趣，带着一颗愉悦的心而不是具体的目标从事运动。适当的时候，可以如给孩子讲一些名人的轶闻，与孩子一起观看体育比赛等，这些都是促进孩子产生体育兴趣的有效途径。另外，也可以把锻炼与游戏结合起来。散步的时候，我爱和孩子赛跑，跳绳时比谁跳得多、跳得快，踢球时看谁踢得更准、更有力量。一旦孩子在锻炼中充满激情，那么他的整个身心都会得到发展，爱上运动便顺理成章。

养成运动习惯，贵在坚持。孩子的自觉性和毅力不强，习惯于放弃，若没有家长督促、鼓励，很可能出现"三天打鱼，两天晒网"的情况，不利于运动习惯的养成。对于哲哲，我一开始就和他商量，每周游泳两到三次。征得他的同意，确定游泳时间之后，风雨无阻地执行下去。之所以这样做，还意在培养他坚守原则的规则意识。

不游泳的日子，我们就去附近的大学跑步，每次他都欣然前往。如果感到有点累，就在小区里玩一些跳绳、羽毛球等稍微轻松的项目。时间久了，即使我没时间陪他出去玩，他也主动要求姥姥或妈妈带他出去。坚持锻炼的好处是学校举行运动会的时候，哲哲积极参与，并能取得不错的成绩。而看着他高兴地参加学校的体育活动，并能为班级做一点贡献，我也由衷地为他高兴。

所谓知子莫若父，多观察孩子在运动方面的强项和弱项，并适当地加以引导，再让孩子尝试几种不同的项目，直到找到一种适合他或他最擅长的运动，这样就会让孩子爱上运动，在运动中最大限度地获得成就感，从而在童年乃至成年时代都坚持运动。

4. 专项培训要有教练指导

有专业教练指导的好处之一就是少走弯路，避免运动伤害。

给哲哲报游泳班之前，我特意考察了教练的从教资历，又跟他聊了聊技术上的一些细节。我发现，教练在技术水平和指导方案上都不错，所以放心地让哲哲跟他学。结果就是现在儿子游得很好，可谓又快又轻松，打下了比较扎实的功底。即便很长时间没去游，再下水时，动作也不会变形。

里克·沃尔夫是一位享誉全美的运动心理学专家。他的《做孩子的教练》是一本专为家长们写的关于孩子运动指导的教程。他在书中介绍了运动培训入门知识、孩子开始运动的最佳年龄、个人运动和团体运动的差异等内容。还针对孩子应具有却经常被忽视的竞争意识，如何处理棘

 真正的陪伴

手问题，如何减少孩子的运动伤害等问题为家长提出了训练指导。

书中的很多观点让人受益匪浅，建议家长们不妨读一读。例如，他在书中提到孩子运动的两个关键是耐心与表扬。父母首先不要急于求成，一个人的成长无论在学习还是运动上，都是一个长期的过程，就像龙应台所谓的"孩子你慢慢来"。其次，父母要控制训练中的期望值，期望过高往往给自己和孩子都带来压力，反而适得其反。而多表扬孩子，引导孩子发现自己一点一滴的进步，每天都在成长，有助于帮助孩子感受到运动的乐趣与成就感，逐渐走上科学锻炼的轨道。相对来说，我们都缺乏相关的运动常识和知识。例如，怎样在运动前热身，热身需要多长时间？遇到了诸如扭伤、肌肉拉伤、骨折等，应如何应对？运动结束后又应该做哪些放松练习？这些问题我们都给不出完美的答案，所以问问专业人士的看法，百利而无一害。

更重要的是，有专业教练的指导，不至于从一开始就走错了方向。就像自己在打篮球方面从未经过专业训练，练的都是野路子，尽管对付一般人还可以，碰上专业队伍，只有被动挨打的份儿。总而言之，有还是没有专业指导，效果大不一样。

需要指出的一点是，虽然我们都不是运动专家，但并不意味着担当不了教练的职责。众所周知，教练的一个重要职责是为运动员鼓劲，即从精神上激励他们勇于挑战逆境、挑战自己、挑战极限。这一点在曾经的曼联主帅弗格森身上有着直观体现。比赛时，他总是大吼，鼓励队员打起精神，不放弃每一次机会。

哲哲初学游泳的时候，有一段时间不敢把头放到水里，怎么跟他说，他就是做不到。我知道，他这是难过心理关。于是，我给他讲了英国网球名将安迪·穆雷的故事。

生于苏格兰格拉斯哥的穆雷，小时候对足球有着狂热的爱好，因为他的外公罗伊·厄金斯是一名职业足球运动员。母亲曾短暂进入

了职业网球圈,他的哥哥吉米也是一名职业网球运动员。穆雷9岁的时候,在邓布兰小学就读。在这儿,他经历了骇人听闻的邓布兰惨案。

那是1996年的3月,穆雷穿着厚厚的衣服去上课,那时他还只是小学二年级的学生。那天,他和同学们正在体育馆里上课。突然,闯进一名成年男子,手里拿着枪,然后朝着孩子们开枪。孩子们开始尖叫,朝四面八方乱跑。小穆雷什么都不敢看。也不知道过了多久,警察赶来,用毛毯裹住他发抖的身子,把他救了出来。

后来穆雷才知道,一共有16名同学和一名老师当场死亡,还有12名小学生和3名老师受重伤,他是少数毫发未伤的幸运者之一。

虽然技术很好,但穆雷总是在关键的时刻让人失望,四次闯入大满贯决赛,但最终都失败了,与网球界的最高荣誉失之交臂。2012年9月11日,美国网球公开赛男单决赛,穆雷第五次打进决赛。这一次,他终于走出了儿时的阴影,击败世界排名第一的德约科维奇,在职业生涯中首次捧起大满贯桂冠,也为76年来苦苦等待的英国网球夺得一座大满贯。2013年7月7日的温网男单决赛,穆雷再次击败德约科维奇,获得其职业生涯中的第二个大满贯冠军,也成为温网77年来首次获得男单冠军的本土选手,创造了历史。

取得了辉煌的成绩之后,穆雷说:"我终于可以做一些让邓布兰感到骄傲的事情了,这种感觉真的很好。"

当我给哲哲讲完这个故事时,他没有太明显的反应,当天的游泳也没听说他有特别的进步。但半个月之后的一天,教练说,哲哲最近蛙泳进步很大,敢把头放进水里了,已经到第二道游泳了。看来,穆雷的故事还是在他的心里产生了作用。

2013年9月底,北京网球公开赛开赛。我每天坐在电视机前看小德、纳达尔、李娜、郑洁激战正酣。我没想到的是,哲哲问了我一句:"爸

真正的陪伴

爸,哪个是穆雷啊?"我告诉他:"穆雷没有来北京参赛,因为他背部有伤,正在积极治疗。等他伤好了,复出了,爸爸陪你一起看他打网球。"

二、滑板上的成长

  目光专注,身体放低,双腿打开,两手摇摆……滑板上的少年越滑越稳,越滑越快,笑容始终绽放在那张白皙的小脸上。

  2013年的夏天,哲哲嚷着要学滑蛇板。

  其实,像哲哲一般的小朋友有很多已滑得游刃有余,只是我看他在游泳、踢足球方面一直那么热衷,所以没有强求他一定要掌握这一锻炼平衡能力的运动。

  一天,从美术课放学回来的路上,哲哲看见一群小朋友玩蛇板玩得不亦乐乎,便以一贯的自来熟的秉性,很快与他们打成一片,虽然没有玩出什么名堂,但也玩得满头大汗,十分快意。回家后,他嗲嗲地央求我,给他买一个"又酷又帅又拉风的蛇板"。

  所谓蛇板,哲哲告诉我,不是四个轮子、能很平稳站立,而是只有两个轮子、需要两腿摇摆保持前行的那种。上网下单,让他选择最喜爱的颜色和款式。等到蛇板到手,他极度兴奋,跃跃欲试,打开包装后就想出去练习,全然不顾外面已经夜幕降临。

  第二天是周末,我带着哲哲到枫蓝国际的广场上开始第一练。一开始,他不会滑,连站在上面都有些难,停不了几秒钟就摔下来。后来,他让我抓着胳膊,带着他一点点儿移动,慢慢找感觉。忙碌了一上午,我满头大汗,他还是不得要领。

  任何一项运动,都不是那么容易掌握的。想起自己当初学乒乓球时,看教练削球削得那么轻松,以为自己练练也能学会。可是,付出了无数的汗水和大量时间,依然削不出弧线优美、角度刁钻的好球。所以,对于孩子的学习,家长们只能不断地加以鼓励,耐心,耐心,再耐心些!

转眼到了中午。烈日炎炎,哲哲和我都累得不行,很想回家休息,但他依然坚持。看到不远处来了几个滑蛇板的小朋友,他屁颠屁颠地上前去取经,问人家怎样才能滑得好。小伙伴没有拒绝,边玩边给他讲,虽然不是那么专业,但哲哲学得很诚恳。

渐渐地,他能够滑出一两米了。

"爸爸,你别扶我了,我自己来吧!"他扶着栏杆,自己找感觉。

周末的两天里,哲哲练习了4次,进步不算大。我有点怀疑儿子是否缺少运动天赋:他跑得不快,爆发力不强,耐力方面优势也不明显,是不是不适合这项运动。他玩累休息的时候,我试着上去滑一滑,发现也找不好平衡,每次都重重地摔下来。看来不是自己多虑,而是滑蛇板确实有一定难度。我劝慰自己,还是耐心等待吧。

一个傍晚,我忙完手里的工作,带上蛇板让哲哲继续练习。我扶着他的手,让他放松,注意腿的摆动,顺势一推。惊喜发生了,他站在滑板上滑出好几米。这下,他来了兴致。当我帮他再次站在滑板上之后,他竟能滑出很远很远,直到对面走来很多行人,才停下来。

我在一旁用手机录像,录下他摆动的身体,就像录下他当年蹒跚走路的那一幕。

那天晚上,哲哲第一次产生了驾驭滑板后的喜悦感,第一次可以爬上低缓的小坡,第一次绕过对面的行人,第一次长时间享受滑板的乐趣。我清晰地记得,成功滑行后的他跑到我的面前,惊呼着:"爸爸,滑板太好玩了,简直比玩电脑还有意思!"

我告诉哲哲,运动的魅力除了能增强体魄,还在于无比的成就感,就像乔丹投中关键球获得冠军一样。"宝贝,你知道什么是成就感吗?""成就感啊,我想就是战胜自己的快乐,感到自己很重要、很伟大

 真正的陪伴

的意思吧。"他歪着脑袋想了一会儿,抛出了答案。

谈及打高尔夫的秘诀,"老虎"伍兹将之归功于自己父亲的帮助。伍兹4岁时,他的父亲就带他去野外打高尔夫,感受高尔夫运动的魅力。"我的父亲给予了我很大的帮助,可以说父亲是我最好的导师。他从来没有逼着我做任何的训练,小时候跟着父亲打球,我们都会互相比赛一下,那是很开心的。"

其实,我无意培养一个运动健将,只是希望儿子能发自内心地爱上体育,爱上一个体育项目,在运动中体会体育所特有的激情,永葆一颗不服输、不放弃的心。同时,在运动中感受责任、担当、协作、团结、勇敢与坚持。如果有机会,我也会带他去看一些重要的比赛,就像2001年10月31日网络名人老榕带他的儿子观看世界杯预选赛亚洲区十强赛一样。

"现在,我们回到了福州。在金州买的一切,包括球票、国旗,儿子都细心地包好放在他的箱子里。睡觉前懂事地对我说,12号就不去大连了吧,早点放学回来看电视。还保证以后好好做作业,乖乖吃饭。都睡下了,又说了句:'谢谢爸爸!'"

在《大连金州不相信眼泪》的文章结尾,老榕后悔说,不该带儿子去看这场球。如果换作是我,我会坚持带孩子去,也许会和他一起流着泪走出球场。但相信通过那场比赛、那次黑色三分钟,他会知道体育真正的魅力,不仅仅在于登顶后的喜悦,还包括体会失败的意义。而后者,想必更能撬动他的人生。

三、泳池里的快乐童年

在电影《出水芙蓉》中,女主角埃斯特·威廉姆斯以其动人的微笑、

曼妙的身型、熟练的泳姿深深打动了每一位观众,也让这个差点参加1940年赫尔辛基奥运会的游泳运动员,成为20世纪四五十年代好莱坞炙手可热、片酬最高的明星之一。

我希望儿子也能会游泳,并有机会成为复合型人才。于是,2009年的夏天,5岁的哲哲开始走进泳池。那时的他还在上幼儿园大班,还是一个只知道疯玩傻笑,见了冰淇淋就走不动路的小朋友。我听说有专业的教练招生,带孩子比较有经验,于是和他班上几个同学的家长一商量,索性带他去体验游泳。

之所以选择游泳,主要是因为哲哲喜欢玩水,游泳也很少产生运动伤害,不像篮球、足球和轮滑容易出意外。而且,游泳不受天气和季节的限制。

记得第一次游泳那天,风和日丽,晚霞绚烂,骑着自行车载着哲哲,一路吹着口哨,像出门旅游一样。泳池里面,他背着浮板,手舞足蹈,像小狗一样地扑腾来扑腾去,练得格外起劲。一个半小时之后,他头发湿漉漉地跑出来,大喊着:"爸爸,我得补充能量。""那补充什么呢?""就买二两庆丰包子吧,要牛肉馅的。"言语间充满了快乐。

从夏到冬,从冬到夏,这一游就是4年多。

也有犯难的时候。在熟悉了水性、练了一周踢腿后,教练开始教哲哲最基本的泳姿——蛙泳。蛙泳需要把头放在水里,一开始他不敢低头,也许是怕被水呛到。后来,教练采取强制措施,下水亲自指导,在泳池旁边我看见哲哲被吓得哇哇叫。不过,按照教练要求做完,能够往前游了之后,他仿佛体会到了游泳的乐趣,一下子兴奋无比。

某个时间段,哲哲觉得累,就是不想去,于是开始三两肉包子,或者辅以雪糕、小甜筒等作为筹码,换来一次壮烈的出征。物质奖励逐渐失效后,遇到的还是不想去的情况,我就让他在北师大操场跑10圈和游泳之间选择,而他往往选择后者。

每周游泳两到三次,其间由于泳池修缮、合同到期等原因,跟着教

 真正的陪伴

练打游击，转战"大江南北"，北京三中、中古友谊小学、奋斗小学、西城区游泳馆，最后又回到北京三中。不过，路远也有好处。就像在奋斗小学那阵，往返都要坐地铁二号线，出发前习惯了带上两本图画书，去的路上读一本，回来读一本，身体上和精神上都有收获。印象比较深的是一天给他读《松鼠先生和第一场雪》和《没有耳朵的兔子》，他咯咯地笑了一路，惹得周围的小朋友也好奇地凑过来，也听我朗读。

渐渐地，哲哲学会了蛙泳、仰泳、自由泳。蝶泳目前正在学，因为上肢力量不够，所以并不熟练。学成之后，他告诉我，蛙泳不太累，仰泳比较痛苦，因为看不到前面，经常要么撞上其他小朋友，要么碰泳池的壁。自由泳游得最快，但也是最累的。

2012年夏天，我带着哲哲和哲哲妈一起去泰国游玩。在那个景色优美的水域之乡，哲哲如同詹姆斯上了球场，小沈阳站在舞台上，玩得不亦乐乎。一大早，我们还没有起床，他就一个人穿上小泳裤，到酒店里的泳池里"翻江倒海"。遇上外国小朋友，他不忘用仅会的几句英语跟人家搭讪，然后比谁游得快、潜水时间长，谁会做高难度的倒立动作。

从泰国回来，哲哲游泳的兴致有增无减。我趁机引导他，要像飞鱼索普或者菲尔普斯一样游得快又游得好，还要每周坚持练习，而且要熟练掌握各种泳姿。最重要的是听教练的话，不能想怎么游就怎么游，教练有时候批评是因为动作不规范，有需要改进的地方。

哲哲点点头，好像明白了。

游泳期间，有两次是因为不能洗热水澡，在回家的路上打了N个喷嚏后，第二天感冒发烧，被迫休息了一个月。现在想起来，大冬天让他去游泳，的确强人所难。但是，如果不狠心坚持，无故退缩，是不是也达不到现在的高水平呢？

其实，克服恐惧心理，发自内心的喜爱，才是体育的重要原则。获得18块奥运金牌的迈克尔·菲尔普斯5岁时就跟随两个姐姐走入游泳池，并由专业教练指导。他的教练察觉到菲尔普斯的恐惧，便允许他仰在水

上四处漂浮。于是，他最先学会了仰泳，并由此走向世界大赛的舞台，成为名副其实的飞鱼。我常常给哲哲讲一些运动健将如费德勒、科比、霍根班德等人的故事，也给他一些美好的期待，以使他快乐地走在去游泳的路上。

我们都很享受游完泳，一路慢悠悠回家路上的时光。后座上，他一边吃着东西一边看着天边的晚霞，红彤彤的，一片片，很美，很美。

四、加内特也是好爸爸

《小崔说事》有一期嘉宾是 KG，就是凯文·加内特。

在 NBA 森林狼队打球时，加内特绰号"狼王"。2007 年 8 月，他转会凯尔特人，与"真理"皮尔斯、"君子剑"雷·阿伦组成三巨头。"狼王"的绰号叫得少了，但那种凶狠的球风和夸张的怒吼依然没变。

我也喜欢加内特，更喜欢篮球，总是憧憬着哲哲长大那一天，与他在篮球场上并肩作战，希望他长得高高大大的，主打内线，而我是标准的得分后卫。两人一内一外，估计能保持较高的胜率。

偶尔，跟哲哲逗趣："宝贝，等你长大了，长得高高大大的，我们一起打篮球，在球场上要像 OK 组合一样，横扫千军。"他没听明白，问："什么 OK 组合？""这都不知道，真得给你扫盲了。OK 组合就是奥尼尔和科比啊，他们一起得过三次总冠军呢！"

"啊，这样啊，那也给我俩起个拉风的名字吧！""好啊，你说起什么？"哲哲歪着脑袋想了半天，憋出一句："你叫贵勇，我叫沐哲，咱们就叫木棍组合吧！"

这小子又调皮了。

加内特是家中老幺，也是唯一的男孩。少时，家里经济条件不太好，父母工作很辛苦，经常搬家。爱打篮球并以此为职业，是因为这是他释放压力的主要途径，同时也是对现实生活的一种逃避。在球场上，激烈

的拼抢与碰撞都可以让他尽情释放天性，而胜利的喜悦则让他无比着迷。

有趣的是，加内特在节目里坦陈，篮球并不是他生活的全部，他更看重家庭和女儿。打球之余，他总是陪家人一起，享受天伦之乐。说起女儿时，加内特眉开眼笑，说了一些跟女儿有关的趣事，俨然就是一个慈爱而标准的好爸爸。问到女儿们的未来，加内特的答案也没有出乎意料："不论她们做什么我都支持，只要做她们自己就好。"小崔穷追不舍："如果非要选择一种职业呢？""那就选择设计行业吧。"

给哲哲讲加内特的故事，他听得很认真。后来，我还专门下载了这期节目和他一起看。节目中，小崔与加内特比赛投篮。小崔把自己摆在罚球线附近，定点投篮5投3中，而加内特拉到中圈附近，本以为5投2中就不错了，没想到加内特一击命中。搞笑的是，投篮之后，加内特藏在沙发后面，探头探脑地观察观众的反应，像一个害羞的孩子。

"这个黑家伙真有趣，投篮真厉害。"哲哲品评道。其实，在NBA的球星中，加内特算不上进攻最好的，他的3分球比不上同是大前锋的拉希德·华莱士，篮下的杀伤力也没有德怀特·霍华德强，但他的防守绝对是顶级的，曾经4次获得篮板王称号。记得初入NBA的姚明被问及对加内特的感受时曾说，他就像一只大蜘蛛站在自己面前。这个比喻实在贴切，手长脚长的加内特的确让人想起《大话西游》里变形后的春三十娘。

除了球技，加内特最让人唏嘘不已的还是他幽默、乐观和坚韧的个性。他的胳膊上纹有一个篮球，篮球上写有"鲜血、汗水和眼泪"的小字。节目中，崔永元问加内特："在球场上，你永远不服输，永远争第一，这是为什么？"加内特说，小时候妈妈就是这样教育他的。虽然有比赛就有输赢，这是很正常的，他也能理解，但追求胜利、渴望冠军为他提供了源源不断的动力，"我喜欢追求胜利的过程"。概括自己的人生哲学，加内特说，接受现实，努力工作，追求梦想，勇往直前，这是运动也是人生的乐趣。

我也希望哲哲有如此的毅力与追求，并像加内特一样为了梦想而努力。尽管他刚刚上小学,但我还是语重心长地告诉他,决定一位球员高度的,不仅仅是出色过人的球技,还有对运动乃至生活的理解。一个人对一件事有多少热爱,就能从这件事中获得多少快乐。

1995年加入美国篮球职业联盟,如今已经征战了18个年头的加内特,明显有些老了。变老是一个人必须接受的事实,离开赛场也是职业运动员命中注定的归宿,不过或早或晚而已。相信心态乐观的加内特一定能坦然面对。其实,手握总冠军戒指的他已经证明了自己。还有一个无须证明的,那就是他是一个称职的好爸爸。

像加内特一样,我想在篮球上无所不能,也想做个好爸爸。不知道在哲哲的心中,我是否像加内特一样称职呢?

五、有关运动的成长片段

1. "你是我的运动之神"

末世之战

CBA总决赛期间,因为喜欢篮球,看电视基本锁定体育频道。比赛的间隙,总是播放匹克末世之战的广告。场面比较鸡血,不屑评论。

一天,哲哲指着电视播放的这则广告,问我:"爸爸,你说,真有末世之战吗?""我觉得没有,第一,你看现实中哪有那样的怪兽。第二,哪有那样的场地,又是山崩又是地裂的。第三,篮球怎么能冒火,那岂不是要烤猪蹄了。第四……"还没说完,他补充道:"我知道,都末世了,谁还有心思打篮球,肯定都逃命去了!"

抚摸着哲哲圆圆的脑瓜,突然发现,他比我还有生活气息。

童年好

天气转暖的时候,就带哲哲去北师大跑步。

真正的陪伴

玩器械时，哲哲在器械之间的空间玩得很高兴，也邀请我加入，但那空间明显容不下成人。看我无可奈何的样子，他感叹："爸爸，我发现啊，童年比长大好。""为什么这么说？""你看，这个小器械你钻不进来，我就可以。"我借机引导他："所以啊，你要珍惜童年的美好时光，享受童年，享受每一天。""嗯。爸爸，你知道吗？我有一段时间特别想回幼儿园。幼儿园没有作业，还可以无忧无虑地玩，多好啊！"

说实话，我也想回到童年，但只是想想而已。即便这个世界真的存在时光机器，我也不会选择再活一次。因为彼时，与哲哲恐怕就是另外的故事了。

神

跑步之余，跟哲哲玩扔沙包的游戏。

沙包是岳母做的，很可爱也很精致。休息时哲哲喜欢往高扔再接住，练习手脑的合作能力。摆弄着哲哲的沙包，想起自己小时候也爱玩打沙包的游戏，就像小学课文里写的那样，充满了乐趣。一时兴起，高高地抛起沙包，落下，再接住，反复几次。哲哲看得呆了，大呼："爸爸，你真是神啊！你简直就是运动之神！"

一时来了兴致，随手拿起半瓶矿泉水，如扔沙包一样杂耍起来，很有老夫聊发少年狂的味道，惹得哲哲连连赞叹，脸上露出无限崇拜的神色。那一刻，我觉得自己是天底下最优秀的表演者，因为身边这个忠实的小观众。

父亲也好，母亲也好，试着做一回孩子心目中的神吧。

2."跑着跑着就舒服多了"

一、二……开始

哲哲去北师大踢球，恰巧碰到几个志同道合的小朋友。开踢之前，他举手示意，嗓门颇大："请听我说，请听我说三件事，一是足球只能用脚踢，不能用手，因为是足球。二是不许打人。开始……"然后，他第一个朝足球冲去。

规矩定得很有意思，但我纳闷为何没有"三"，明明说了"三条"嘛。看着几个小男孩毫无原则抢球的样子，感觉整个操场都弥漫着无边的童趣。

心碎了

看小朋友们踢得热闹，我也加入其中。由于准备活动做得不充分，跑着跑着胸腔有点儿疼，使劲敲了敲，并做痛苦状。哲哲看见，凑上来不解地问："爸爸，难道你的心碎了吗？"并主动为我捶背。

哲哲的话让我回味良久。他眼中的心碎，应该是一颗心如水晶掉在地上般碎成一片片。而成人眼中的心碎，则是一种达到极致的伤心。换句话说，孩子所谓的心碎是物理上的，而大人所谓的心碎是心理上的。

感慨无论是物理上还是心理上，家长们都不要让孩子心碎啊。

坚强

跑步回来，哲哲心血来潮，在路边的甬道上练平衡能力。一不小心摔倒，手都擦破了。很意外地，他没哭，自己爬起来。刚要表扬他，他抢着说："爸爸，你说我棒不棒，摔倒了都没哭。""宝贝，你很棒，爸爸都佩服你。""你知道我为什么没哭吗？因为我长大了，长大了就要坚强。再说了，这只是一点小伤。"

看他自豪的表情，我狠狠地表扬了他。之后，又和他一起去超市，买了两只冰淇淋——奖励他这么懂事，也奖励自己有这么懂事的儿子。

3."跟着一群人过马路挺安全的"

我都佩服自己

工作忙的时候，我就让哲哲妈带哲哲去跑步。晚上九点钟的时候，

真正的陪伴

哲哲满头大汗跑进来，大喊着："爸爸，我都佩服自己。""做了什么伟大的事情啊？""我啊，一个人从北师大骑车回来的，我一路狂奔，还自己把小车搬到了三楼，厉害吧！""你真厉害，不过你一个人多危险啊！""没事，我看着红绿灯呢。"

不一会儿，哲哲妈回来了，火山即将喷发的样子，满脸气愤："我的话他一点儿也不听，过马路多危险啊！"我跟哲哲妈耐心谈，告诉她，这个年龄段的孩子喜欢探索外面的世界，喜欢检验自己的能力，喜欢挑战权威，不喜欢被人支配，被人牵着鼻子走。

也许，挑战只是刚刚开始。

悟性

哲哲二年级的时候，给他报了乒乓球班。

他还算喜欢，毕竟近半年雾霾天气较多，还是在室内锻炼好一点。最开始是练习颠球、托球，因为没有练过，加上运动天赋没那么好，所以每次颠球比赛总是落在最后，还好他的心态好，没有如我一样遇到逆境往往生出自卑来。

周末的时候，带哲哲出去练习乒乓球技巧。教给他一些要领后，发现他进步很快。他还字斟句酌地说："爸爸，我觉得啊，颠球需要拍子放平，也不能颠太高，那样控制不住……"他巴拉巴拉地说了好一阵，可见他的确有天赋，至少悟性比我高。

一次接哲哲放学，乒乓球教练摸摸他的头，说小伙子很聪明，很不错。这话让我幻想儿子成了张继科、马龙一样的世界冠军，一路上的心情都飘飘然。

成长关键词之三：陪伴

哲哲出生后，一有时间我就陪他玩，记录他成长的一点一滴，记录他充满童真的言语与有趣的经历。与他在一起的日子，我也有日子在发光的感觉，自己仿佛重获新生，又重温了一次童年……实际上，陪伴孩子，受益最大的是大人。

没有人生来就会做父母，我们只有通过学习、观察、思考、调整，才能和孩子一起成长，共享童年的美好。在童年的田园里，我们注定是匆匆过客，但这不妨碍从此刻开始，放慢脚步，用心灵和智慧陪伴孩子，做孩子童年的守护者。

成长只能一路向前，不能停住也不能重来。于是，我们要愈发珍惜当下的日子。……每每放下手里的工作，与哲哲在一起，我的心里总是想着，这个小小的孩子需要我，我也需要他。

父母们应该弄清楚高质量家庭时光的含义……是和孩子一起度过有意义的时光,与孩子有深层次的交流,如跟孩子做游戏,跟他谈学校和生活中发生的好玩的事,谈他喜欢的朋友、老师等,而不是仅仅坐在他们身边……人和孩子在一起,心却完全沉浸在自己的世界。

孩子的成长路上，离不开父母的陪伴。

陪伴是一种成长方式，也是一种教育态度。现实中，因为这样那样的原因，太多的孩子不在父母身边长大，其中比例最大的群体就是进城务工人员子女。父母们到繁华的大都市里打拼、赚钱，而孩子却留守乡村，和爷爷奶奶一起生活。还有一部分双职工家庭，没有老人帮忙看管，工作又太忙，只好把孩子"全托"，每周甚至半个月才能见一次孩子。还有的是家长对陪伴孩子有天然的排斥或畏惧心理，习惯于推卸责任。在与哲哲一起上幼儿园的同学中，三年时间里，有三个男孩的父亲我从来没见到过，都是妈妈接送。问为什么，孩子妈妈告诉我说："孩子爸爸是个宅男，不爱带孩子，下班了就在家待着。"

如果把爱比作一种营养，那么孩子的成长离不开母爱也离不开父爱，缺少任何一种，都会造成孩子人格方面的问题。遗憾的是，优秀的男人在当下的家庭教育中往往是缺位的。取而代之的是，妈妈们用过于温柔的方式管教孩子，导致了孩子尤其是男孩在性格上不够粗粝豪放，在体质上缺少阳刚之气，在意志上缺少坚忍不拔的韧劲。

一次打车，跟司机聊天。谈到孩子的话题时，司机说，自己有两个

真正的陪伴

孩子,大的6岁,小的刚满两周岁。"师傅,那你有时间陪孩子吗?""陪孩子?教育孩子是女人的事情,我只管给家赚钱就行了。""那你平时不管孩子啊?""不管,有孩子他妈照顾,我很放心。""你有时间也不陪孩子玩?""他们不用我陪。"说完,嘿嘿一笑。

相对来说,由父亲带大的孩子,其词汇量和动手能力往往更强,也更加具有亲和力。教育专家孙云晓说过,来自父亲的关爱可以让孩子感到安全与信任,有安全感信任感的孩子身心和谐而健康。而男孩对男性的认识,就是从父亲开始的。从父亲身上,男孩学会了如何举手投足,如何待人接物,如何关爱女性。每个父亲都会从儿子身上发现自己的影子,每个儿子长大以后也会发现自己越来越像父亲。

孩子对父母都是充满依恋的。根据心理学上的定义,所谓依恋关系,就是"把一个人和另一个人联系起来的穿越时空的情感纽带",分为安全型、回避型、矛盾型和紊乱型等四种类型。最理想的依恋关系就是安全型依恋关系,孩子的安全感和信任感都比较高。

对于吃喝拉撒等护理方面的事情,我们可以请人代劳。但如果父母希望跟孩子之间建立安全型依恋关系,就只能靠自己多跟孩子互动、积极回应孩子的需求等,多陪伴孩子。这些工作是永远无法外包给别人来完成的。

哲哲出生后,一有时间我就陪他玩,记录他成长的一点一滴,记录他充满童真的言语与有趣的经历。与他在一起的日子,我也有日子在发光的感觉,自己仿佛重获新生,又重温了一次童年,做小时候喜欢做的游戏,玩小时候没玩过的玩具,读小时候没有读过的书。实际上,陪伴孩子,受益最大的是父亲。在庸常的每一天,因为陪伴,日子变得更加有滋有味,生活变得丰富多彩,头顶的天空似乎也格外的蓝。

多年后,与孩子一起经历的往事将会一幕幕涌上心头,注定成为我人生最美的记忆。

一、父母不能做"甩手掌柜"

父母是儿童成长过程中的"重要他人",对儿童的身心发展有着重大的影响。大量研究表明,拥有高质量亲子关系的儿童有较高的学业成就、社会技能和较少的问题行为。

但是,在经济快速发展、城镇化风生水起的中国,越来越多的父母为一居之所而奔波,为更好的生活条件而奔波。尤其在城市,越来越多的父母一方面很难抽出时间陪伴孩子,另一方面似乎很难静下心来,耐心地听孩子讲发生在身边的大事小情。

陪伴孩子是一种教育原则,内在里大有讲究。就像有人所说的,没有人生来就会做父母,我们只有通过学习、观察、思考、调整,才能和孩子一起成长,共享童年的美好。在童年的田园里,我们注定是匆匆过客,但这不妨碍从此刻开始,放慢脚步,用心灵和智慧陪伴孩子,做孩子童年的守护者。

1. 敏感期离不开父母的陪伴

我的同事有过这样的亲身经历:孩子不到两岁时,因为夫妻二人工作都比较忙,就把孩子安排上了全托,每周五接一次,有时候太忙就半个月再去接。一开始,没觉得有什么不好。但是,等到孩子上了初中后,渐渐感觉孩子和自己不亲,总感觉有一条看不见的感情裂隙横在自己与孩子之间。孩子不太听话,动辄吵架,难以管教,沉迷网络,这时他们才后悔当初没有与孩子建立起深厚的感情。

这不是个例。有科学研究指出,孩子从出生到3岁之前,是与他人建立依赖、信任和感情的敏感期。此时与之相伴时间最长的人,会天然地赢得孩子的亲近与依赖,而这种感情会长时间地延续下去,成为相互作用的"有力武器"。这有点像家禽中的鸭子。小鸭子刚出生时,它往往把第一眼看到的小动物认为是自己的妈妈。

由于工作压力大或者生活观念不同，越来越多的"80后"父母将养育孩子的责任交由祖辈、保姆或托管机构来承担，抚养、陪伴孩子的责任被父母移交给了第三方。研究发现，隔代抚养和保姆照看存在诸多弊端，老人和保姆通常对孩子过度保护，过分限制，过于溺爱，容易造成儿童独立性、自信心、社会能力等发展滞后。此外，许多父母宁可花高昂的学费把孩子送到一些早教机构，也不愿意花时间与孩子交流。结果，不知不觉中，孩子变成了父母"最熟悉的陌生人"。

相对来说，有父母陪伴的孩子，童年更快乐。在父母的帮助和引导下，孩子会学到更多的知识，更快提高动手做事的能力。在父母陪伴下长大的孩子，往往具有更高的情商、更好的交际能力、更强的是非观念，也更有安全感和幸福感，而这些对于一个孩子的成长来说无疑极为重要。可以想见，如果有父母始终在身边，查尔斯·狄更斯笔下的奥利弗和电影《雨果》里以巴黎火车站为家的雨果，都将有别样的童年和命运。

孩子只有一个童年。面对逝去就不再回来的宝贵时光，工作忙碌不能成为忽略孩子的理由。我建议家长们心里一定要有亲子时间的概念，每天抽出哪怕一个小时也好，和孩子一起互动。这需要家长们妥善处理工作和家庭的关系，真正分清孰轻孰重，有所选择，有所舍弃，毕竟与孩子在一起的天伦之乐是花多少钱也买不来的。同时，父母也要妥善处理隔代教养问题，如果确实需要他人代为看护孩子，则要尽量参与育儿过程，以增进亲子情感。要知道，亲子情感是家庭教育发挥效力的前提，也是基础。

2. 陪伴孩子，父母双方都不能缺位

我始终觉得，男主外女主内的传统家教观，已经不适应这个时代。陪伴孩子，不能简单地归结为是母亲或父亲某一方的责任，而是需要双方共同参与。

遗憾的是，在照顾孩子方面，不少父母成了"甩手掌柜"，或者虽然

知道陪伴孩子的重要性，但由于某些原因，却习惯性地推卸给对方。在图画书《冬冬，等一下》中，父母缺位的现象得到了淋漓尽致的展示。冬冬想把花园里有一只怪兽的消息告诉父母。父亲在看报纸，说，冬冬，等一下；母亲在做晚饭，也说，冬冬，等一下。等到吃完饭，父母的关注点依然在其他琐事上，对孩子的疑问不但没有解答，反而连倾听的意愿都没有。最后，冬冬被怪兽吃掉了。吃掉冬冬的怪兽在冬冬的房间又玩又闹，仍然没有引起冬冬父母的注意。全书自始至终，都没有父母与冬冬眼神聚焦的那一刻，更不用说心灵的交流了。

　　哲哲出生后，我便很少把工作带回家。下班之后的时间，基本都留给了孩子。妻子由于在外企工作，比较忙，时间上不方便，于是，我平日里多陪伴孩子，周末的时候她陪孩子更多一些。我知道，孩子的成长离不开父母的关爱，孩子的成长更是父母教育合力的结果。如果配合得当，教育有方，孩子会健康成长。父母一起陪伴孩子，夫妻之间的交流方式、相处方式，也会给孩子留下深刻的印象，对其未来的恋爱、婚姻、生活，都会产生不小的影响。

　　相反，如果孩子生活中的陪伴都是个体的、单亲的，陪伴的内容、交流的方式无疑枯燥许多，而且会给孩子留下家庭生活本亦无趣的印象。在陪伴孩子的问题上，父爱和母爱都不能缺位，更不能相互推诿。如果说高质量的婚姻是夫妻之间不离不弃的相濡以沫，那么幸福的家庭一定是父母与孩子朝夕相伴的难解难分。

　　有专家指出，有父母陪伴孩子会树立积极的家庭观。父母花时间和孩子一起读书、游戏、听音乐、看足球比赛，陪他们去学校，了解他的小伙伴，对孩子很有益处。这些亲子互动对孩子青春期成长也有积极影响，能减少他们潜在的危险行为。反过来，孩子的快乐成长、融洽的家庭关系也会增进夫妻之间的感情。

　　都说孩子是家庭的纽带，孩子均衡地接受父爱和母爱，快乐成长，势必会使家庭成员之间联结得更紧密。

 真正的陪伴

3. 陪伴不是一个物理概念

对于陪伴孩子,很多父母想当然地以为,和孩子同在一个屋檐下就足够了。在我看来,物理距离与心理距离是两个概念。尽管在同一个房间,但如果孩子跟父母没有交流,仅仅是待在同一栋房子里,跟没时间共处实质上没有什么分别。

父母们应该弄清楚高质量家庭时光的含义。所谓高质量的家庭时光,是和孩子一起度过有意义的时光,与孩子有深层次的交流,如跟孩子做游戏,跟他谈学校和生活中发生的好玩的事,谈他喜欢的朋友、老师等,而不是仅仅坐在他们身边,一起沉默地看着电视,或者各自玩着iPad,人和孩子在一起,心却完全沉浸在自己的世界里。

而今,电子设备越来越普及。在城市,绝大多数家庭都有电脑、iPad、手机等,孩子们会不由自主地被吸引,这不仅挤占了亲子交流的时间,也分散了家庭的注意力。对此,聪明的父母应该将诱人的电子设备束之高阁,或者严格规定游戏时间,并创造更多的亲子交流机会,如和孩子一起动手做午餐,用餐时关掉电视,一起和孩子做体育运动等。进入网络时代,父母要有意识地应对电子设备对孩子的高度吸引,以更多的智慧吸引孩子的注意力,让孩子明白生活中有许多比网络游戏更好玩的事。

阅读推广人李一慢在这方面做得就比较好。

李一慢每周五都会陪他的儿子和女儿看电影,美其名曰"movie day"。一般过了周三,孩子们就开始期盼着movie day的来临。周五那天,孩子们早早做完作业,女儿负责"印制"电影票,编上座位号和价格,"卖"给家里的所有成员。有时候她会特别照顾姥姥和李一慢,照顾姥姥是因为要搞"公益活动",老年人不要钱;照顾李一慢的原因是他总在电影日那天通过网络给很多家长做在线讲座,很辛苦,可以不要钱。

儿子负责布置座位,准备零食。最抢手的一等座是地上的垫子,二

等座是孩子们的小板凳，三等座是稍偏一些的长凳。票价倒不会因为座位等级的不同而不同——都是一块钱，只要从门口司票员妹妹的手上划过就好。

全家一起看的电影，都是李一慢精挑细选的，并且都是英文原版电影，诸如《雨果》《快乐的大脚》《冰河世纪》《小飞侠》《玩具总动员》、《绿野仙踪》等，与孩子心性极其贴近。这些片子大体上是以儿童为视角，通过孩子的眼睛、大脑来看世界，观人生，大多数孩子都会喜欢。看过之后，他会和孩子们一起交流看电影的感受，一起记录下来，要求是不强求，有感而发，而且愿意才说，才记录。

其实，一旦孩子与父母度过了高质量的亲子时光，那么收获的不仅是知识，还有越来越浓厚的亲情。达到了一定程度，孩子便不会成天躲在自己的房间一个人玩网游。

二、单车上的父与子

没买汽车的日子，我每天都是骑单车接送哲哲上下学。

有时候，庆幸自己没有过早现代化。每天骑着单车，在并不算远的上学路上，在绿树婆娑的槐树阴下，与孩子天南海北地聊天，竟也是一种惬意而美妙的享受。

早晨，七点半前出发，十几分钟的时间里，哲哲坐在后座，巴拉巴拉地问着各种问题：有关动植物的常识、奇特的自然现象和课本上没懂的知识。偶尔，也会对变幻的自然发出一阵感慨，或者和我玩找东西的游戏，就像《视觉大发现》里那样。

一天早上，哲哲问我："爸爸，你说为什么月季花有刺啊？是不是好看的花都有刺呢？我记得玫瑰也有的。""因为太好看了有人想摘，可能是自我保护吧。"过了一会儿，他又问："爸爸，你说小汽车与公共汽车有什么区别？""小汽车比较小、座位少、轮子少，跑得比较快，公共汽

车谁都可以坐,但小汽车往往是私人的。""嗯,还有呢?""还有?那我再想想。"想了好一会儿,我也没有给出其他答案。最后还是他公布了谜底:"还有就是啊,小汽车是两边开门的,而大客车是一边开门的。"

放学的时候,坐在后座的哲哲喜欢歪着头,给我讲学校里发生的故事。例如,班里又有谁被老师表扬或惩罚了,他和某某成了好朋友,某某今天惹他生气了,今天体育考试得了多少分,他听到的一个笑话,等等,往往是到了家里,他还没有讲完。于是,放下书包,吃点东西,继续讲。

一次,哲哲在后座和我聊得太专注,一不小心失去平衡,摔了出去,差一点被后面的车子压到,吓得我出了一身冷汗。一看,小脸擦破了,胳膊也红了,但他忍住没哭。从那一刻起,再也不敢让他探着身子和我聊天,还得不时提醒他,让他搂着我的腰。

"宝贝,快点,系上安全带。"过路口的时候,我督促他,"是系得紧一点、松一点,还是不紧不松?A是紧一点,B是松一点,C是不紧不松。你选一个吧!""我选A。"于是,哲哲狠狠地抱紧胳膊,差一点把我的午饭勒出来。"还是选C吧!"只见胳膊慢慢放松,力度恰到好处。

快到学校了,我跟哲哲开玩笑:"真想把你扔到校园里,那样就不用再转一大圈了。"然后,我伸手抓住他的后背,轻轻一提,做了一个扔的姿势。他一下来了劲,小拳如雨点般落在我的背上、肋间。我告诉他,两肋、喉部、裤裆是人的要害部位,不能下气力打。他听了,又在我的两肋温柔地揉了又揉,还问"感觉好点没",极像一位敬业的护士。

上学的路上,经过元大都遗址公园,哲哲有时提出要走公园里的路。因为里面没有那么多车来车往,还很安静,甚至能听到一些小鸟在叫。在里面穿行的时候,后座上的他话很多:"爸爸,你看,柳树冒出了绿芽嘞!你看,那黄黄的是迎春花吗?啊,还有蒲公英呢!爸爸,那些月季什么时候能开花啊?"他的很多问题其实我并不知道答案,但这不影响父子在一起的快乐。转眼几周过去,随处可见满眼的绿,以及五颜六色的花，夏天就这样悄悄来临了。

在某个时间节点，我很想停下来，不去上学，和哲哲就坐在公园的长椅上，看着大自然，读着故事书，直到夕阳西下，一起回家。我甚至想象着，等到他上四五年级后，和他并肩骑车上学，一起穿过公园，那也该是一种很美好且值得期待的事情吧。

电影《十七岁的单车》的结尾，展示了一个很经典的长镜头：阴沉的天，小城的大街上，快递员阿贵灰头土脸，扛着摔坏的单车，不顾来往的汽车，面无表情地穿过人行横道……王小帅在这部口碑极好的电影里，借助一辆单车，讲述了农村孩子在城市的生存艰难、城市孩子心中物质与权力的暗合，以及十七岁的青春残酷，故事背后是止不住的唏嘘。

对于哲哲，我希望与单车有关的记忆都是快乐的，希望阳光如雨点一般洒满他的整个童年。

三、我怎么爱你也不够

上大学那会儿，我很喜欢作家池莉的小说，觉得她的《烦恼人生》有点意思，纷纷扰扰、鸡毛蒜皮的市民生活在她的笔下变得妙趣横生、富有生机。她那本写给女儿的书《我怎么爱你也不够》也不错，字里行间充满了温情，对女儿的出生与成长过程描写得尤为生动细腻。不久前再次重读，依然能感受到浓浓的母爱，让我心生共鸣。

如果说世界上还有什么最艰难、最快乐、最让人义无反顾的所谓工程，那么无疑是养育孩子了。

有天晚上，三岁的哲哲给我出了一个谜语，什么东西是蓝色的，还带着一个白帽子。白帽子？难道是为八年抗战做出卓越贡献的回民同胞？不对。是史莱克？也不对，他从里到外都是绿色的。半小时后，他说："爸爸真笨，连蓝精灵都不知道。"不知道海贼王、龙珠和星际宝贝情有可原，但自小就接触的蓝精灵、阿兹猫和格格巫，以及怪怪的智慧树，

真正的陪伴

不应该想不起来。第一次被三岁的儿子鄙视，我的自信心受到严重打击。

正如付出就有回报一样，教育孩子尽管琐碎、辛苦，但每每得到孩子的积极反馈，我也会乐得心花怒放，这也许就是所谓的天伦之乐吧。就像给他洗澡，得到的评价是："爸爸，我有时候觉得你挺好的！"妻子给哲哲讲《卖火柴的小女孩》，听后他眼泪汪汪的，说："妈妈，我以后特别喜欢你。"

有同事说，三四岁是小孩最可爱、最有趣的时刻，错过了不再来，所以要格外珍惜。因此，趁孩子没长大前，我一有时间就和他腻在一起，给他照相，记录他的成长。

有人问新东方教主俞敏洪："你最希望什么可以永远不变？""俞敏洪毫不犹豫地回答："我老婆年轻时候的容颜。"如果有人问我同样的问题，我会斩钉截铁地回答："儿子那张灿烂似葵花的笑脸。"

让我奇怪的是，哲哲酷爱橘黄色，近乎执拗地喜欢：水杯要橘黄色的，画笔用橘黄色的，衣服和书包要橘黄色的，坐公交车也只上涂满黄漆的运通车，上车后要做橘黄色的老幼病残孕专座，没坐够即使到站了也不下来。最近，他一直要我给他买个直升机，就是那种能遥控的、飞得高高的、能开的且橘黄色的直升机。我差点疯掉。

偶然的机会，听心理咨询师分析说，橙色是欢快活泼的光辉色彩，是暖色系中最温暖的色，它使人联想到金色的秋天，丰硕的果实，是一种富足、快乐而幸福的颜色。我突然明白，哲哲为什么那么喜欢橘黄色，以及为何有人说他喜兴。想起1998年的夏天，荷兰足球队"冰王子"博格坎普领衔的橙色军团给人无数的期待和遐想，也希望小家伙能像风车之国的国民，活得激情而洒脱。

一天早晨，去幼儿园的路上，哲哲问我："爸爸，我要永远待在幼儿园吗？""你不会永远待在幼儿园的，因为你迟早要长大。"其实，还有句话想对他说："不管你长多大，你永远在爸爸的心里。"我知道他现在还理解不了这个，不过没关系。

四、因为你是我的孩子

卢梭在《爱弥儿》中多次呼吁，要关心儿童、呵护童心，大自然希望儿童在成人之前要像儿童的样子。

卢梭的话很有道理，和叶圣陶那句"教育是农业，不是工业"的格言如出一辙。如果我们打乱了这个次序，我们就会造成一些早熟的果实，或者迟迟未发芽的种子。每个父母都应义不容辞地成为童心的守卫者、童年的保护神。

有一年圣诞节的前几天，哲哲嗲嗲地凑到我身边："爸爸，可不可以买一棵圣诞树呢？""不可以，家里本来就小，再放一棵树的话，我们估计就要睡在树上了。"他咯咯笑："那你给我织一双大大的袜子吧。""为什么？""我希望圣诞老人能给我一个大大的礼物，小的袜子装不下。""那你想要什么礼物啊？""我都想好了，要一颗大大的蓝宝石。""要蓝宝石做什么？""送给幼儿园的张老师，张老师每天陪我们玩，很辛苦。"

当天晚上，我把 QQ 签名改为"为儿子织袜子"，以铭记他无私的愿望。

柔软的童心背后，是对这个世界无限的爱与渴望、对友情和亲情的吸纳与享受、对成长和未来的无限期待。周末，带儿子去紫竹院公园。公共汽车上广播："下车的乘客，请您看好自己的小孩儿。"儿子眉头一皱，表示抗议：他不喜欢"小孩"的称呼，更喜欢"小朋友"的叫法，因为"小朋友"听起来更可爱。

哲哲 5 岁之后，讲睡前故事时，我尝试由绘本过渡到长篇小说，因为一个短篇已经不能完全满足他，他需要更曲折的情节、更有趣的故事来丰富他的内心。几天前，给他读完了《夏洛的网》。当读到夏洛在集市上说自己要死去的那一段时，发现他的眼里满含泪花，尽管怕羞没让眼泪流出来。给他读《猫头鹰王国》，他也是专心致志地听着，沉浸在有着圣灵枭孤儿院、瑚尔海的奇异王国，眼神里透露出明显的同仇敌忾。

 **真正的陪伴**

　　经典作品之所以成为经典，正在于文字触动了童心深处的柔软。

　　见不得一个人孤零零的离去，不希望一个人独处、挨饿和生病，喜欢阳光、大自然、美味、玩具，喜欢分享、交朋友、做游戏，喜欢大团圆，喜欢和家人在一起，骑在爸爸肩上、躺在妈妈怀里……这些，应该是天底下所有孩子的愿望。一旦经过经典感染的童心，将敞开胸怀迎接世界的每一缕阳光，并处处体现出一丝柔情。

　　冬天到了，幼儿园要求每人栽一株植物，绿化教室。哲哲找来沙子，装在一个塑料盒里，种上几株蒜苗。开放日那天，我看到了他的蒜苗和众多仙人掌、小花、洋葱头一起，肆意地生长着。看到了同样的蒜苗盆栽，儿子告诉我："爸爸，你看，我们班也有小朋友种蒜苗，但他们没有我的好。""为什么这么说？""因为他们就种了一根，孤零零的。我种了4根，兄弟4个。不，不，是爸爸、妈妈、宝宝和爷爷，一家人啊。"

　　我很感动于哲哲的想法。没多久，他的异想天开更让我大为感动，因为这想法的背后，让我看到了他近乎伟大的博爱。那天，他对我说："爸爸，我想发明一个地球报警器。""那是什么样的报警器呢？""会发出特别的声音。地球要是遇到灾难了，就会像汽车报警器一样提醒人们赶快逃跑。对了，我还要发明一个自动保护装置，保护人类，就像蓝猫龙骑团的铠甲一样，能召唤出来。那样，人类就安全了，就不会像恐龙一样灭绝了。"

　　假如联合国秘书长知道这个想法，也许会颁发我儿子一个特别爱心奖吧。

　　我曾经问儿子，最想什么，最害怕什么。答曰："最害怕你不给我买玩具，最想养一个可爱的宠物。"他还告诉我，他最喜欢的宠物是壁虎，因为"长得像鳄鱼"。但是，鳄鱼太大了，而且是肉食动物，所以不能养。"爸爸，壁虎吃什么呢？""苍蝇、蚊子。""那这样吧，晚上睡觉的时候，你把窗户打开，让蚊子进来。你抓几只给壁虎吃，这样壁虎就能好好生活了。"

一个"好好生活",让我不禁莞尔。

一天,在放学回家的路上,哲哲说:"爸爸,谢谢你!""谢我什么啊?""不为什么!"过了一会儿,他说:"你知道我为什么要谢谢你吗?因为你给我买了很多玩具、很多好看的书,还陪我一起玩。"又过了一会儿,他喃喃自语:"爸爸,我也不知道为什么这么说,就是一下子很感动。你知道感动是什么意思吗?"我一下子找不出解释"感动"的词语来,没有回答他。还是他自己解答:"爸爸,你说感动,是不是就是想哭的意思?"

那一瞬间,我差点哭了。

我以前一直不明白父母为何那么爱孩子,这几年越来越深刻地感受到,父母爱儿子,与人要吃饭、天要下雨一样,是流淌在身体里的血液、一种与生俱来的本能,就像法国绘本《爸爸,你为什么喜欢我》中所给出的答案——我喜欢你,是因为你是我的孩子。

五、那些云下的日子

"你有留意到吗?没有人再看日落了,也许城市人都是那样。我的工作把我带到乡村来,我的最爱便是看日落……"我很喜欢安东尼奥尼电影《云上的日子》的这句台词,细细品来有一种享受生活的恬淡味道。

转眼就是 2010 年 5 月了,哲哲按部就班地继续着大班的生活,日子恬淡而平静,应了那句西谚——"太阳底下,并无新事。"但是,与儿子在一起时总有一些生动的瞬间、感人的细节、一些甜甜的小快乐。有时候,听他巴拉巴拉地讲着发生在身边的琐事,幸福感像北京四月的杨絮一样占据了心灵的每个角落。

演过很多硬汉角色的好莱坞影星布鲁斯·威利斯说过,他最喜欢的事情就是每天接送两个宝贝女儿上下学,一路上三个人说说笑笑,惬意无

真正的陪伴

比。我也喜欢跟哲哲腻在一起,因为很多东西、很多情境不会再来,错过了就永远错过了。例如,而今再也不能让他骑在自己的脖子上,不能再抱着他走长长的路,不能把他高高地抛起再接住,再也看不到他在学步车里张牙舞爪的样子,也无法领略他把花生酱涂得满脸都是的滑稽相。

成长只能一路向前,不能停住也不能重来。于是,我们要愈发珍惜当下的日子。

和哲哲在一起的日子,生活仿佛变成了五彩的棉花糖,不仅很好看,吃起来也很香甜。上英语课的路上,在月坛等车。站在月坛南街的站牌下,哲哲像老师教学生一样,告诉我,这是"月云南街",这是"上品斤扣"。看见"三里河二巷"几个字,他很兴奋:"这个我认识,'三里河二卷'。"如果有围观群众,看着他一本正经读字的神态,肯定能笑场,逗哏程度不逊于德云社的小越越。他还知道西直门那儿有个"生命人涛",因为"寿"字很像同学龙涛的"涛"。

学完英语,骑车带着哲哲回家。半路上,小家伙突然喊了一声:"哎呀,爸爸,你的钱掉了!""多少钱啊?""十五元的。""哪里有十五块的钱!""爸爸,我说错了,是十块钱。"他的语气非常严肃。刹车,回去找。他嘿嘿一笑:"骗你的。"

在北海公园玩的时候,哲哲突然问起:"爸爸,你说熊吃人吗?""不吃人,但熊能伤害人。""那熊就是害虫,对吧?""其实人不惹熊,熊也不会攻击人。""那癞蛤蟆是益虫吗?""癞蛤蟆也叫蟾蜍,吃苍蝇和蚊子,当然是有益人类的,但不是虫子。"为了做好科学普及工作,我顺便给他讲了蕾切尔的代表作《寂静的田野》。听完后,他停顿了一段时间后,突然恳求般地对我说:"爸爸,你让农民别打农药了,让他们多养青蛙不是很好吗?"

在外出差,哲哲和妈妈去陶然亭公园玩。午饭时,他打电话对我说:"爸爸,我和妈妈捉了很长时间的胡鲨,但一条也没捉到。后来一个叔叔给了我一条,我谢谢他了。我把胡鲨放在一个瓶子里。"我没明白"胡鲨"是什么东西。哲哲解释:"你真笨,胡鲨,就是长胡子的鲨鱼。"难道他说的是鲶鱼?等回家一看,我才发现,"胡鲨"原来就是泥鳅。

每每放下手里的工作,与哲哲在一起,我的心里总是想着,这个小小的孩子需要我,我也需要他。而且,和他在一起,我们都很快乐。我和他约定好,每天讲一集"贝贝熊"系列的故事。每次听完,效果总是立竿见影。例如,讲完《不乱扔东西》,他主动把桌子收拾了,顺便还把我的书摆放整齐。讲完《熊王国的工作》,问他,你长大后想当什么,回答是:"我什么也不想当,我就想成为我自己。"讲完《不给糖果就捣蛋》,他说他也想吃巧克力……在我眼里,他突然变成了可爱的蜂蜜熊宝宝。

有时候我觉得,正是和哲哲在一起,每一刻才变得精彩纷呈,每一天才变得有滋有味,每一年才那么值得期待。因为,我喜欢看他丰富而生动的表情,喜欢看他灵动而夸张的动作,喜欢听他喋喋不休地说那些发生在学校、英语班的事。

"爸爸,昨天我们进行体能测试了,有个秒跳,就是在几秒内连着跳几下。还有蹦跳,就是看你能蹦多远。还有往前推,就是坐在地上,手往前够。我都做得很好。"

"爸爸,我今天回答对了一道题,老师表扬我了,说你父母把你教育得很好。"

"爸爸,今天幼儿园的晚饭是打卤面,打卤面真是太好吃了。"

"爸爸,贾老师给了我两个奥特曼的小贴画,我可喜欢了。可是,有一个我弄丢了,我很伤心。后来,贾老师又给了我一个。爸爸,你知道吗,我晚上脱衣服的时候,在袖子里找着了一个,这样我就有三个了,太好了!爸爸,我送给你一个吧!"

"爸爸,小琪琪太可恶了。她泄露了我的秘密,她告诉老师,说我喜欢奥特曼。"

……

在哲哲絮絮叨叨的讲述里,时光仿佛刹那间定格,幸福忽地溢了出来。

 真正的陪伴

六、有关陪伴的成长片段

1."有你天天陪着，我很幸福"

御用文人

一旦哲哲说了哪些好玩的事，我习惯拿出一张纸记下来，怕忘了。哲哲感到好奇，凑过来问，写什么呢。我没回答他。"一定是记我说的话吧。""嗯。"没多久，他凑过来："爸爸，给你讲个好玩的事啊。"半晌，没了下文。

问他："你怎么不讲啊？"答曰："你怎么不拿小本本记啊！"

一不小心成了御用文人，不知道该高兴还是难过。

站着上学

上学和放学时，哲哲总喜欢站在自行车后座上，一边看着远处的风景一边和我巴拉巴拉。我告诉他，这样容易挡着我向后看的视线，比较危险。但他说被风凉凉地吹着，而且能看到很远的地方，很舒服，很痛快。我警告他几次却不见效，索性随他，只有骑得更加小心。

想起自己小时候喜欢荡秋千，每次都荡得很高，也不管歪脖的小树能否承受得住。童年是什么？也许就是体验逾矩和冒险所带来的那种快乐吧。

老了之后

接着，又跟哲哲聊起未来。

"爸爸，你要是不工作了，你想要什么啊？""我啊，不想要什么，你经常来看看我就行了。""嗯，那我给你盖一个两层的房子吧，或者在我家附近再买一个房子。我们住得近一点，这样就可以天天去看你了。"他的语气很坚定。

等我老的时候，哲哲如果经常出现在身边，自己真是一个幸福的老头呢。

负责任

快到家的时候，哲哲又抛来一个问题："爸爸，你觉得你负责吗？""还行吧。"于是我开讲，"你看啊，作为爸爸，我得一心一意陪你长大；作为老公，我得爱你的妈妈；作为一家之主，我得努力工作，挣钱养家，让你们每周都有烤肉吃。还有啊，答应你的事情，我都努力做到。""嗯，你说得还挺对。我长大以后也要向你学习，做一个负责任的爸爸。"哲哲说。

原来，自己的一言一行、一举一动，他都记在了心里。不得不说，他的话让我有一点小小的感动。想起龙应台的一句话："我爱极了做母亲，只要把孩子的头放在我胸口，就能使我觉得幸福。"

很想说，我也爱极了做父亲，只要跟儿子在一起，就觉得无比幸福。

最美的夕阳

每周二四我都带哲哲去游泳。晚上7点多，从三中游泳馆出来，哲哲大喊着要走那条大路。

正疑惑为何要走远路，哲哲小手伸向天边："爸爸，你看，天边多美啊。"果然，太阳刚刚下山的那一刻，红云片片，霞光四射，飞鸟掠空，微风习习，通衢马路，行人寥寥，很有马致远《天净沙·秋思》的韵味。于是，停下车来，和他一起看着夕阳慢慢沉下去。

夕阳真的很美。感谢哲哲，让我有机会凝视都市的黄昏，让我近距离感悟生命的美丽，让我知道原来自己一直生活在这么美丽的大自然中。

我很幸福

到家后，哲哲嚷嚷要吃饭。饭后，看了一会儿电视。

 真正的陪伴

电视上播放了一条"有时间多陪陪孩子"的广告。广告的内容是，一个小女孩得了奖状，等爸爸回来把好消息告诉他。但左等右等都不是爸爸，最后伤心地睡了。睡梦中，小女孩露出了笑容，在虚幻的世界里她终于如愿以偿。

哲哲看后，一声长叹："哎，这个小孩子等不到爸爸，真可怜。"转而，又说，"爸爸，你天天陪着我，我很幸福。"

我摸了摸他圆圆的脑袋瓜，告诉他，跟他在一起，我也很幸福。

2. 一封给爸爸的表扬信

喜欢你

每天接送哲哲上下学，并抽空辅导他写作业、讲故事，精力几乎都放在他了身上。

某天，哲哲放学后，要去外面骑自行车，还点名由我陪他。自己写稿有点累，想休息会儿，有点抱怨："怎么什么事情都是我陪你啊，你为什么总是欺负我？"哲哲来劲了："我哪里是欺负你，我是喜欢你才让你陪的。"

无语。

我要当海马

玩的时候，哲哲问我："爸爸，你最想当什么动物呢？""我最喜欢成为小鱼，在水里无拘无束，自由自在，多好。""你知道吗，爸爸，我最想当海马！""啊，海马？为什么想当海马呀？""因为海马爸爸有个育儿袋，可以自己生宝宝，也能天天陪他的孩子玩。"我断定，哲哲长大后，一定会成为比我更有爱心的好爸爸。

一只麻雀的祭奠

儿童节那天，去官园批发市场的路上，看见一只死麻雀直挺挺地躺

在马路上。哲哲于心不忍,于是招呼我在远洋风景小区南面的绿地里挖坑把它埋了,并插了一根木棍做标记。

上英语课,路过那个公园,哲哲执意要去看看那只死去的麻雀。我说,一只死麻雀有什么看头,让它休息吧。他说:"爸爸,去看看吧,你死了我也去看你……"

那一刻,我的内心五味杂陈。

不想过生日

哲哲的生日是 8 月底,离生日还有几个月他就盼着。

可意外的是,某天晚上,哲哲低低地说:"爸爸,我不想过生日了。""为什么?""你说过完生日,我是不是就长大了一岁。""嗯。长大了多好啊!""好是好,可是你是不是就老了一岁?""嗯。你长大了,爸爸就老了。呵呵!""爸爸,我不过生日,是不希望你和妈妈变老。"

那一刻,我的心里很甜蜜,同时,决定再买个乐高玩具给他——最贵的那种。

哲哲♡爸爸

放暑假了,哲哲要回老家休假。

回老家的前一天,哲哲给我写了一封信。有趣的是,写完后,忘记放哪儿了。所以,临行的那个上午,他一直在找自己的亲笔信。费尽周折找到后,他郑重其事地将信交到我手里,并要求现场阅读,颇有点美国式当场打开礼物的架势。内容如下:爸爸,谢谢你教我那么多字,谢谢你,哲哲♡爸爸。

尽管其中有很多错别字,但那颗手绘的爱心瞬间打动了我。

有时觉得,哲哲不再是以前那个需要喂养和陪伴的孩子,而是一个有思想有个性的伙伴。哪怕安静地坐在一起,也能让我看到许多不曾注意的东西,让我心生"活着真好"的感动。

真正的陪伴

蔡朝辉在"爸爸爱喜禾"的博客里说:"你父亲每天在微博上拿你开玩笑,不是讨厌你,是太爱你了。你举手投足都是可爱,你父亲胡言乱语也都是爱。希望你明白。"

我也希望哲哲明白,爸爸很爱他。

3. "有你在我就不害怕"

你是我的荣幸

周二到周四,哲哲都是五点多放学。每次接他的时候他都喊饿,于是,我就在路上买个肉松面包给他。见他吃得津津有味,让他给我留一点。他答应得很好,一边吃一边和我闲聊,聊得兴奋,一不小心肉松面包连个分子都没剩。

我很伤心,装作要哭的样子,埋怨哲哲一点儿都不想我。"如果爸爸出差,回来什么都不买,你不伤心吗?""不会啊,你回来我就高兴。""为什么啊?""因为啊,你是我的荣幸!""荣幸是什么意思呢?""荣幸就是……"他想了半天也没想出合适的词,最后急了,"哎呀,荣幸就是很荣幸的意思。"

在"荣幸"一词里,我感到了浓浓的幸福,并决定每天都给他买一个肉松面包。

你是我的勇气

晚上去北师大跑步会路过一条小巷。那天没有月亮,小巷里黑黢黢的。我和哲哲开玩笑,故意躲起来。发现我不见了,他有点急,大声喊"爸爸",见没有答应就喊我的名字,见依然没有答应就开始往前跑,跑动时声音略带哭腔。当我从角落里跳出来,哈哈大笑时,挨了一组力道刚猛的天马流星拳。

见哲哲情绪平稳了,问他:"你一个人害怕了?""嗯。""那有我在你怕不怕?""不怕,有你在我就不害怕。""为什么啊?""因为,因为你是我的勇气。"

虽然用词不太准确，但我明白了他的意思。

乐高

期末考试完，没有更重要的事。于是，带哲哲做了胎记切除手术。

动完手术的哲哲不能到外面玩，宅在家里很寂寞。我心里过意不去，抽出一天时间和他拼乐高积木。那是一项艰巨的任务，三套玩具的小零件散落在一个箱子里，只能按照拼装说明一个一个地找。从早晨八点到下午五点，我们坐在床上几乎没怎么挪地儿，腰酸背痛。

整个下午，我们充分体验了合作的乐趣。有时是他拼我找，有时是他找我拼。每次花费很长时间找到一个小零件后，我们都击掌相庆，不亚于拿下一场篮球赛。有时十几分钟都没找到，我都想放弃了，哲哲却鼓励我："加油啊，不能放弃，你不是说坚持就是胜利吗？"都这么说了，当爸爸的又怎么让儿子失望。一整天下来，一艘轮船、一条鲨鱼和一架飞机俨然成型，哲哲看着玩具，很珍惜，因为那是用辛勤的汗水换来的。

尽管还有很多稿子没写，但那一整天的付出，我觉得非常值得。

4. 爱是什么？爱是陪伴！

点歌

最近心情比较好，每天上学的路上，我总是不由自主地哼着歌。

坐在身后的哲哲听完之后，总是用力鼓掌，然后提出："爸爸，给我唱一首五星红旗你是我的骄傲那个吧！"唱完了，他又要求："再来一首鲁冰花吧！"我"啊啊啊"了五百米之后，他又说："那个我要找我爸爸那个，我也特别爱听。"刚刚唱完"我的好爸爸没找到，如果你看到他就劝他回家"，学校就到了。

回去的路上，细品哲哲点的歌，先是爱国，后是爱家，再后是爱爸

真正的陪伴

爸,属于典型的主流爱国教育。不过,中国人往往喜欢把最好的东西放在最后。如此看来,我还是一个颇受儿子欢迎的爸爸。

于是,在车流不息的大街上,我又高唱了一遍"我要我要找我爸爸……",相信坐在教室里的哲哲依然能听见。

打伞

下午去接哲哲时,天空阴云密布,临走前带了一把伞。没想到回来的半路,果然下起了大雨。怕小家伙淋湿了,对他说:"伞你打着,保护好自己,我不怕雨的。"但他坚持给我撑伞,还解释说:"爸爸,我也不怕雨,我个子小,只用一点就好了。"

那场阵雨比较大,来得快去得也快。快到家的时候,竟然看见了天边的彩虹。突然想起英国湖畔派诗人华兹华斯的一首诗:

> 每当我看到天上的彩虹,
> 我的心就会跳动飞升:
> 我刚出生时它是这样,
> 我长大成人它依然如此,
> 当我变老死去——
> 它还将这样!
> 儿童是成人的父亲,
> 我多么希望,在将来的每天每日,
> 自己都能保持对自然的虔敬与童贞。

——总有一首诗,让人泪流满面。感谢华兹华斯,留下比彩虹更美的语言。

清醒药

周末的时候,想补觉。

刚躺进被窝,哲哲就黏糊糊地凑过来:"爸爸,我想和你一起睡。"那就睡吧。他和我脸对脸,睁大很萌的眼睛看着我,轻轻的鼻息拂在我的脸上。没一会儿,他发出了连珠炮:"爸爸,你的脸上怎么有老年斑?你的鼻孔里面怎么有毛,我为什么没有?你的眼窝这么怎么深,而我的却很浅呢?爸爸,你睡着了吗,没睡着吧?装睡吧……"

哇,我终于体会到孙悟空的痛苦了,赶紧从床上爬起来。

想起老爸来京时,也常说起我小时候的事。那时的他年轻力壮,在砖场工作,做繁重的体力活,每天回家倒头就睡。而五六岁的我也喜欢爬到他身上,摸摸他的脸、他的胡子、他的头发……让他不胜其烦。

也许,在小孩子看来,那是一种爱的表达,只是大人会觉得不是时候。

爱是陪伴

一年级下学期一开学,哲哲光荣地加入了少先队。

入队的第二天早晨,上学路上,和哲哲聊起楼下毛毛养狗的事。"爸爸,你觉得毛毛晚上和小狗一起睡,好吗?""不太好吧。因为那样不卫生。""毛毛说每天她都给小狗洗澡。""即使那样,我也觉得还是让小狗自己睡好。""我觉得也是。我觉得啊,爱一只小狗,就应该把它放到大自然里,让它自由自在。""有道理,那你说爱一个人呢,应该怎么爱?""爱一个人啊,就应该把他放在身边。"

这句话,让我对哲哲油然而生一种崇高的敬意。回单位的路上,脑海中满是一句话——爱是什么?爱是陪伴。

5. "牙齿真的掉了,也不怪你"

倾听

三月的北京天气好了一些,我经常带哲哲去北师大跑步。

说是跑步,就是快步走。一边走一边聊,聊哲哲喜欢的奥拉星,聊他班级里的新鲜事。坦白说,关于奥拉星游戏,玩法比较复杂,我没时间深入研究,所以很难以与他对准频道。多半是他说我听。即便如此,他也很高兴,因为"爸爸是个很好的倾听者"。

"你觉得倾听很重要吗?"问他。他告诉我:"当然重要了,认真听才知道对方要表达的意思,而且多听能交到朋友的。"

看来我要继续认真倾听哲哲的话,因为我想做他的朋友,希望每位父亲也能做个好的倾听者。

喜欢你没道理

2012年的儿童节前,学校开了春季运动会。

哲哲没有单项比赛,只有一项亲子活动。那天,看了他们班精神抖擞、英姿飒爽的方阵,很震撼。校园里也很热闹,到处是情绪高涨、满脸笑容的小朋友。哲哲的心情也很好。放学后,商量好先吃饭,然后送他回家,我去上班。

哲哲不同意,想和我一起去单位。"爸爸还要工作,你就别跟着了。""不,我就是要跟着你。""为什么?""我喜欢你,没道理。"

被人无道理的喜欢真是一件幸福的事,不过我总觉得自己有点像那个黑分分的巧乐兹。

猜字

有一段时间,哲哲喜欢坐在自行车后架上,抹平我的背心,然后在上面写字,让我猜。

一天早晨，他在我的背上写了一个"张"，又写了一个"花"，被我猜出来了。同时，我也纠正了他的笔顺不对，撇被写成了提，捺的用力明显不对。由于这小子总是犯这类错误，属于屡教不改型，被我巴拉巴拉地批评了一路。

快到学校时，哲哲说："这回我写了5个字，你猜啊。"感觉后面非常痒痒之后，脑海里反复琢磨他下笔的顺序，却怎么也猜不出来，只好认输。

"我写的是'爸爸，我喜欢你'！"说完，就跳下车，颠颠地消失在教学楼的长廊里。

明明是6个字嘛！但这句话让我心头一热，顿觉刚才对他的批评很无趣。

签个名吧

2012年的夏天转眼就到了。

哲哲不喜欢夏天，因为他格外受蚊子追捧，每到夏天，身上总被叮一些红包。于是，当爸的还多了一份打蚊子的重任。

一天，见一只蚊子嗡嗡飞来。我手起刀落，啪的一声，将之斩落。站在一旁的哲哲，飞快地从抽屉里拿出他练写字的小本，一脸急切地望向我："爸爸，你太厉害了，求求你了，给我签个名吧。"

每个爸爸都应是孩子心目中的英雄。

风池穴

白昼变长了，凉爽的傍晚，或者和哲哲去外面玩，或者在家一起看书。

一次看书看得时间长了，感觉脖子特别疼，忍不住抱怨几句。哲哲听了，立刻凑上来，一本正经地说："爸爸，你低头，我来给你按按风池穴。"

真正的陪伴

很惊讶他怎么知道"风池穴",我可从来没提起过。问他原因,他告诉我,是来他们班示范眼保健操的大姐姐教他们的——脖子累了的时候,捏捏风池穴。

"小中医"在我脖子上轻轻捏着,真有一种接受专家门诊的感觉。都说闺女是父母的贴心小棉袄,其实儿子也是。

内疚

和哲哲出去玩,也发生过危险。

一次,在今典花园里骑自行车。玩到高兴处,他让我在后面推他,说想体验一下风驰电掣的感觉。怕他摔倒,我特意叮嘱他扶住车把,没想到我一用力,他还是没扶住车把,重重摔倒,下巴磕破了,还说牙齿有点松动。其实,一点皮外伤倒没什么,刚长出的恒牙被撞掉可不是小事。

哲哲一听说恒牙掉了就再也长不出来,哇的一声哭得更厉害了:"哎呀,我的新牙呀,我再也没有了,这可怎么办啊!"因为时间太晚了,不好带他去医院。那一晚,我充满自责,彻夜难眠。第二天,带他去医院。牙医摸了摸受伤的牙齿说,没松动,没大事,注意别吃硬的东西就行了,我这才如释重负。

后来,问哲哲:"如果牙齿真的掉了,你会原谅爸爸吗?"回答:"会。""为什么啊?""因为你是我爸爸。"

这句话让我的眼泪夺眶而出,在人来人往的大街上。

成长关键词之四：榜样

父母所营造的家庭氛围，他们的品行、人生观、价值观，一个小动作、一个微妙的表情，甚至是他们的生活方式，都在对孩子进行着潜移默化的教育。……对自己、对孩子持有双重标准，只会导致家庭教育的失败。父母希望孩子成为什么样的人，父母自己首先要成为那样的人。

都说儿子是父亲的影子，我始终觉得，儿子与爸爸外表的相像倒在其次，主要的是一种感情和心灵的联结。说到底，父与子就是共同体验生活乐趣、共同见证生命成长的伙伴。年长的教会年轻的少走一些弯路、爱惜自己和生命、把握手中的幸福，以及拥有一个相对完满的人生；年轻的教会年长的感悟生命的价值与意义，明白人活一世不是要带走什么，而是留下什么。

孩子学习父母是一种天性或者说本能。而孩子模仿的，除了父母的言行举止，还包括面对挫折的态度、排遣情绪的方式以及处理问题的技巧。而一旦父母在细节上做到慎之又慎，秉承恰当合理的原则……受益的不仅是自己，还有孩子。父母修炼自己，就是在修炼孩子。

成长关键词之四：榜样

2009年10月，我有机会采访著名教育专家卢勤。

问及我国家庭教育存在的问题，她说，中国的家庭教育有很多可取之处，也有急需改进的地方，其中一条就是父母没有做好孩子的榜样。自己做不到偏偏要求孩子做到，比如成天唠叨孩子要好好学习，自己却天天打麻将。

这么做的后果只有一个，不负责任的父母培养出不负责任的孩子。

对此我也深有同感，父母不能以身作则的确是当前中国家庭教育存在的重要问题之一。有很多父母简单地认为言语的教养才是教养，其实，父母所营造的家庭氛围，他们的品行、人生观、价值观，一个小动作、一个微妙的表情，甚至是他们的生活方式，都在对孩子进行着潜移默化的教育。我一直觉得，做父母的要勇于反思自己，改变自己，杜绝坏习惯，而不是自己经常放弃，却希望孩子不断奋斗，自己不喜欢体育，却要求孩子坚持运动。对自己、对孩子持有双重标准，只会导致家庭教育的失败。

父母希望孩子成为什么样的人，父母自己首先要成为那样的人。

有人说，三流的父母是保姆，给吃给穿给钱，只在物质上满足孩子；

 真正的陪伴

二流的父母是教练，让孩子勤学苦练，将其培养成他们希望的样子，而不是了解孩子的心声，听听孩子自己想成为什么，帮助孩子成就梦想；一流的父母做榜样，不断改变、提高自己，潜移默化地影响孩子，使孩子具有众多走向成功所必备的品质。

你给孩子做一个好榜样，孩子会无形中就会养成好品质。就像这么多年下来，受我和妻子的熏陶，我们的儿子哲哲俨然喜欢上了阅读。在他的小床边、书包里、画作中，都会有书的存在。每天晚上，不给他读一个故事，他就难以入睡。每个月，他都要去西单图书大厦一次，去看看他没有但却十分喜欢的书。

还有非常重要的一点是，孩子到了5岁左右，自理能力大大提高，行为上表现得更加独立。因此，父母要为他们建立起一种生活方式，教给他们正确的价值观和道德观，逐渐让孩子确立自己的人生观。在品格和习惯培养方面，父母的身教更是胜过言教。说给孩子听，不如做给孩子看。要求孩子做到的自己首先做到，希望孩子具备的自己首先具备。在价值观引导方面，父母只有充分了解自己的孩子，才能真正走进孩子的内心世界。这些方面，更是无法靠别人来完成的。

榜样的力量是无穷的。从今天起，做让孩子崇拜的父母吧。

一、父母如何为孩子做榜样

为孩子做榜样，首先是教给孩子一种积极的生活态度。

美国民谣歌手哈利·却宾（Harry Chapin）写过不少脍炙人口的歌曲，其中最令人动容的曲子，首推描述父子之情的《摇篮里的猫（CATS IN THE CRADLE）》。

这首歌与其说真实而直接地反映了事业与家庭之间的平衡问题，不如说是哈利自身生活的生动写照。当哈利的儿子出生时，正是他事业最走红的时候，每天有赶不完的场，没有时间陪伴孩子，于是他错过了儿

子生命中的第一步,也错过了儿子所说的第一句话。

可是,若不这么拼命的话,孩子怎会有好日子过呢?于是,在这个看似冠冕堂皇的理由之下,哈利又错过了教儿子打棒球的机会。再回首,儿子已经成为大学生。

等到哈利总算清闲下来,希望多陪陪宝贝儿子,儿子却没时间陪他。即使放假一回来,儿子也不是和爸爸聊天,而是借他的车子和女友出去兜风。

又过了几年,儿子毕了业,有了工作,有了自己的家,见面机会就更少了,顶多在电话里聊聊近况。当老爸用近乎哀求的语气,叫儿子回来聚一聚,儿子却以工作忙、小孩生病等理由来搪塞。这时,哈利才领悟到:原来这场家庭悲剧,是自己一手导演出来的。可是,后悔有什么用呢?谁能让时间倒流呢?

我对这首歌印象极深的原因,不是因为歌曲旋律优美,也不是因为MTV拍得感人,而是念念不忘最后那句歌词——"我的孩子长大后就像我一样(He'd grown up just like me)。"

从现实来看,现在的生活节奏越来越快,人们的精力大多投入到发展事业和实现自我价值中,人与人之间的温情,哪怕是亲子之间的感情,有时也被所谓的追求成功而牺牲。正是这种潜藏危机的价值取向,让我意识到,如果把幸福比作一棵树,那么家庭就是培植这棵树的根。我的生活方式、生活态度代表的不仅是我个人的选择,也影响着孩子的生活观、价值观。我怎么看待家庭与事业,孩子将来也有可能如此看待,因为"我的孩子长大后就像我一样"。

我不希望哲哲做事怨天尤人,面对困难自怨自艾,不希望他活得很难受、很憋屈,不希望他的性格有太多消极的东西,不希望他从小养成不良生活习惯,所以我首先要求自己积极面对问题,认真负责对待工作,不退缩不逃避,就像毕业于美国西点军校的著名演讲家、培训大师和咨询顾问杰伊·瑞芬博瑞所言的"没有任何借口(No Excuse)!"。

 真正的陪伴

一有时间，我就去运动，去阅读，到大自然中去，以期哲哲也能喜欢体育，喜欢读书，生活里充满阳光，能以乐观的心态面对困难，面对当下与未来。我经常给老家的父母打电话，暑期和春节的时候也一定陪父母一段时间，意在希望他也能把家人放在第一位。

我曾经问过哲哲，将来希望当一个怎样的父亲。他的回答是："我也要像爸爸一样，多和孩子一起玩，记录他们的成长。"这句话，让我感到很欣慰。

父母为孩子做榜样，还要教会孩子解决问题的方法。

记得很小的时候，我一直纳闷，和小伙伴一起去钓鱼，都是以蚯蚓为饵，为什么有的人钓得多，有的人钓得少，而我几乎颗粒无收呢？回家后，求教老爸，老爸就经常带我去钓鱼，让我看他怎么做，慢慢摸索其中的规律。

一个暑假，我几乎每天和老爸泡在池塘周围。终于发现，不同的时段，下钩的地点是不一样的。具体来说，早晨钓鱼，要选择有雾气、有露珠的水清处，最好是浅水的地方；到了中午，应该把鱼竿伸向较远的深一些的地方，水越浑越好；而到了晚上，下钩应选择紧邻水草的空地，运气好的话，鱼是一条接着一条地上钩，能满载而归。

这个技巧在我后来钓鱼时屡试不爽，让人尝到了不少乐趣。由此我开始明白，授人以鱼不如授人以渔。父母以身示范，教孩子解决问题的方法，是最好的育儿之道。

等到自己有了孩子，我就用这种方法教孩子。

哲哲从三岁开始，总是有太多的为什么问我，这些问题我多半回答不上来。于是，我就期望他能自己动手解决问题。

有一天，在帮我拿电动车电池的时候，哲哲歪过头问我："爸爸，你说未充电的电池与充完电的电池相比，哪个更重呢？"我一直没有买汽车，出去玩的时候，多是骑着电动自行车。回家的时候，哲哲喜欢抢过我手里的电池，帮我拎到楼上。

他其实是问了一个电是不是有重量的问题。说实话，我也不知道答案，但我没有回避问题，也没有到百度上查找，而是告诉他："这个我也不知道，这样吧，我们做实验证明一下。"走进家门口，我把彻底没电的电池放在电子秤上，结果显示：3.7公斤。

第二天，我早早起来，把充满电的电池放在电子秤上，一量，3.8公斤。我把哲哲叫过来，告诉他："你看，昨天是3.7，今天是3.8，重了0.1公斤，这说明电是有重量的。"

我们一起得到的这个结论不一定准确，但也许是我的这番做法对他有所触动，在后来的日子里，经常能见到他自己动手寻求答案的情景。例如，他知道圆形的金属圈能吹出球形的泡泡，那么三角形的金属圈能否吹出三角形的泡泡呢？在不大的卫生间里，他把洗洁剂、洗衣粉等倒在杯子里，搅拌均匀，然后把自制的三角形金属圈放进去，蘸上肥皂泡，使劲吹，发现吹出来的泡泡依然是球形的。我趁机告诉他，那是因为水分子都有表面张力的缘故。虽然他听得似懂非懂，但却为自己的发现兴奋不已。

哲哲想知道鸡蛋放在水里会不会沉下去，于是又自己做实验，结果发现生鸡蛋会沉到水底。但到了东北老家，他偶然发现奶奶有个神秘的坛子，之所以神秘，是因为能让鸡蛋浮起来，与他之前发现的不一样。我让他尝尝"神秘"坛子里的水，他才明白，原来盐水会产生更大的浮力，和老师告诉他们的"死海不死"是一个道理。

其实，在成长的路上，孩子的眼光总是聚焦在父母身上。父母学习新知和解决问题的方式无形中会被孩子习得并加以运用，就像很多球星的孩子踢球也很有模有样一样。这不是因为他们有多少天分，而是从小以父亲为榜样，耳濡目染的结果。

父母的一举一动、一言一行，你看待事物、处理问题的方式，孩子都看在眼里记在心里，并会在不经意间流露出来。做父母的，能不小心吗！

1. 为了孩子，改变自己

身为父亲，我深知自己责任重大。为了给哲哲注入一些好的品质，如自信、独立、敢于冒险、心胸开阔、不拘小节、有男子汉气概，我除了在阅读中给予他一定的影响，自己也渐渐改掉了一些不好的习惯。

例如，在家里有闲暇时，以前我常常是看上一个上午或下午的电影，或者干脆睡得天昏地暗。我也有很突出的"拖延症"，能拖的稿子肯定不会提前交，直等到不能再拖才拿起笔来。吃完饭，最要紧的是坐在沙发上静躺，至于刷锅洗碗，大可在下次吃饭前再做。

哲哲出生后，我开始做出改变，在妻子看来，我简直是变了一个人。我经常用一个下午的时间去翻看一本书。翻书也绝不只是做做样子，而是真正沉到书中去。每到周末，我不会懒散地宅在家里，而是经常去附近的高校篮球场打球，两个多小时后满头大汗地回家。闲暇时间，我常带哲哲去博物馆、美术馆、天文馆等，在享受视觉盛宴的同时，和他一起接受艺术的熏陶。遇到特殊情况，不得不把孩子带到单位时，我会用认真的态度告诉他，工作是一个人的职责所在，不能马虎对待，自己的事情一定要做好。适当地，我还会拿出有自己署名的报纸让他看，告诉他这些都是爸爸认真读书、努力工作的结果。

哲哲 6 岁时，突然变得爱发脾气，而且一发脾气，就摔东西。

一开始，我没觉得问题有多严重，可能是刚上小学有点不适应吧。直至一次，因为批评他做事不认真，惹得他又开始撅起小嘴，并随手拿起卷笔刀一扔，差点打中我的头。我当时真想揍他一顿，老家有言，"三天不打上房揭瓦"，不给他点颜色看看，他不知道乱摔东西的危害。

妻子提醒我，儿子之所以如此发泄情绪，是跟我有关。跟我有关？他发脾气怎么和我有关？妻子说："你没发现你发脾气的时候也爱摔东西吗，虽然你摔的一般都是结实些的东西。儿子缺少分辨力，但他可能觉得爸爸生气了可以摔东西，他也可以这样做。"

静下心来反思，我不得不承认，妻子说得对，问题还是出在自己身上。哲哲模仿的不是我生气时摔了什么东西，而是发泄情绪的方式。我是一个脾气很急的人，有时难免会发火，控制不住，就可能随手摔东西。虽然只有那么一两次，也许孩子就记在了心上。

从那以后，我尽力控制自己少发火。控制不住的时候，先离开现场，找个地方静一静，转而以合理的方式面对和处理问题。渐渐地，我发现哲哲摔东西的行为慢慢变少了，也能做到少发或不乱发脾气，和对方讲道理。教育专家王晓春说过，为了避免自己生气的情绪恶化以及由此伤害孩子，优秀的家长应该学会控制自己的情绪，做到值得生气的时候才生气，不应该生气的时候绝不生气。能做到平心静气地说理，才是孩子真正的好榜样。

我越来越发现，孩子学习父母是一种天性或者说本能。而孩子模仿的，除了父母的言行举止，还包括面对挫折的态度、排遣情绪的方式以及处理问题的技巧。而一旦父母在细节上做到慎之又慎，秉承恰当合理的原则，有板有眼，有条不紊，条分缕析，那么受益的不仅是自己，还有孩子。父母修炼自己，就是在修炼孩子，父母的好习惯让自己也让孩子受用终身。

在《钢铁侠》里扮演秘书"小辣椒"的好莱坞影星格温妮丝·帕特洛在成为妈妈时曾坦言："自从生了女儿'苹果'之后，我改变了很多，可能连DNA都变了，我已经为女儿戒了烟，把卧室里挂着的以女性人体为主题的艺术画装进了箱子里。我现在还学会了勤换床单和打扫卫生间。"

很多父母可能觉得改变自己比登天还难。其实，根据我这几年的经验，困难确实有，但并非不可克服。

*首先，父母们不妨先总结自己的缺点，试着改正。*如改掉乱放东西的毛病，把每一件物品都放在合适的位置；改掉长时间打游戏或吃零食的习惯，在闲暇时间多看书、学习；要是吃饭、作息不规律，就按部就班地开始每一天的生活。

我不是说熬夜或者晚起的生活不正常。如果你希望自己的孩子也过着像你一样的生活，那你完全可以无动于衷，不改也罢；如果你不想那样，希望孩子有一种健康、规律的生活方式，最好还是趁早做一点改变，因为父母的生活态度、生活方式，孩子最容易习得。近些年，除非万不得已，我很少熬夜，晚上11点前一定入睡，一是精力不如从前，二是不想挥霍身体，更重要的是想给孩子做表率。

我也很少在孩子面前看电影。对于那些积极向上的电影，如《小马王》《狮子王》《疯狂原始人》等，虽然也适合小孩子看，但我总觉得电影不应作为学龄前儿童的主要娱乐方式，更何况适合孩子的电影非常少，稍不注意就让孩子接触到"少儿不宜"的东西。

其次，父母不妨放大自己的优点。如果你爱运动、爱看书、爱音乐，喜欢钻研，喜欢自己组装家庭用品，上得厅堂，下得厨房，最好继续坚持下去，也可以多和孩子一起做，培养孩子的动手能力。如果感觉自己的优点不那么突出，建议为了孩子再奋斗一把，努力培养几个长项。要知道，让小孩子服气，最好的办法就是有一手绝活。当孩子不听话的时候，来一次 Fair Play。当你战胜孩子，孩子势必会佩服得五体投地。这有点像老师与学生之间的较量，要让学生信服，听从老师的教诲，一定要在课堂之外也让学生感受到老师的强大之处。在电影《全民高考》中，方中信主演的班主任就是在篮球场上战胜了"顽劣"的学生，从而赢得对方的尊重，使之心悦诚服地认真复习。

再次，父母要身体力行，走在孩子的前面。例如，你想让孩子成为运动高手，成为优秀的篮球运动员，那么你一定要喜爱篮球，经常带孩子打篮球，虽然你的水平不一定要很高，但投入的热情和时间却是衡量热爱程度的标准。为了培养孩子爱阅读的习惯，闲暇时间我总是捧起一本书在看，并告诉哲哲我看的是什么，给他讲书中好玩的故事。有时候，我们还展开阅读比赛，看谁读得细，谁读出了弦外之音，谁又找出了哪些线索，预判对了故事下一步的发展，等等。久而久之，哲哲也不知不觉地爱上阅读,饭后、睡前,都会习惯性地从书架上抽出一本书翻看,沉浸于文字的世界。

为了孩子而改变自己,看似要求很高,对父母自身很严苛,殊不知,当你为了下一代而重塑自己时,会惊喜于自己的改变。几年来,我就有一种走进新天地的感觉,自己的生活乃至人生都发生了巨大的变化。

2. 做积极上进的学习榜样

哲哲二年级下学期时,我和他"约法三章",每天背一首唐诗、做40个仰卧起坐、玩至少五分钟的枕头大战。

这个"约法三章"对我自己而言也是有难度的,因为要教哲哲背唐诗,我也必须会背。起初,我想偷懒,拿着《唐诗三百首》考他就行了。没想到,背了没几天,他就反驳我:"爸爸,这些唐诗你会背吗?你要是不会的话,干吗要让我背?"无奈,我暗下决心,重拾当年考研的拼搏精神,为了激励自己,还把QQ签名改成了"和哲哲比赛背唐诗"。

开始背的时候,我仗着自己有一些底子,在孩子面前尽显优势。五绝、七律背起来,格外流畅,一时兴起,大段地背诵岳飞的《满江红》、范仲淹的《岳阳楼记》,以及《木兰辞》,惹得哲哲心生佩服。看着爸爸这样的表现,哲哲还真有点"马不扬鞭自奋蹄",每天都能圆满完成任务。但是,时间长了,熟悉的记完了,很多诗自己从未听过,只好从头做起,一字一句地硬记。哲哲记忆力好,一首诗背个三五遍,就能记住,而我自己隔天就忘,只好不时拿出本子,背一遍,写一遍。

而今,哲哲的小脑袋里装了不少唐诗。一次,去颐和园玩,正赶上下雨天,我俩站在一个小亭子里,眼见远处乌云黑压压一片,不一会儿,斜风细雨,但见哲哲慢条斯理地吟了一首《六月二十七日望湖楼醉书》:"黑云翻墨未遮山,白雨跳珠乱入船,卷地风来忽吹散,望湖楼下水如天。"到了东北老家,看见郁郁葱葱的农家田园,恬淡静谧的山村景色,他又向爷爷背了一首宋朝范成大的《四时田园杂兴》(其二):"梅子

金黄杏子肥,麦花雪白菜花少。日长篱落无人过,唯有蜻蜓蛱蝶飞。"背得那叫一个应景,那叫一个抒怀!

仰卧起坐也是这样。每天睡觉前,我先让哲哲按住我的脚,自己先做两组,每组25个,然后再让他做。之所以选择这项活动,是因为他自小就小肚子圆鼓鼓,腹肌没有劲儿,做仰卧起坐能增强他的腰腹力量。还好,看我每天都能努力完成,他也毫无怨言。

一个学期下来,哲哲的腹肌明显有劲了。记得二年级体育课第一次仰卧起坐考核,他才做了15个,不及格。期末时,他一分钟却能做52个,算是不小的进步。连他的体育老师见了我,都很吃惊地说,哲哲进步很大,一定是平时练得挺狠。

哲哲看过我打篮球。球场上,我总是不遗余力地奔跑、拼抢、防守。每次打球,他看我满头大汗的样子,就知道我很享受这项运动,在全身心的付出中获得了快乐。和哲哲一起下围棋时,我也是认真对待,从不轻易认输,屡战屡败,屡败屡战。我想用自己的行为告诉哲哲,既然选择了竞争,就要奋力拼搏,全力以赴,不能半途而废。

所以,每当哲哲对游泳、跑步等有畏难情绪的时候,我就用自己的例子现身说法。他很能理解,不用我说太多,就能继续坚持。多少次,他开开心心地从泳池中走出来,或跑得满头大汗之后步行回家,都会感慨:很多事情也没想象中那么可怕,坚持下去,一切都会好。我知道,不轻易放弃已经在孩子的心中扎了根。

父母做一个好榜样,家庭教育中的问题会少得多。青少年的一个主要特点,就是不加分析地崇拜自己的偶像。如果这个人是出色的运动员,那么他们不仅会模仿他的运动精神,也会模仿他的人品、态度和生活方式。父母始终注意自己的形象,给孩子树立积极的榜样,孩子的成长也将开启积极的人生。以培养男孩为例,男孩对男性的认识,就是从父亲开始的。从父亲身上,男孩学习如何举手投足,如何待人接物,如何关爱女性。充满男子汉气概的男孩,其父亲的教养行为往往是果断且具有权威性的。

给孩子做好榜样，而不是树立坏典型，孩子才会终身以父母为傲，父母也会看到一个茁壮成长的孩子。

3. 在细微处为孩子做榜样

哲哲5岁的时候，生活上有点缺乏条理，东西胡乱摆放。

《百变机兽》热播的时候，我给他买了不少玩具，机车族和猛兽族的主要成员几乎都买回了家。和同龄的小朋友一样，一开始他非常喜欢，爱不释手。一段时间后，它们便东一个西一个，运气好的尚能保存完整，不好的则缺胳膊少腿，看了让人冒火。电影《变形金刚》放映时，他天天嚷嚷要买擎天柱、大黄蜂玩具，我便花三百多块钱给他买了一个。等到《果宝特攻》开演，他又迷上了橙留香、菠萝吹雪、陆小果、"四大恶人"等玩偶。这些玩偶和百变机兽、擎天柱一样，没多久都落了个同样的命运——都成了散落的"流浪汉"。

我跟哲哲说了很多次，让他自己的东西自己整理好，每一种玩具归类，放在应该放的地方，常用的放在一起，不常用的放在固定的盒子里。但他明显没有往心里去，小家伙依然我行我素，因为实在太乱的时候，姥姥或者妈妈肯定会帮助收拾。

有一天，幼儿园让小朋友带一个最喜欢的玩具，每个人都要在全班同学面前讲一讲与玩具有关的故事，包括玩具是谁什么时候买的，自己跟玩具发生了哪些愉快的事。哲哲很想带陆小果，因为"他圆圆的笨笨的，特别有正义感，说话特别特别搞笑"。

但是，翻箱倒柜，找个好半天也没找到那个总是拖着鼻涕的陆小果。

我趁机郑重地教导他，这回知道规规矩矩存放东西的重要性了吧。为了强化教育效果，我跟儿子说："这样吧，咱俩比一比，你问我属于我的东西在哪里，看我能不能找到。如果我找到的话，以后你也一定要像我这样，自己的东西收拾好，你同意吗？""同意！"哲哲大喊一声之

后,开始问:"爸爸,你的手机和钥匙在哪里?""在书架从上面数第二层上。"小家伙噔噔噔地跑过去看,果然在那里。其实,我每天下班后,车钥匙、手机、钱包和手表都是放在那里,多少年来一直如此。

哲哲又问:"考你一个难的。你说,你的《窗边的小豆豆》那本书在哪里?"这本书是我为哲哲买的,但现在他还小,想等到他大一点再和他一起读,所以就放在我的书柜里。我告诉他,那本书在我的书柜最下一层最左边的第三本。为了显示自己对自己的书籍熟烂于心,我特意闭上眼睛,摸到书柜边,打开柜门,从下面拿出一本书。睁开眼睛一看,果然是他说的《窗边的小豆豆》,这使得哲哲大为惊呼:"爸爸,我真是太佩服你了。"

佩服归佩服,他的毛病改观并不大。但有效果的是,一看到他的东西乱糟糟的,我就提醒他:"别忘了我们的约定哦",他立刻明白,开始让他的书、玩具,回到本来的位置。

实际上,物品有条理摆放不是件小事,影响到孩子的未来发展。我的老爸做事就非常认真,他的东西真的做到了分门别类,心中有数,严重一点说,那叫强迫症。家里的农具被放在厢房的最中间,扳手、剪刀等工具都放在正房东面屋子的一角,等到用的时候,很方便就能找到,全然不像老妈平时放东西没谱,关键时刻抓耳挠腮。

在生活中,我也尽量做到守信守时。说好的事情就要努力去做,约好的时间一定准时到达。每天晚上,我和哲哲说好 9 点是讲故事时间,如果是因为他的原因而读不成故事,那么他就要承担后果,我不会妥协。一开始,他没在意,但看到我履行承诺,拒绝给他读故事之后,他知道了我说话算话。此后,他总是一边玩一边看着时钟,挤出洗漱的时间,等到 8 点 58 或 59 分的时候,噌噌噌地跑过来,喊一声"讲故事时间到",然后拿出一本书,以讨好的口气说:"爸爸,今天咱们听这本故事吧,我觉得它非常好听。"

孩子的规则意识、时间意识是在一件件小事上见分晓的。我的意见是,父母的脑子里应该始终有几条坚守的原则,对孩子不姑息不放纵,等到孩子真正意识到了遵守规则、珍惜时间的重要性,他自然而然地就会做一个值得别人尊敬的人。

二、父亲的含义是榜样

郑渊洁曾写过一篇文章,名为《父亲的含义是榜样》。

在文章中,他说,为人父这么多年,他最深刻的体会就是,闭上你的嘴,抬起你的腿,走你的人生路,演示给孩子看。为人父,其乐无穷。乐趣在于让你的事业和孩子一起成长。合格父亲的标志是,和自己较劲,不和孩子较劲。

为了帮助哲哲养成好习惯,我比较注意自己的言行,杜绝诸如说脏话、不守时、不勤奋等不好的行为习惯,努力将积极向上的一面展示给他。几年下来,我几乎没见他说过脏话,即使在与其他小朋友起争执的时候。在学习上,他也积极主动,按时完成作业,不拖拖拉拉,虽然偶尔也犯点小马虎。每周他也能坚持游两次泳、画几幅画,以及每天坚持我们之间背唐诗、做仰卧起坐、枕头大战等"约法三章"。

坚持的结果是,我越来越发现哲哲有着丰富的知识、较高的情商,能用独特的眼光观察和感知这个世界。知了不停的叫声、小蝌蚪摇摆的身姿、池塘里绽放的荷花、对门姐姐养的小黑兔,都能引起他巨大的兴趣,随之而来的是无穷无尽的发问。

楼下一位老爷爷养了几只蝈蝈,每天都在那里声嘶力竭地歌唱。小家伙以孔子问礼于老子的姿态,开始他排山倒海般的发问:"爸爸,那个知了叫什么名字?它叫的时候是感觉热了,还是觉得饿了?它爱吃什么啊?晚上也不睡觉吗?它有好朋友吗?离开妈妈它不伤心吗?它冬天怎么过啊?它喜欢下雨天吗?害怕打雷吗?咱们让它回家好不好?要不我

真正的陪伴

们也买一只蝈蝈玩吧？"

之所以有如此多的疑问，我想是哲哲希望自己更快、更透彻地看清这个世界。其实，每个孩子对他生活的世界都有太多的疑问，就像爱迪生小时候坐在鸡蛋上想孵蛋一样。而此时的父母，应该成为孩子的第一任老师，答疑解惑的同时，为孩子做榜样。在这方面，我很佩服郑渊洁。他说："儿子郑亚旗两岁时，我开始一个人写《童话大王》月刊。我之所以能一个人坚持写一本月刊几十年，很大程度是为了演示给儿子看：父亲靠一支笔，让家庭丰衣足食。我以为，父亲的身教，比要求孩子考一百分管用。"

2006年，在王府井的星巴克咖啡厅采访郑渊洁时，他跟我讲了很多与家庭教育有关的事。他的观点是，一个人，只要用心，勤奋，肯付出，同样能成就一番事业。他还以自身为例，他只有小学四年级的学历，但能成为作家，是因为他有着很强的自学能力。而这种习惯的养成，正是由于在他小时候，每天都能看到身为军校教官的父亲在伏案读书，有时还一边抱着他一边读。郑渊洁还回忆说："从我出生起，见到最多的场面，是父亲趴在桌子上看书写字，父亲是抱着一岁的我看完《资本论》的。我家收藏至今的那本《资本论》第955页右侧空白处的铅笔道儿，就是我的'眉批'。由此，我从小就对看书和写字产生了崇拜心理。"

郑渊洁告诉我，当初他之所以选择退学，是因为当时的一个老师对他并不好。那位老师曾经对他说过一句话，他一辈子不会忘记。她说："你那么笨，连××都赶不上热乎的。"就是这句话，让郑渊洁选择离开学校。当郑亚旗在学校受到挫败时，郑渊洁决定在家自己教儿子，心甘情愿做一名全科教师。

为了让孩子受到相对完整的教育，郑渊洁又自编教材，将孩子培养成为一个有一技之长、自食其力的人。郑亚旗18岁就一个人出去找工作，之后没有再花爸爸一分钱。而今，他有了自己的摄影公司，成就了一番事业，这不能不归功于他老爸的言传身教。

我无意判断郑渊洁的做法是否具有普遍性，是否正确，我只是钦佩他为孩子做榜样的勇气和执着。因为我也一直用乐观的心态、积极的行动告诉我的孩子："世界的舞台很宽、很大，你可以像老爸一样做自己喜欢做的事，尽情展示自己。遇到挫折时，坦诚面对，努力克服，无论是在学校，还是走向社会，都认认真真，全力以赴，唯有这样，生活才精彩，才有意义。而等你有了儿子，也就是我成为爷爷时，也要给下一代做一个热爱生活的榜样。"

在郑亚旗未退学之前，郑渊洁每次在他走进期末考场前，都会对他说："儿子，随便考，不管你考多少分，在我眼中，你都是这个世界上最聪明的孩子。"哲哲上学后，我也常对他说这样的话，多鼓励他，多支持他。因为一个好父母，不仅仅是始终走在孩子的前面，为孩子示范如何做好每一件事，也在后面不断为之叫好，让他更自信地走好人生每一步。

如果真的做到这一点，这个孩子将是天底下最幸福的孩子。

三、好爸爸是如何练成的

哲哲上小学了，变化有点大。

前天他还不能骑两轮自行车，练习了两天之后便可以从四轮过渡到三轮，今天再带他去枫蓝国际楼下练习时，发现去掉了第三个轮子后，他竟也能骑得飞快。

6岁的哲哲也越来越有主见，以前跟他有关的事情还好说好商量，现在不愿意做的事情坚决不做，许多事情要征求他的意见。例如，当他的感冒有些好转，打算带他去游泳，却遭到强烈反对，说什么都不去；对衣服也开始在意，以前是给件破布也不拒绝，现在则要自己决定穿哪件。

洗漱时，小家伙喜欢往头发上淋水，让怒发冲冠的头发服服帖帖，因为"帅小伙都是这样的"。我愈发感觉到，孩子有了自己的审美观。通过阅读《斯波克育儿经》，我才知道，虽然6岁儿童的体重只有成人体重

的三分之一，但脑重已达成人脑重的90%。也就是说，这个年龄段幼儿情绪反应的社会性进一步加强。他们希望引起他人的注意，尤其是得到他们心目中的权威人物的重视，渴望与同伴游戏并建立较为稳定的友谊关系。在这一时期，孩子开始在意别人的评价，他人的态度表现会直接影响孩子的情绪反应。成人或同伴的表扬会令他们欣喜高兴，拒绝或排斥则让他们情绪低落。

我曾以为孩子越大，爸爸越好当，事到临头，才发现结论恰恰相反。孩子越大，父母要学的东西越多，最重要的就是了解孩子每一成长阶段不同的心理特征，并据此引导孩子逐渐掌握一定的生活技能。例如，6岁是逻辑思维能力发展的加速期。此时，我更注重对他生活自理能力的培养，通过自己身体力行，作为示范，让他把自己的玩具归类，回家后把自己的书包、衣服、鞋子放在固定的位置。每天晚上，自己洗袜子，主动刷牙，而不是让家人一再提醒，以及按时听故事、按时睡觉、不赖床，等等。

有专家指出，做父母有几种境界，由低到高依次是：一是舍得给孩子花钱，不计代价；二是舍得给孩子花时间，总是陪伴在孩子左右；三是思考孩子的教育问题，不跟风，在意孩子的健康、头脑和心灵；四是为了教育孩子而主动学习；五是为了教育孩子修炼自己。一言以蔽之，最好的父母是把教育孩子当做一门学问或者一项事业，最差的父母就是一心一意做孩子的取款机。

有人说，要成为好父母，除了注重完善亲子关系，倾听孩子的意见之外，还有很多金科玉律。例如，对孩子的发展阶段熟烂于心，既有年度教育规划，也要突出每月工作重点；对孩子的身心发展高度重视，既助其锻炼身体，又加强精神交流，德智体全面发展；讲究教育方法，既要以身作则，又善于沟通，成功化解下一代成长中的烦恼。常规的教育内容，如讲故事、外出游玩等坚持不懈，全力以赴，绝不半途而废。

总之，好爸爸事情多、时间紧、任务重、压力大，比当儿女累多了。

结合当爸爸的多年经验，我发现好爸爸还有许多典型表现。

好爸爸，是孩子苦恼同伴说他胖时，告诉他胖也有胖的好处，而不是指出具体的减肥方法。

好爸爸，是孩子不能连续跳绳时，宽慰他没关系，爱因斯坦5岁还什么都不会，而不是指出他的年龄劣势。

好爸爸，是孩子和其他小朋友发生矛盾时，让孩子冷静下来，而不是做道德的评判员。

好爸爸，是孩子得意忘形时，就让他得意忘形；孩子沮丧难过时，给孩子温暖的拥抱；孩子哭泣时，给孩子时间擦眼泪。

好爸爸，是孩子倒霉时，告诉孩子自己更倒霉的事；孩子愤怒时，让他一个人静一静；孩子一时不知如何是好时，陪伴在孩子身边。

加拿大的小学老师在接收新生后，会发一张调查表，目的是和家长一起担起教育孩子的重任。调查表一般有如下几项：一是你的孩子有哪些特点？二是他在学习方面的长处或短处是什么？三是他在身体方面的能力和局限是什么？四是他的特殊爱好和特长是什么？

看到这一题目，憋了好半天，我写出了自己的答案。

答一：哲哲性格外向，情商高，活泼好动，喜欢和人说话，乐于交友，容易与周围人打成一片，有很强的集体荣誉感。

答二：优点是开朗大方，心地善良，能主动帮助别人，喜欢探索和发问。短处是专注时间比较短，挫败感有点强；在意别人的看法，如有小朋友说他胖，小家伙会坚持一周不吃肉。

答三：肌肉群比较好，身体比较结实。短处是身体协调性、爆发力和耐力均不强，腹肌没劲，仰卧起坐做不了两三个。

答四：喜欢恐龙、鳄鱼、蜥蜴等长相丑陋且凶猛的爬行类动物。特长是口语表达能力强。

写出答案时，我觉得并不满意。这才发现，虽然与哲哲朝夕相伴了6年，自以为对他了如指掌，一旦用言语确切地描述他时，可以找到的词

真正的陪伴

汇却很少——我们常常过于关注了孩子的缺点和身体需求，却对其心理和精神需求关注过少，某种程度上这不是一个好爸爸。

我心中的好爸爸不是《我的事业是父母》作者蔡笑晚那般培养了北大博士的爸爸，而是一如郑渊洁，为了孩子敢于挑战强大的学校制度，独自编写教材，为孩子写下一篇又一篇美丽的童话，在陪伴孩子的同时也在修炼自己的爸爸。

四、化不开的父爱

有一次，我去听清华附小校长窦桂梅的公开课，课上讲的是瑞典作家汉伯格的绘本《我的爸爸叫焦尼》。

这是一个离异家庭的爸爸从远方坐火车来看儿子的故事。在短短的一天里，爸爸带儿子狄姆吃热狗、看电影、午餐，到图书馆看书。后来，爸爸走了，站台上只有小狄姆孤单的身影。再后来，妈妈来了，他们一起望着火车远去的方向。

故事有两处很感人，一是，儿子看见别人，总是兴奋地说："这是我爸爸，他的名字叫焦尼。"二是，最后分开时，爸爸把儿子抱上车，对全车厢的乘客说："这是我儿子，世界上最好的儿子，他的名字叫狄姆。"窦桂梅讲这些时，没有过多的煽情，只是让学生不断品味这几句话。这节公开课上得很成功，很多学生深有感触，有的学生甚至眼含泪花，让人不得不佩服窦桂梅高超的讲课艺术。

我知道，真正打动台上学生和台下观众的，其实是图画书中那浓浓的化不开的父爱。

中国人对于父爱，总是说得太少或者不屑于说，常常将之看成是沉默、含蓄、内敛、低调的代名词。就像去幼儿园接哲哲时，小家伙看见我就大喊我的名字，然后对身边的小朋友说："这是我爸爸，他叫张贵勇。"当时我还有点不好意思。如今和儿子一路走过来，越来越感觉父爱是一种伟大到汹涌磅礴的力量，包含着榜样、依靠、勇气、承诺、宽容、执着、信赖……

当个好爸爸虽然不容易，但却应该是每个父亲矢志不渝的目标。

在我看来，一个伟大爸爸的最低标准，是让孩子有一个圆满的家，陶醉于家庭的幸福和睦。有人打趣道，濒临婚姻危机的父母们应好好看看《我的爸爸叫焦尼》。虽然有玩笑的成分，但破碎的家庭之于孩子的伤害，在汉伯格一页页的画面上被生动地体现了出来。实际上，狄姆一次次向或陌生或熟悉的人重复那句话时，既为了表明自己也有爸爸，满足小小的自尊心，也是内心真实的情感需要。

好爸爸的高一层标准是多陪伴孩子。衡量自己称职与否，只需看自己每天和孩子在一起的时间。父亲是孩子成长过程中不可或缺的伙伴，父亲缺席的最直接后果就是孩子没有安全感，在这方面，日本电影《女座头市》里市的爸爸就是一个典型。前段时间《好妈妈胜过好老师》一书很受欢迎，其实，好爸爸亦同样如此。因为父亲是孩子性格形成过程中极其重要的拼图，能为孩子的人生奠定最初的底色，甚至影响到其未来的价值观和人生观。

除了多陪伴孩子，好爸爸还要善于观察，发现孩子的优点和缺点，然后利用恰当的时机，帮助孩子养成好的习惯和品行。成长路上，左右一个人行为的一是善恶之心，二是是非之心。好多次，我和哲哲出去玩的时候，常常看到乞讨的老人，或在天桥上，或在地铁站里，每每看到他们，如果身上有零钱，我就交给哲哲，让他把钱放在乞讨者的瓷缸里。

还有一次，我和哲哲去北师大跑步，在练习仰卧起坐的地方，拾到一个蓝牙耳机。我俩商量，失主一定会回来取，于是我们一边锻炼一边等待失主。半个多小时后，来了一位学生，在附近找来找去。我问他，丢了什么东西吗？学生告诉我，丢了一个耳机，蓝牙的。我把耳机递给他，他不住道谢。其实，我并不是为了得到他的感谢，而是希望哲哲也能做到拾金不昧，至少做到不是自己的东西不能随便据为己有。

我很喜欢一部叫做《Team Hoyt》的电影，讲的是一对父子的故事：儿子 Rick Hoyt 出生时，因脐带缠绕颈部，导致脑部缺氧受损，成了植物人，但爸爸 Dick 没有放弃。他们通过跑步与命运抗争。25 年里，他们一共跑了 3770 英里。最后，儿子 Rick 创造了生命的奇迹，有了自己的工作。成名后，有人问 Rick 最想送给父亲什么礼物。Rick 说，我最想爸爸坐在椅子上，由我推他跑一次！

古人云，投我以木桃，报之以琼瑶。生命是一个过程，更是一种回馈。我想，等到自己花甲之年时，能和哲哲重读当初写下的文字，复现当时的一举一动，该是很快乐的事吧。

五、多年父子亦兄弟

中国的作家里，我最喜欢的两个人都是写短篇的高手，一是沈从文，二是沈的学生汪曾祺。他们的文字干净、简洁，字里行间透露着对世态的思考和对生活的热爱，让人看到毫无做作的真和对世界满腔的爱。

之所以拥有这种文字风格，似乎与他们的成长环境有关，两位短篇大家在生命的最初都被暖暖的亲情包围着，在田野和山林间无拘无束地成长着，与纯真的人一起做着纯真的事，于是有了《蜜柑》《月下小景》，有了《受戒》、《大淖记事》等名篇。

就像汪曾祺在《多年父子成兄弟》里写的：

> 我十七岁初恋，暑假里，在家写情书，他在一旁瞎出主意。我十几岁就学会了抽烟喝酒。他喝酒，给我也倒一杯。抽烟，一次抽出两根，他一根我一根。他还总是先给我点上火。我们的这种关系，他人或以为怪，父亲说："我们是多年父子成兄弟。"

我没有这样的父亲，却想成为这样的父亲：和哲哲在篮球场上单挑；

饿了一起吃红烧牛肉面；偶尔一同去郊外探险；像朋友一般天南海北地闲扯。就像德国卜劳恩漫画里的那对父子，不停地寻找着繁忙生活之外的趣与乐。

想一想，自己的生活中也有这样的趣、这样的乐。

上学路上，儿子嘟嘟哝哝一路，满嘴的异想天开：

"爸爸，我想种向日葵，这样你就不用买瓜子吃了。"

"爸爸，我想发明一种会变颜色的汽车，想变什么颜色就变什么颜色。"

"爸爸，我画了一个怪兽，就是眼睛长在嘴里的那种，可厉害了。"

"爸爸，你要在体温表我的名字前加上'小画家'几个字。"

"爸爸，奥特曼和鲨鱼哪个更厉害，鲨鱼能打败鳄鱼吗？"

"爸爸，我想变成铠甲勇士，保护地球和平。"

"爸爸，一年为什么就过一次生日了，可以多过几次吗，那样可以多有一些礼物！"

……

有时候太忙了，忘记给哲哲讲故事，已经入睡的小家伙会光溜溜地跑过来，一脸笑嘻嘻地警告我："老大，你忘了给我讲故事，我就知道你忘了。"以前是照本宣科，后来他总是很大度地指示我："你随便讲，别看着那些字，想怎么讲就怎么讲。"天马行空地乱编一通，小家伙竟然很满意，道一声"晚安"后乖乖地爬上自己的小床。

我一直想给哲哲一个丰富多彩、健康有益的童年，但自己不知道怎么个给法，唯一能做的就是多陪他说话，多陪他玩耍。我知道孩子与同龄人共有的世界，是影响他们行为以及塑造他们良好品质的力量来源，于是在兢兢业业做父亲之外，我打算让他到一个适合他个性的小学上学。我知道偶像对于孩子的影响很大，除了自己努力做一个好榜样之外，我希望帮他找一个积极向上的偶像。如果他喜欢篮球，我想送他到张卫平的篮球学校听一听；如果他喜欢台球，我想问问张绍春还收不收徒弟；

如果他喜欢厨艺,我有个同学正好是高级厨师。

一个父亲能做的,我现在想到的只有这些了。

都说儿子是父亲的影子,我始终觉得,儿子与爸爸外表的相像倒在其次,主要的是一种感情和心灵的联结。说到底,父与子就是共同体验生活乐趣、共同见证生命成长的伙伴。年长的教会年轻的少走一些弯路、爱惜自己和生命、把握手中的幸福,以及拥有一个相对完满的人生;年轻的教会年长的感悟生命的价值与意义,明白人活一世不是要带走什么,而是留下什么。

哲哲一天天长大,我想象着等到他羽翼丰满、独自单飞时,是否还会把我当成汪曾祺所谓的兄弟呢?

六、有关榜样的成长片段

大猩猩爸爸

自从给哲哲当爹以来,我尽力为他做个好榜样,耐心教育他,引导他。

但问题是,一旦搂不住火,也有大发雷霆的时候。一天,我问他,你觉得爸爸好不好,哪些地方还需要改正。他不疾不徐地说:"你啊,是个很好的爸爸,就是爱发脾气。不生气时,就是一个可爱的泰迪熊,生气时,就是一个大猩猩。""大猩猩?哪里的大猩猩?""哪里的,就是电影《金刚》里的那个,那个长着一口烂牙的大猩猩。"

脑海里突然浮现那个巨大无比的、与霸王龙搏斗的、在城市里横冲直撞的、凶相毕露的大猩猩,对于小朋友来说的确够可怕的。话又说回来,我真的有那么可怕吗?

于是我决心改变形象,做一个可爱的小绵羊,或者《彼得兔》里温柔有加的棉球球。

记者

2012 年的 3 月，全国两会开得如火如荼。

和哲哲一起看总理的记者招待会。他转过头问我："爸爸，你也是记者，怎么没在上面啊！"我语塞。如果说做记者还有遗憾的话，那就是没有参加过"两会"，也许自己水平达不到上会记者的标准。所以，只能更加勤奋，在其他方面给儿子做出表率。

有人说，中国人活着，更多的是为了孩子。当初不以为然，现在愈发感觉，为人子、为人父，就要尽孝道、做好榜样，虽然活的是自己，但为的却是包括孩子在内的家人。

还好未来尚远，来得及加油，像金三顺一样。

孩子的麻烦

《一财》杂志有个对话明星的栏目，问的都是杂七杂八的问题。

最近一期的嘉宾是陈坤。记者问他："作为一个父亲，你希望孩子的性格哪里像你、哪里不要像你？小孩子的出现，给你添的麻烦或者说令你棘手的是什么？"陈坤说："儿子给我最大的麻烦，是我发现我可以崇拜一个比我小得多的东西，而且他还是我的儿子，真是太麻烦了。"

看来我的很多想法也是人之常情，难怪有人说，当爸爸的痛苦之一是重新发现了自己的有限与无知。

超级粉丝

哲哲妈平时工作很忙，经常要加班。

她加班的时候，我不想做午饭，就带哲哲去附近的商场吃呷哺。一次，我点了一份羊肉套餐外加一份拉面，正犹豫着还要不要点点别的，哲哲对服务员来了句："再来个红薯粉！"问他为什么点这个，告诉我："这个不是给我自己点的，而是给你点的。""为什么给我点呢？""因为

 真正的陪伴

呀，因为我是你的超级粉丝！"

没想到还有人这么崇拜我，看来我要当好榜样，不让小超粉失望。

表扬

一次，到哲哲的班级给小朋友讲图画书。

放学后，没好意思问他我讲课的效果，因为这是我第一次如此近距离地接触这么多的小朋友，还是有点不自信。没想到，刚坐上后座，他就很一本正经地告诉我："爸爸，我觉得你今天的讲课很好，很多小朋友都听入迷了。施雨肖说他不爱听图画书，但我看他听得很认真，还笑了呢！"有理有据，加上那一脸纯真的眼神，我知道他没有违心安慰我。

其实，我讲的4个故事哲哲都听过了，我之所以很麻烦地拍照、上传、制作成PPT，再讲一遍，除了让其他四十多位小朋友也能感知图画书的魅力，养成爱阅读的好习惯之外，还有一个用意就是，我希望哲哲将来也能很帅、很自信地站在讲台上，给其他人讲自己的人生。

做爸爸的，不过是给他标注一个小小的起点。

给孩子充足的《心理营养》
让孩子的生命尽情绽放！

扫码免费听，20分钟获得该书精华内容

成长关键词之五：游戏

德国著名诗人席勒说过，游戏具有自我去蔽、自我解放的功能，于人的成长有着重要意义。而且，人生的最高、最完美境界就是游戏。只有当人在充分意义上是人的时候，他才游戏；只有当人游戏的时候，他才是完整的人。

在喜欢的事物面前，每个孩子都能够做到过目不忘，思维极其活跃。而在此过程中，思维的火花四处发散，精彩的观点脱颖而出，儿童因而成为哲学家。

在和同伴一起游戏的时候，成人最好不要打扰他们，让他们自己玩。即使发生矛盾，也要让他们自己去解决。成人干预过多，破坏了儿童的游戏规则，就使游戏失去了应有之义。

即使条件有限,障碍重重,作为父母,无论如何应该努力创造条件,让孩子体验符合其年龄阶段的游戏,让孩子在游戏中提高和锻炼自己,让他们在游戏的快乐中长大,而不是将童年圈在小小的房间,束缚在枯燥的知识学习上。

成长关键词之五：游戏

"池塘边的榕树上，知了在声声叫着夏天，操场边的秋千上，只有蝴蝶停在上面，黑板上老师的粉笔还在拼命唧唧喳喳写个不停，等待着下课，等待着放学，等待游戏的童年……"

罗大佑的《童年》脍炙人口，是因为唱出了孩子丰富多彩的内心世界。在那个小小世界里，孩子们享受着夏天，享受着玩耍，更享受着独属于他们的游戏。

德国著名诗人席勒说过，游戏具有自我去蔽、自我解放的功能，于人的成长有着重要意义。而且，人生的最高、最完美境界就是游戏。只有当人在充分意义上是人的时候，他才游戏；只有当人游戏的时候，他才是完整的人。

所以，童年需要有游戏相伴，童年就应该在游戏中度过。

哲哲很小的时候，我就和他一起玩各种游戏。他3岁时，我很支持他和其他小朋友玩过家家的游戏，因为这个阶段的孩子处于表演的敏感期。更重要的是，过家家能培养孩子对生活角色的理解及提高与人沟通的能力，这会对孩子的社会化发展起到积极的作用。在这类游戏中，孩子也逐渐学会了如何分配任务、如何解决矛盾等。学龄前儿童已经开始

 真正的陪伴

探索周围的世界,而通过在游戏中扮演不同的角色,然后进入利用想象或玩具构成的虚构情节之中,能使孩子获得最初的心理体验和职业意识。

在哲哲玩过家家的游戏过程中,我发现,他喜欢扮演一些比较温柔的角色,很少当警察、法官、猎人的角色,而是喜欢当森林里的一只小鹿、家里的一只猫,或天空中飞翔的小鸟等。偶尔他也会客串一下爸爸,我来当儿子。我见他用我常常对他使用的口吻跟我说话,我仿佛看到不曾遇到的另一个自己。由此,我意识到,儿子的内心很温柔、很纤细,他心目中的爸爸虽然也有疾风骤雨、声色俱厉的一面,但大多数时间还是很和蔼的。

等上了幼儿园,哲哲便和其他同龄孩子一样,疯狂地喜欢奥特曼。和其他父母沟通时,我发现很多人对此颇为反感,认为其中有些暴力,怪兽的模样也过于恐怖,担心对孩子的心理产生不好的影响。我却不以为然。这个阶段的孩子,尤其是男孩,心里多少都有些英雄崇拜情结,对充满力量的形象有好感,喜欢扮演世界的拯救者。自己小时候不也是疯狂地喜欢《恐龙特级克塞号》嘛!既然孩子天性如此,索性由着他。

上幼儿园大班时,哲哲班里开设了趣味英语课,教一些简单的对话,如自我介绍、家庭成员,等等。为了配合幼儿园的教学,我给他报了英语班。一有机会,我就和他玩英语对话的游戏,以增强他的口语水平。有一次,在北京电影学院附近的北土城公园散步,迎面来了一个老外,我鼓励他上前搭讪。他还真与对方亲切地打了一声招呼,还回答了对方关于年龄、上没上学等问题。那是他第一次用自己的第二语言与对方的母语进行交流。等对方走远,他兴奋得不行,洋洋得意地说自己是外国人了。

上了小学之后,学校丰富的体育运动、课外活动,使他有了更大的游戏空间和更多的游戏内容,有了更多好玩的事。一个足球、一根跳绳都能玩得满头大汗。

看着哲哲游戏的身影,我常常感慨他们的生活少了自己童年时热衷

的捉麻雀、滚铁环、摔泥巴，下河捉鱼、上树乘凉，在山谷间追逐、在野地里飞奔的快乐。但一代人有一代人的宿命，"00"后这一代在城市长大的孩子也有独属于他们的游戏，他们的生活里有很多智能或益智玩具，有各种新鲜的运动项目，更有神奇而发达的互联网。

因此，即使条件有限，障碍重重，作为父母，无论如何应该努力创造条件，让孩子体验符合其年龄阶段的游戏，让孩子在游戏中提高和锻炼自己，让他们在游戏的快乐中长大，而不是将童年圈在小小的房间里，束缚在枯燥的知识学习上。

一、儿童游戏的原则与禁忌

朱迪和彼得在公园里的大树下发现了一盘棋，棋盒上写着"侏曼纪·丛林冒险游戏"。这副棋看起来普普通通，可是无意中，当彼得的棋子落在"狮子进攻"那一格时，竟然出现了一头真正的大狮子！这到底是怎么回事？随着游戏的进行，蟒蛇、犀牛等可怕的丛林野兽接连到来。而且，如同游戏说明中所说，"游戏一旦开始就不能中止"，朱迪和彼得不得不顽强地把游戏进行到底。在历尽千难万险之后，他们最终结束了游戏的旅程。

在图画书《勇敢者的游戏》中，作家奥尔斯伯格用丰富的想象力和神奇的画笔，带领读者穿越现实和幻想，进行了一次惊心动魄的丛林奇幻之旅。一幅幅细腻生动的铅笔素描，不仅能唤醒孩子心中无限的想象力，还能让孩子体会到不屈不挠的勇气以及坚持的可贵。

我很喜欢这个故事，因为无论在形式和内容上，它都符合儿童爱探索、好幻想的天性，这一点很像游戏的功用。其实，游戏的发明固然有打发无聊时光的目的，但更多的是满足孩子的求知欲，开发孩子的智力。从现实来看，一方面父母应鼓励孩子做游戏，在游戏中提高自己的动手和思维能力，另一方面，儿童作为心智发展尚不完善的人，在游

真正的陪伴

戏的过程中他们离不开父母的引导。父母要根据孩子的身心和年龄特点，选择适合他们的游戏，而不是毫无选择，照单全收，毕竟并不是每个孩子都是勇敢者。

1. 各个年龄段孩子的游戏不一样

游戏和阅读一样，也是根据年龄变化而变化的。

哲哲两岁的时候，最喜欢玩说话的游戏：拿出一堆玩具，一一摆放好，有时候是一个人，有时候和我或他妈妈，一人手里拿一个玩具，学着动画片里的声音，一问一答，亦庄亦谐，话题范围不限，既可以聊玩具之间的关系、生活，也可以天南海北地胡侃，每次聊上半个多小时，他还意犹未尽。因为此时的他正处于语言敏感期，有很强的表达欲望。

3岁时，他喜欢动手做一些东西，于是我们一起捏橡皮泥、一起拼插乐高玩具，看谁捏得快、捏得好、捏得像，谁拼插得更有想象力，我知道此时是他的触觉敏感期。我曾利用一整天的时间，把铺了满满一床的小零件，一个个找出来，和小家伙复原了航天飞机、加油站、赛艇、霸王龙等乐高玩具。

"爸爸，霸王龙的牙齿少了一颗，你再找找。""爸爸，还是你的眼力好，这么快就发现了。""宝贝，你这个地方拼错了吧，怎么不对称啊！""你给霸王龙的头部换了颜色，是为了使他显得更威猛一些吗？""对，你真聪明！"一起拼插的时候，我们聊着、笑着，配合得相当默契。当几个成型的玩具一字排开，我们心中都很有成就感。

那一刻，我觉得付出的时间是值得的。

游戏一方面是开发情商，另一方面是为了开发"体商"。孩子的身体发育都有一个敏感期。所谓敏感期，是指儿童在相对短暂的时间里，有某种强烈的自然行为。在这一期间内，对某一种知识或技巧有着非常感觉。在敏感期内施教，事半功倍，可迅速提高孩子心智的发展。对于幼儿而言，大肌肉发育的敏感期是1—2岁，小肌肉发育的敏感期是1岁半到3岁。幼儿在这一时期体现出的特点是喜欢扶、站、努力行走。

哲哲4岁也就是上幼儿园中班的时候,我常常带着他拿上一叠纸,出去玩的时候,一起折纸飞机,以锻炼他的手指肌肉,以及眼手的协调性。我们一起在森林公园、朝阳公园里叠飞机,尽管折得还不是那么好,但一起比赛纸飞机的感觉相当好。后来,我还专门买了《永远的纸飞机》一书,他几乎每天都折一只,还带到幼儿园,和其他小朋友比试。这样做的结果是,孩子长到4岁多,身体的需要得到了充分伸展,端骨与骨干间软骨的生长得到促进,个子长高四肢加长,同时减少了少儿肥胖症的出现。我每周至少两次带他出去玩,去圆明园、紫竹院、玉渊潭等景点,或者到附近高校的操场连跑带跳,或让他骑上自行车,或带上轮滑、蛇板,或者只是跑步。

首都体育学院教授李鸿江指出,在儿童成长的过程中有很多身体发育敏感期,一旦错过就很难补回。比如,爬行是孩子成长中最早接触到的运动之一,是一个必需的过程。对于婴儿来说,移动身体需要意志和欲望,在意志支配下手脚才能产生有节奏的动作,这是随着大脑深处基底核的生长发育才能学会的技能。美国的相关研究表明,从来不爬行的孩子在入学后会出现阅读能力差的现象,而缺少爬行活动的人在成年后出现的突出问题是身体运动不协调,一些人在运动时笨手笨脚,就是小时候缺少爬行埋下的祸根。

从个人的经验来看,学前孩子的游戏还应以接触大自然为主,在游戏中提高其跑跳能力以及对大自然的亲近感。哲哲4岁的时候,我常常带他去公园玩,去看植物,看风景。每年暑假,我会带他回老家,让他玩独属于农村孩子的游戏。例如,把一段铁丝在一根细竹竿上围成一个直径40厘米的圈,粘上一层层蜘蛛网,去田野里用它粘蜻蜓;或者在一个长棍上系一根绳子,捉一只蝗虫,绑在绳子末端,在稻田地边一上一下地晃动,青蛙就会自动咬上钩;我们还到即将干涸的小河里摸小鱼,往小河扔石头,看着石头在河里荡开阵阵涟漪;我们用弹弓射小鸟,尽

真正的陪伴

管连鸟的羽毛都打不到。生在城市、长在城市的哲哲在农村显得异常兴奋，回到北京还不忘让我用柳条和绳子做一个弓箭，因为他"想当一个射手、一个百发百中的射手"。

另外，男孩与女孩的游戏内容也不一样。现实中，很多男孩由爷爷奶奶看管时，出于安全的原因，诸如爬高、快跑、跳跃、打闹的游戏都被禁止。学前的孩子正是应该自由去跑、自由去跳的年龄，过多的限制不仅会束缚孩子骨骼的发育，也会阻碍其视野和胆量的锻炼。去大学跑步时，我经常让哲哲爬绳梯、钻栏杆。有时去乐翻天、翻斗乐等游戏场所玩时，我也鼓励他尝试各种"危险"的项目，希望他玩得尽兴，因为每一种设施都会带给他与众不同的体验。

父母应该多让孩子与同龄的孩子一起玩。在和同伴一起游戏的时候，成人最好不要打扰他们，让他们自己玩。即使发生矛盾，也要让他们自己去解决。成人干预过多，破坏了儿童的游戏规则，就使游戏失去了应有之义。其实，父母相信孩子，该放手时就放手，给孩子自己解决问题的机会，只会促使他们更快成长。

2. 在游戏中观察孩子

每个孩子的个性和禀赋都不相同，在游戏中尤其能鲜明地表现出来。

游戏中，似乎有一些孩子天生就是领导者，而另一些则是跟随者，但几乎所有的孩子都天生热爱游戏，并能在游戏中自觉地维护自己的角色地位。与成人不同，无论何时何地，游戏都可以开展，在这个充满幻境与想象的世界里，孩子可以毫不费力地随意出入。

如果说游戏是孩子的语言，那么仔细观察孩子在日常生活中的游戏表现，解读语言背后所反映的孩子的情绪，我们就会发现孩子是什么样的人、害怕什么、喜欢什么、好奇什么。我一直觉得，作为父母，需要在与孩子的互动中，"翻译"孩子的表现，并穿透表面满足孩子的深层需求，在游戏中激发孩子的天赋潜能，成就健康人格。

成长关键词之五：游戏

美国著名的人类创造力开发专家肯·罗宾逊曾写过一本书，叫《让天赋自由》。在书中，他举了一个在游戏中观察孩子的最好例子。世界上非常著名的鼓手米克·弗里特伍德，小时候与伙伴们做游戏时，他的母亲就发现他有很突出的音乐天赋。后来，米克学业不理想，想停止学业以成为一名鼓手。他的母亲立即送他去伦敦学习打鼓。

接下来发生的是一系列的"突破"。有一天，一个名叫皮特·贝登斯的键盘手，敲开了他的门，邀请他跟自己一起去外面演出。米克由此进入了20世纪60年代伦敦音乐圈的中心。后来，米克回忆说："我的母亲也发现我这个小东西绝不是做学者的料，所以支持我选择音乐，而不是去参加自己一无所长的考试。"

就像这个世界上没有两片相同的叶子，每个孩子都有着与众不同之处。

哲哲在与其他小伙伴一起游戏时，我经常在一旁观察他们的对话和一举一动。他那些充满童真的话语、解决问题的方法，都表现了他独特的个性。比如，我发现哲哲属于比较细心的那种孩子，遇到喜欢的事情能够坐得住，专心致志，心无旁骛。于是，我给他买了不少乐高玩具，鼓励他与其他小伙伴一起拼插，并创造性地组装自己喜欢的造型。

与小伙伴游戏也直接反映孩子与人交往的方式。如果孩子与人相处不好，此时就需要父母予以引导。一次，在与几个小伙伴一起玩时，一个叫乐乐的小朋友不听哲哲的安排。哲哲便严厉地向乐乐说："如果你不同意，你就走吧，你回家去吧！"在一旁的我没有说话。等孩子游戏结束之后，我把哲哲叫到身边，就如何与人相处、接纳不同意见与他进行了小小的讨论。

"你为什么让那个小朋友回家啊？"

"因为他不服从我的命令。"

"那他为什么要服从你的命令呢？"

"因为他是后来的。"

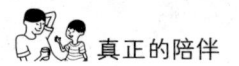
真正的陪伴

"后来的就要服从你的命令吗？如果是你，你加入小伙伴的游戏，他们让你干什么你就干什么吗？"

"也不一定，如果我喜欢我就干，不喜欢就不干。"

"如果你不想干，有人让走，让你回家，你愿意吗？"

"不愿意。"

"如果你不愿意，就直接离开吗？这样好吗？"

"不太好，不能一起玩了。"

"那你觉得怎么解决才好呢？"

"我也不知道。"

"你说，当小朋友之间发生分歧，是不是应该听听其他小朋友的意见，是不是也该听听乐乐反对的理由呢，听听乐乐怎么想呢？"

"嗯，也是！"

其实，我之所以引导他多采取集体决策，少一些独断专行，是因为工作这么多年，我逐渐意识到接纳别人、让别人喜欢自己是一门很深的学问，是成长路上必备的情商。我希望哲哲借助这样的游戏体会并明白与人相处的技巧，同时能拥有一点领袖气质。

知子莫若父。观察并引导孩子克服缺点，某种程度上就是因材施教，就是个性化教育。记得小时候看过一部成龙主演的电影《龙少爷》。电影中，成龙饰演的龙少爷与一恶少打架，结果因自己学艺不到家，被对方打得很狼狈。在远处旁观的父亲发现自己儿子之所以吃败仗，是因为下盘不稳，于是让他练习扎马步，巩固下盘，并辅以系统的武术学习。几年之后，龙少爷把那个恶少打得落花流水，惩恶扬善之余也扬眉吐气了一回。

3. 亲子游戏要以孩子为出发点

相对来说，因为有父母的参与，亲子游戏最安全，也最利于孩子的成长。

需要注意的是，儿童在亲子游戏时需要良好的物质环境，更需要一个温馨、和谐、民主、平等的心理环境。有调查发现，不少父母喜欢把自己的意愿强加给孩子，在游戏中对孩子提出过高的要求，强迫孩子玩不喜欢的游戏；或者对孩子大声恐吓、责罚，把孩子当玩具逗乐等。这些所谓的"游戏"其实不是以儿童为出发点的游戏，会让孩子对"游戏"失去兴趣，更不会主动提出玩游戏的愿望。因此，在与孩子进行亲子游戏时，父母应该摆平心态，把孩子当做一个真诚的玩伴，视游戏为增进亲子感情的方式。只有这样，父母才会对孩子有一个正确的期望值，科学地进行亲子游戏。

另外，亲子游戏的内容也要适合孩子的年龄发展水平、兴趣倾向。不同的孩子有不同的年龄特点，如小班幼儿大肌肉的控制和应用能力发展迅速，可进行一些逐渐能控制小肌肉的精细动作的游戏。北京市幼儿体育专家、特级教师文岩就指出，两岁的孩子已经会走路，是活泼好动的时期，此时给予他充分的空间，在保证安全的前提下，让他熟悉更多的肢体动作，和他一起做爬、走、慢跑等游戏，会使各种肌肉得到训练，使左右脑均衡发展，同时增进家长和孩子之间的感情。在动作敏感期，精细动作的训练不仅有助于养成良好的动作习惯，还可以增长智力。正处在语言发展敏感期的孩子，不妨玩一些角色扮演的游戏

同时，在游戏玩具的选择上，并不是越新奇越好。一些简单的家用物品，如塑料瓶、空盒子、小勺子等都能成为很好的玩具；有时，父母也可自己改装一些玩具，只要颜色鲜艳，体积大小合适，经过消毒后不会造成伤害的都可以；父母还可以引导孩子自制玩具盒自找玩具，这样不仅丰富了游戏的内容，而且有助于发展孩子的智力和想象力。

韩国作家南银贞等著的《好爸爸的30个亲子料理游戏》，讲述的是父亲与孩子一起在厨房做饭的方法与趣事，读起来给人以启发。在作者看来，厨房就是孩子最简便的科学实验室。他在书中说："下班一回家，看见孩子开心的笑容，人生的烦恼突然变得渺小。与孩子一起做菜与吃

真正的陪伴

饭，是非常幸福的两件事。一天之中，我们最期待的莫过于围在餐桌旁享受亲情互动的美味。也只有这个时刻，没有任何目的，没有任何压力，只为了吃饭而相聚，热腾腾的饭菜，温热每个人的心。"

亲子游戏固然带给人很多快乐，但需要注意的是，孩子不是物品，某些游戏还是不要轻易尝试。首当其冲的是孩子不能被扔来扔去，也不要双手抓住宝宝的两只手腕，提起后飞快转圈。这种逗乐会让宝宝转得头晕眼花，放在地上站立不稳，甚至跌伤。因离心力的作用，宝宝的手腕关节容易脱位。我经常看到一些威猛的父亲玩这样的游戏，孩子虽然在空中乐得咯咯笑，但仍不免为孩子脆弱的小身子骨担心。

也听医生这样建议过，不要过分逗孩子发笑。适当地逗逗孩子，可带来乐趣，也能使孩子在笑声中健康成长。但是，过分的逗笑却会带来一些不好的后果。低幼儿童缺乏自我控制能力，如果被逗得笑声不绝，会造成瞬间窒息、缺氧，引起暂时性脑缺血，有损脑功能，还可能引起口吃。此外，过分张口大笑，容易造成下颌关节脱臼。睡前逗笑，会使得幼儿过于兴奋，影响其正常入睡。

亲子游戏最好还是以益智的、温馨的内容为主，适当地增加一些难度，但不要超过孩子身体的承受能力，否则出了意外，后悔都来不及。

4. 换种角度看待网络游戏

有网友对自己3岁儿子爱上网游的情况很苦恼。他在帖子里这样表示：

一天，我在上网，儿子在一旁无聊。为了逗他开心，我抱着他玩了一些小游戏。谁料儿子一发不可收，从此迷上了电脑。在一个月时间里，他不仅能够正确熟练地操作鼠标，打开网站，操作游戏，还经常一本正经地用拼音打字。更让人哭笑不得的是，平时我用的有关网络和硬件的专用术语，他一句不落地装进了自己的小脑袋，什么杀毒、启动、显卡有问题，从他小嘴里蹦出来，让我一惊一乍的。很明显，儿子对电脑到了痴迷的地步，和我争夺电脑的战争已经拉开大幕，而且是分秒必争。有几次我吃饭快了点，而他还没开始玩，就急得大哭，于是我只能恨恨走开。

很多家长害怕给孩子玩网络游戏，担心他们陷在里面不能自拔。当网游来袭时，我们应该拒绝让孩子接触吗？我们应怎样应对孩子玩网游的问题？

我的看法是，过分沉迷的确会影响孩子的身心，但简单粗暴的制止并不可取，在心理学上这是一种典型的潘多拉效应，只会让孩子更加好奇，更加跃跃欲试。某种程度上，网络成瘾是孩子无规则意识、无自我节制力造成的。内在里，是孩子得不到父母的认可与关心，缺少成就感；在游戏中，他们更能找到自我，实现存在的价值。

我在一线跑新闻时，报道过网络成瘾的案例，也看到一些孩子迷上网络，住在网吧，彻夜不归，亲子关系几乎到了崩溃的边缘。由于处理不当，一个孩子的前途被毁了，一个家庭也失去了原本的快乐。

在郑渊洁看来，孩子沉迷游戏，一定是父母出了问题。父母的不适当做法，让孩子玩游戏比和父母在一起舒服。要不然，他怎么会觉得一个冰冷的电脑会比朝夕相处的父母还有吸引力呢？解决这个问题最简单的方法就是，和孩子一起玩，这样既可以找回失落的父母与子女之间的亲密，又可以让孩子产生逆反心理于是不想玩了。他在郑亚旗出现这个问题的时候试过，效果很好。

上小学后，哲哲也喜欢上了网络游戏。每天放学回来，他跟我谈的都是同学又开始玩什么新游戏了，同学的游戏打到了多少级，又有了什么厉害的武器，等等。看他那么热衷网游，我也下载了《植物大战僵尸》、《愤怒的小鸟》、《保卫萝卜》、《奥拉星》等，和他一起玩。在游戏的过程中，观察他的心理、个性、想法、做法。

同时，我与他"约法三章"：规定玩的频次、时间，以及遇到突发事

件如何处理。规定经双方同意后,严格遵守,违反要有相应的处罚措施。我和哲哲的"约法三章"具体是这样的:每周玩两次游戏,每次20—30分钟,中间休息10分钟,休息时间不计算在内。具体哪一天玩,他自己决定。遇到外出等特殊情况,可以延后。"约法三章"贴在墙上,谁违反规矩,就要承担违约的责任。到目前来看,我们双方都能严格履约。

我的感觉是,每个孩子都是很懂事的,规则意识一旦建立,就会遵守。当父母做到以身作则,孩子也不会无端耍赖。这样做的考虑是,既然无法把孩子隔绝在没有游戏的真空环境里,不妨让孩子玩一些益智游戏,在游戏中引导孩子学会为人处世,满足孩子内心深处渴望获得的那种成就感。作为引导孩子正确看待游戏的方法,我很赞同郑渊洁的观点,即父母如果有时间,最好和孩子一起玩,在合适的时机、合适的场合,借助游戏的情节探讨游戏之外的东西,把网游作为一个交流的媒介或平台。等到家里也有了iPad,我下载了一些围棋、象棋等益智游戏。闲暇时,就与他一起对弈,既锻炼了他的思维,也增进了亲子感情。

我一直觉得,对待孩子喜欢网络游戏的问题,首先要采取接纳的态度,顺应孩子的天性,给孩子选择适合他年龄阶段的游戏,并且和孩子一起玩,在玩中引导他、教育他、观察他,教孩子如何看待网络。如果利用得当,网游是一个很好的促进孩子成长的工具。网络时代,需要改变的是成人自己。如果方法得当,网络游戏还能成为很好的教育帮手,不信您往下看。

二、奥特曼对于孩子的意义

每个男孩心中都有一个奥特曼,一个无所不能的超级偶像,那是一个独属于童年的英雄梦。

将近6岁的哲哲依然疯狂地喜欢奥特曼。

成长关键词之五：游戏

一段时间以来，哲哲爱上了奥特曼打怪兽的小游戏。游戏操作非常简单，类似于最早的俄罗斯方块、坦克大战。到了约定的时间，如果我有时间，就和他一起玩。

打游戏的时候，哲哲每次都选择迪迦，而不是戴拿。一般是我掌握方向，他负责攻击。一来二去，两人配合得越来越熟练，失败时我们相互沟通一下，商量何时出拳、何时出大招等。过关时，击掌庆祝，还真有种上阵父子兵的味道。打了两天，通关了，他意犹未尽，又开始打奥特曼追打怪兽。关底的怪兽比较难打，打了一个星期才让"地球又恢复了往日的宁静与和平"。我发现越难征服的环节，他越是念念不忘，胜利的喜悦感也来得越强烈。

每次游戏开始前，都有一堆剧情和操作介绍，几天游戏下来，他认识了不少汉字和怪兽的名字，什么美尔巴、加库玛拉等，这也算是打游戏的意外收获吧。

玩游戏之余，哲哲依然爱摆弄奥特曼玩具，有点像我每次看完NBA比赛后，都想到球场上实战一番。前几天，哲哲的门牙活动了。我给他讲了牙仙女的故事，让他爱惜牙齿。没想到第二天他的牙齿就掉了，礼物来不及买，只好趁他熟睡的时候，在他枕头下放了20块钱。第二天，哲哲兴奋地跑过来，发现新大陆一样："爸爸，牙仙女昨天晚上来看我了，你看，她还留给了我零二块钱。"哲哲跟他妈妈一样，看文字和数字的顺序有点另类。

20块钱在儿子眼中算是一笔巨款了。问他要用牙仙女的钱做什么，他一脸坚定地告诉我，买个迪加奥特曼。他想买这一款奥特曼很久很久很久久了。周末，到官园批发市场，他看好一个关节能活动的奥特曼玩具，商家开价110块。牙仙女的20块钱加上他卖矿泉水瓶攒的10多块钱，最终以35元的价格成交。

和以前拥有的奥特曼玩具一样，新买的空中型迪迦不久便难逃厄运——胳膊断了。修了好几天，也无法修好，我只好告诉哲哲："等爷

 真正的陪伴

爷来吧,他可以修好,爷爷修东西可在行了。"哲哲很严肃地看着我,说:"啊?爷爷这么厉害,他是不是从小就爱科学?"

鉴于哲哲有着强烈的奥特曼情结,我开始围绕他的这一兴趣做文章。我给他买了奥特曼大迷宫,里面有走迷宫、找不同、涂颜色、智力题等。他很爱走迷宫,而且走得很快,眼光也越来越锐利。他还把书拿到幼儿园给小朋友看。但是,同学对奥特曼图书的反馈好像并不好,每次把书拿回来时,哲哲都不是特别高兴。不过,就在一个周五,他终于找到了知音。他兴高采烈地告诉我:"你知道吗?今天我看电视了,原来马小跳也喜欢看奥特曼,他们班里的同学都抢着看奥特曼的书。而且,他们都上二年级啦!"

我想告诉哲哲,你大可不必不必在意别人对奥特曼的看法。你可以一直喜欢奥特曼到任何时候,只要自己愿意。

周日外出的时候,我给哲哲讲了《神笔马良》的故事。讲完后,我问他,如果你有一支神笔,你打算画什么啊?他想了想,说:"我想画一个怪兽。""啊,地球那就遭殃了。""不会的,我还会画一个奥特曼,如果一个打不过,我就画奥特曼八兄弟。""为什么啊?""因为我想在旁边看着他们打架,那一定很有意思。"——看来这孩子心里也有不阳光的一面。

其实,直到今天我也没明白男孩们为何那么痴迷奥特曼。有人说,奥特曼和怪兽,一个是强,一个是怪,非常符合幼儿的心理特点和幼儿阶段的心理发展需求。3岁以上的孩子爱憎分明,爱慕英雄,好奇心强,富有想象力,而奥特曼的神通广大正好满足了他们无边的幻想和对英雄的崇拜。理论上或许讲得通,但真正的答案,我想是在孩子的心里。

动物小说作家格日勒其木格·黑鹤说,当他知道陪伴他长大的牧羊犬因为等不到主人郁郁而终时,他感觉他的童年在那一瞬间结束了。也许,当哲哲不再喜欢奥特曼时,也将意味着告别童年,开始了新的人生旅程。但是,生命中有过喜欢奥特曼的日子,就像暗恋漂亮的邻家女生

一样，也是一段美丽的回忆吧。

三、让网络游戏成为教育好帮手

哲哲5岁的时候，迷上了《植物大战僵尸》，就像当年着迷奥特曼一样。

对于游戏，无论是网络上的，还是现实中的，我一向不感冒。记得中学时，同学都喜欢打魂斗罗、坦克大战等游戏，后来又去打街霸和雷电等。每到中午放学，一波波的人都跑去游戏厅，有的甚至翘课去玩，打得忘我、忘食、忘天、忘地。我也打过几次，但总是早早败下阵来。被同学耻笑之余，连证明自己的勇气也没了。这样的好处是，打游戏终于没有上瘾，继续做学业有成的好孩子。

哲哲比我聪明，动手能力也强，玩起网游，很像当下杜兰特和威斯布鲁克两位"黑风双煞"领衔的雷霆队，胜率相当高。而胜利往往是最好的兴奋剂，于是着迷。

我曾问哲哲："如果让你在爸爸和游戏之间选一样，你选哪个？"他斩钉截铁地回答："当然是选择老爸了。"这让我觉得，他只是着迷，不是沉迷。其实，我也见过身边不少沉迷网游的例子。一个同事的儿子每到报社，都很"自觉"地打开公用电脑，熟练地进入游戏网站，一坐就是多半天，午饭也不吃，他爸爸也劝不动。很典型的一心一意、废寝忘食、心无旁骛。

有新闻报道说，在一次随机调查中，市民袁女士表示，见惯了各种负面新闻，她对网游一度谈虎色变，严厉禁止孩子玩，甚至不允许孩子讨论相关话题。但是有一件事改变了她对孩子上网的看法："前两天，电视里放公交车自燃的新闻，儿子兴奋地说出一大串救火知识，让我惊讶半天。后来才知道，他是在网游中学到的知识。"

哲哲在网游中获得的，除了认识了大量的汉字，丰富了业余生活，

真正的陪伴

还有分辨角色之间的关系，甚至懂得了《易经》乃至辩证法中相生相克的道理。从哲哲身上，我发现，硬性灌输知识是一种非常笨、效果也非常差的方法。比较科学的方法是顺应孩子的天性，从孩子感兴趣的事物开始，一点点渗透，一点点引导，由点带面，达到激发兴趣、触类旁通的效果。在美国，著名的动画片产生轰动效应后，商家都会推出相关衍生产品。如《冰河世纪》上映后，相关的识字书、连连看、涂色书等一拥而上，非常吸引眼球。这种行为背后实际上有着心理学的依据，即抓住孩子喜欢故事中的人物和情节这一点，取得事半功倍的效果。

其实，哲哲还算是开窍比较晚的。记得上幼儿园大班时，他们班的同学已经在谈论着植物大战僵尸，哲哲没玩过，听他们聊天感觉像听天书似的，总问我，植物大战僵尸是什么。等上了小学，暑假有了时间，在他的姐姐家领略了该游戏的魅力，从此也将各种术语挂在嘴边。对其中各种植物和僵尸名字如数家珍，过关要点熟烂于心，简直就是一个小博士。

而且，哲哲玩此游戏有一个特点：一般不喜欢自己冲锋陷阵，而是像诸葛孔明一样，喜欢坐在旁边指指点点。我见过他和他姥爷默契配合的样子，眼见一个头发花白的老人目不转睛地看着屏幕，手中的键盘飞速滑动，一旁的小朋友不时播报战局和敌情，激动时手指屏幕，声调颇高。过关后，一老一小击掌相庆，好像百万彩票中奖一样。

玩了几次后，每次出去玩，聊天的内容都不知不觉地转到游戏上。哲哲每每以专家的口吻向我传道解惑，让我对他的记忆力刮目相看，不由得成为他的粉丝。

"爸爸，火爆辣椒能炸死一排的僵尸，比樱桃炸弹厉害多了，能把雪车僵尸烧死。实际上，地刺和地刺王也行，也能做到这一点。"

"你知道吗？有一种植物可以吸铁，什么铁梯僵尸、铁桶僵尸都怕它。不知道是什么吧？告诉你把，是磁力菇。铁梯僵尸挺厉害的，遇见坚果不是吃掉它，而是用铁梯爬过去。"

"有一种僵尸像蜘蛛一样,可以把植物带走,可酷了,就像空降兵一样。我长大了,也想当个空降兵。"

……

哲哲说这些时,那种神采飞扬的神态很让我着迷。于是,我也笑眯眯地称之曰"网游小博士"。偶尔,他会低沉地吼一声"Zombie is coming",还做出一个很吓人的姿势,不得不承认那表情、那动作,很搞笑。描述仙人掌可以长得特别高,能把气球僵尸的气球扎破时,他特意蹲在地上,然后慢慢长高。其实,这棵"动态仙人掌"长得再高,也不过到我的胸口。

看着他沉醉其中的可爱劲,我原来对于网游的决绝姿态瞬间崩溃。

四、在网游中发现孩子的特点

(一)

5岁的哲哲爱玩网游。所谓的网游就是《植物大战僵尸》的游戏。

一段日子,他嚷着要买iPad,不同意的结果是他心生怒气,"不喜欢爸爸了"。

后来,让有苹果控的同事在我的手机里装了植物大战僵尸游戏,他很高兴,再没提过iPad的事,因为"终于有正版植物大战僵尸了"。

放学后,玩够了,写完作业,哲哲沉浸在游戏的世界里。彼时的他,很有一种三军统帅的味道,一边调兵遣将,一边思忖战术,一边喃喃自语。

玩累了,便叫我接着战斗,但反复重申,有些关卡如给植物那关要由他来打——那是他的保留节目。后来,我抽空温习了一下植物大战僵尸的来龙去脉,知道这款风靡幼儿园以及小学的游戏算是一款极富策略性的小游戏。游戏的宗旨,哲哲一言以蔽之:一场关于抢食与保护大脑

真正的陪伴

的斗争。

哲哲的常规战术是最后两排种上阳光菇或者向日葵，前面依次是大嘴花、豌豆射手、高坚果，冲在最前线的是土豆地雷。很典型的防中有攻型，跟他老爸一个路子。偶尔，他也会变阵，在靠近房门口那一排种上一串倭瓜。别说，还挺养眼的。

其实，如果把网游比作一项需要完成的任务，那么在完成任务的过程中，孩子的一言一行都是有规律可循的，都反映了他的心性与思维方式。这时候，对之进行仔细观察，我们就会更深刻地明白孩子为什么是这样而不是那样。就像哲哲防中有攻的战斗策略，充分说明他是一个很稳重、偏向于保守的孩子。这样的孩子不需要给他太多束缚，相反要多鼓舞、多激励，让他放开心思，勇于尝试与挑战。

（二）

每天的上学路上，哲哲坐上我的自行车后，没一会儿便开始巴拉巴拉："爸爸，我们开聊吧。"

"聊什么啊？""当然是植物大战僵尸了。你知道吗，植物都有一个问题，就是啊，像人一样，有优点和缺点，你看高坚果只能防御，不能进攻；猫尾草虽然很厉害，但需要的阳光很多；小喷菇需要阳光少，但力量比较弱，普通僵尸几口就把它吃了……"

"还有啊，有很多植物是以名字命名的，就是一看名字就知是什么植物，像豌豆射手、土豆地雷、缠绕水草、西瓜投手等。但有些你看名字看不出来，就像谁知道寒冰射手、机枪射手、毁灭菇和双向射手是什么东西呢？不知道的还以为是某个人扮演的呢！"

没多久，他又向我汇报了他的新发现："爸爸，植物有很多类型呢，你看啊，有防御型，像那个一声不吭的坚果；有进攻型，比如那个可爱的豌豆射手，还有你最喜欢用的星星果；有自我毁灭型，土豆地雷、毁灭菇、倭瓜和火爆辣椒都是和僵尸同归于尽的；还有提供能量的，就两个，一个是向日葵，一个是阳光菇。""还有吗？""对了，猫尾草是智能型的，它发射的炮弹能够拐弯。"

"爸爸，僵王博士也没那么强，他就是看上去比较吓人，其实很容易打败，而且啊，他吐火球和冰球也在消耗自己的能量。他吐得越多，说明他越来越不行了。"

"爸爸，我还发现，僵尸越强的时候，植物的本领也变得越强。""那这意味着什么呢？是不是如果敌人或者困难变得很强大的时候，自己首先要变得强大起来？""对，就是这样，我就想这么说来着！"

……

我很惊讶，那颗小脑袋里为什么总有那么多的新发现，通过归纳法也好，演绎法也好，他总能透过现象看到本质，总结出大人们常常忽略的或者懒得思考的规律。同时，他也学会了细心观察、客观分析，并有了许多独到的见解、与众不同的观点。

渐渐地，我开始明白，在喜欢的事物面前，每个孩子都能够做到过目不忘，思维极其活跃。而在此过程中，思维的火花四处发散，精彩的观点脱颖而出，儿童因而成为哲学家。

（三）

一旦说起网游，哲哲就是一部活字典。

很奇怪他从哪里知道那么多东西。问他原因，他很谦虚地告诉我："我知道的不算多，小雨姐姐才厉害，她什么都知道。就像房顶那关，打完伽刚特尔后，僵王博士就出现了。我都不知道怎么打，小雨姐姐告诉我，给他一个橘子火球，你就赢了。我一试，真的是这样。还有啊，我们班的王一多也知道很多，很多就是他告诉我的。"

有一天，哲哲告诉我一个惊人发现：他知道植物大战僵尸的故事发生在哪里了。答案就是发生在农村。我不明白他的意思。他解释给我听："你看，游戏里有一关是在房顶战斗，城市那有那样的房顶啊，只有爷

真正的陪伴

爷家才有这样的瓦房，不是吗？"不得不承认，他的分析很有道理。北京的四合院越来越少，连林徽因故居都被扒掉了，植物和僵尸肯定不愿意把这里当战场，更何况还有那么多的小汽车以及那么硬的马路。

哲哲还告诉过我，他发现植物大战僵尸的游戏每个场景都有10关，但最后打僵王博士时是两关，一关是大决战，一关是僵王博士的复仇。其中的原因可能是"难度大的不应该太持久，否则小朋友就不爱玩了"。

听着哲哲思路清晰的分析、娓娓道来的讲述，我越来越发现，网游尽管带来很多负面的信息和作用，但并非彻头彻尾的洪水猛兽。既然无法回避，不如从容面对。孩子玩网游也不全是坏事，就看家长怎么引导。积极的引导能将网游变成一种宝贵的教育资源，也能让孩子从游戏中明白做人处事的道理。假如成人能换一种角度，将之作为一种教育资源，和孩子一起走进游戏的世界，那么网游也是一个值得利用的好东西，也能发展孩子的诸多能力。

一句话，在网络时代，需要改变的不是孩子，而是成人自己。

（四）

通关以后，哲哲对植物大战僵尸的热度明显减弱。

后来，他又迷上了《愤怒的小鸟》和《弹珠游戏》，前者有智能手机的人估计都知道，后者就是考验平稳能力的那个，很快他就打到斜坡那关了，让我自愧不如。每天哲哲妈一回家，他就接过手机开始过关斩将。打输了，从头再来，闷头继续。打赢了，大喊一声"耶"，还不忘向我显摆，说什么"只有玩得非常小心翼翼才行"。

一天，因为工作走不开，我让岳母去接哲哲放学。下班回家后，我发现他手里拿着《＜愤怒的小鸟＞攻略》。我问他哪里来的，他说是花20元买的。小家伙从来不花自己的钱，看来是真的喜欢。之后的几天，他都在那里研究，偶尔在规定的游戏时间内，他会多次演练，通关的速度开始加快。

其实，只要不沉迷，只要能快乐，我不会阻止他玩游戏，甚至愿意分享他的快乐与感悟。只要能遵守玩游戏的时间、次数等规矩，我也会支持他，给他支招，甚至和他一起打游戏。我之所以抱定这般态度，是因为我知道童年离不开游戏，游戏也是孩子与伙伴交往、拥有存在感的一种方式。等过了这一阶段，他会转而追求其他的东西。也许有一天，他会走到我面前，对我说："爸爸，我觉得游戏也没什么意思，还是读书和打球比较好。"我知道，终有一天他懵懂的心智会被神的小棍敲醒。

当哲哲开始追求更有意义与价值的东西时，便会如虫茧化蝶一般展现一个新的自我，最终成为我心目中的那个完美小孩。

五、与游戏有关的成长片段

攻击力

一直犯愁哲哲的数学。简单的算术，扳着手指也算不明白。而楼下的乐乐天生就有数学概念，如20个苹果如何平均分给4个人，不假思索就算出每人5个。

一天，哲哲问我："爸爸，你说奥特曼里谁厉害？""当然是迪迦了。""不对，是赛罗奥特曼。""为什么？""你看啊，赛罗的攻击力有26600，迪迦才21000。赛罗的防御力15800，迪迦是14400。二十六千多比二十一千多大，十五千多也比十四千多大，就是说啊，迪迦无论如何打不过赛罗。"

突然感觉，哲哲开窍了。同时也说明，让小孩子学数学，最好从他喜欢的内容开始。

新版喜羊羊

上幼儿园那阵儿，哲哲很迷喜羊羊。

一天，一进家门，就听哲哲报告：喜羊羊又出新版了。我告诉他，

 真正的陪伴

新版不新版我不关心，五百多集的动画片肯定有无数新版。听了我的话，他表示赞同："其实我也不关心，喜羊羊与灰太狼的动画片太幼稚了。就是啊，灰太狼去抓羊，每次都抓不到，回家就被老婆打，打完了又出去抓，还是抓不到，就这样来来去去的。"

突然惊喜于他有了哲学意义上的概括能力。转念，我又有些心理受挫，哲哲长大了，以后不敢再拿拙劣的小伎俩来蒙他了。

模仿秀

游戏玩到高兴处，哲哲端端正正地站在地上，说："爸爸，你猜猜我是什么啊？"一开始，他是左摇一下，右摆一下，晃动不止。"是，是太阳花吗？""爸爸，你猜对了，真聪明！再猜猜这个。"看到他的头一探一探，还不时地吐气。"嗯，这一定是豌豆射手。""爸爸，你又猜对了。"哲哲的头还是一探一探，突突突突地吐气。想了一阵没猜出来。他很失望："哎，这个是双豌豆射手，笨！"

我转而考哲哲："我觉得你就像一种植物，你猜自己是什么？""我像——食人花。"他摆出了霸王龙的经典造型，再"吭哧"吃一口空气。"不对，你啊，就是一个可爱的小喷菇。"

写稿之余，我也会在单位玩一会儿植物大战僵尸的小游戏。每次看到屏幕上闪烁的小喷菇图案，就想起哲哲胖墩墩、圆乎乎的笑脸，一副憨态可掬的样子。

同马官

因为喜欢《植物大战僵尸》的游戏，哲哲积攒了一大堆僵尸卡片，没事就拿出来给我讲。一天晚上又凑过来，问我："爸爸，你看这个同马官僵尸，攻击力可强了。"

我当时正忙着整理书籍，一听"同马官"，很诧异，这是个什么东东。仔细一看，原来是"司马懿僵尸"。这小子简直是一个白字先生。"司"

念成"同"可以理解——他和她妈一样一向善于"空间位移"。但"懿"怎么也不像"官"啊,问他缘由,回答说,这个人穿得挺帅的,一看就是个"官"。

穿得帅就是官?我无语。

僵尸没文化

跟哲哲说好,每周只能打两次《植物大战僵尸》的游戏,每次最多20分钟。

一天,某关结束,显示器上出现僵王博士爱德华的一封信:"亲爱的房主,建议你快快教出房子,否则吾们将要发冻新一轮进攻。"哲哲看了,哈哈大笑:"僵尸也太没文化啦,'交出房子'被写成了'教出房子','发动攻击'被写成了'发冻攻击',太好笑了,还说什么'吾们',应该是'我们',对吧,爸爸?"

我没指出哲哲最后犯的那个小错误,狠狠地表扬了他敏锐的观察力。我预感到他继承了我善于挑错的职业习惯。也许,不久的将来,新闻界会诞生一个空前绝后的大编辑。

厉害的名字

空闲时,哲哲画了一个地刺,就是植物大战僵尸里面的地刺。花花绿绿的,无论从外形还是色调上,都很逼真。得到我的表扬后,他让我帮忙起一个名字。"叫超级地刺,咋样?""不行,不够吓人。""那叫超级无敌地刺?""也不行,怎么老是无敌啊,叫得太多了,再换一个。"我绞尽脑汁也不知道什么名字让人闻风丧胆,突然想起了周星驰的电影《功夫》,"叫火云邪神超级地刺王怎样,不错吧?"

"还行,这样吧,就叫火云邪神暴怒地刺王。"然后,他在画作的一角端端正正地写上这几个汉字。

敢情在哲哲的心里,暴怒才真的令人闻风丧胆。

 真正的陪伴

萝卜

上小学一年级的时候，哲哲喜欢上了《保卫萝卜》。

因为每天只允许玩 20 分钟，在享受快乐的短暂时间后，他常跟我说起游戏怎么好玩，还问一些"这个游戏是不是美国人发明的"、"明明是胡萝卜为什么说成了保卫萝卜"、"你知道这个游戏最大的魅力是什么吗"之类的问题。其实，内心里不愿他这么热心游戏，但又没有特别合适的拒绝理由，毕竟他一直遵守规则，所以每次都认真作答。

一次，带他去吃火锅。哲哲专门拣萝卜吃。很奇怪小朋友都不太喜欢的这种蔬菜，为何他吃得津津有味。他告诉我萝卜很可爱，多吃他们就是在保卫萝卜。

看来网游并非一无是处，真希望软件商们多开发一些保卫苦瓜、花菜的游戏，以解那些挑食孩子家长之苦。

给恐龙看电影

为了帮暑假赋闲在家的哲哲打发时间，我给他买了一个拼装的霸王龙玩具。开始是他自己拼，拼到一半屡屡受挫，发起了脾气。我只好利用一个下午，把恐龙拼成了，被他狠狠地表扬了一顿。

上周四，《喜羊羊与灰太狼之开心闯龙年》电影首映。哲哲去看了，还特意带了他喜欢的恐龙，理由是："这个小霸王龙也喜欢看电影，它那么可爱，不带他去多遗憾啊，再说也不用它买票，为什么不让带呢？"高兴地进场、散场。

回家时，哲哲发现霸王龙丢了一个零件，于是哭天抢地，让我去找。可怜的我在电影院等到打扫卫生的间隙，趴在地上找了很久，直找得满头大汗，也没找到。

之所以答应哲哲去找，是因为我知道，就像希尔弗斯坦在《失落的一角遇见大圆满》中寓意的，童心不能接受一点损失，向往的只有圆满。

成长关键词之六：情商

带哲哲去单位时，有同事疑惑，怎么你的孩子不怕你。遇到这样的问题，我常常是反问："为什么孩子要怕我？"我个人觉得，孩子怕父母，反映的是一种不太正常的亲子关系。父子或母子之间的关系不应有害怕二字。

对孩子来说，父母给他们的最好礼物就是无可救药的乐观心态。心理学研究发现，只要孩子对自己持积极的看法，对未来有乐观的态度，那父母就大可放心，这孩子这辈子不会离幸福太远。

所谓闲暇出智慧，只有给孩子足够的安全感、充分的自由空间，才能激发他们的好奇心，使孩子的情感得到淋漓尽致的发展与表达，进而帮助他们充分发挥自己的天分、才能。宽松的家庭环境、积极的正面引导，远胜过任何"培优"。

成长关键词之六：情商

不管是在幼儿园，还是在小学，哲哲的人缘一直比较好。

原来以为小家伙可能是爱说话，嘴比较甜，但一件事改变了我的看法。一次车模课上，教室里的椅子因为搞活动被借走了不少，一时没还回来。不巧的是，哲哲的同学吴之山迟到了，老师让他先站一会儿。看着吴之山难受的样子，哲哲站起来，跟老师说："老师，让他和我坐一个椅子吧。"老师说："你要是同意就没问题。"

后来，我问他："你为什么这么做啊，你俩坐一个椅子不难受吗？""有点难受，不过他是我的同学，是我的好朋友，好朋友就应该相互帮助的。"再联想起学校组织捐书活动时，哲哲总是捐献自己最喜欢的好书，我渐渐明白了他人缘好、情商高的秘密。

从哲哲身上，我越来越觉得，相对于培养一个只会学习却不会与人交往的孩子，情商对于孩子的成长与未来更为重要。一则消息称，在华中人才网发布的2013年1—9月份职场企业调查报告中，66%以上的企业表示，招聘时最看重应聘者的反应能力和语言、社交能力。

情商理论是由哈佛大学的彼得·萨洛瓦里和新罕布什尔大学的约翰·梅耶两位学者于1990年首次提出的。他们认为，孩子情商的发展和身体

 真正的陪伴

发育、认知能力是一样的,都有阶段性,与大脑发育联系在一起。孩子的大脑有很大的可塑性,可以学会新的情感。也就是说,情商是可以培养的。而且,高情商比高智商的人更容易获得成功,更能享受生活的乐趣。

哲哲很小的时候,我就注重他的情商发展。有同事说他很喜兴,在我看来,喜兴不仅源于他长得像一所怒放的葵花,还因为他很招笑。就像我有一次长假归来,特别想打篮球,但让他一个人在家不放心,就告诫他不要动电源和煤气。中场休息时,我给家里打电话,听见一本正经的童声:"你拨打的电话正在通话中,请稍后再拨。Sorry! @#¥%★(一连串我听不懂的英文)……"再过一会儿,听到扑哧一笑,原来是小家伙的恶作剧。

打完球后回家,哲哲不让进门,还学售票员的口吻:"有卡的乘客请刷卡,要下车的乘客请准备下车,没卡的乘客请往里走,下一站,西直门——"虽然内容和逻辑有误,但那种严肃的语气让人忍俊不禁。

和哲哲在一起的时候,总是很快乐。不知不觉间,他对生活的乐观情绪也感染了我。他很喜欢唱《星仔走天涯》的主题歌,因为"超喜欢爸爸"。可是,唱起来没有一点父子情深的味道:"落石头不怕,落怪兽也不怕,就算鸡粪鸟粪都落下,也要找到爸爸……我要我要找我爸爸,他答应给我买礼物,如果找不到他,我就玩不成啦……"

看哲哲有如此幽默、如此开心,在学校与同学友好相处,在小区里与小伙伴玩得热火朝天,即使是陌生的小伙伴,没一会儿也能和他们称兄道弟,快乐地过着每一天,尽情享受着他的童年,我很满足,也知道重情商培养的路子是对的。

在做读书周刊编辑期间,偶然看到《"输"在起跑线上的哈佛男孩》一书。书中讲述了小学学习成绩很差、留过级的孩子于智博的故事。后来,他令人意外地考上哈佛大学的MBA。毕业后,他被美国花旗银行聘请,以十个领袖之一的身份去培养。后来,他学成回国,成为联想集团总裁杨元庆的高级助理。

于智博成功的秘密，就在于软实力。所谓的软实力，在于他打篮球过程中练就的不服输、不放弃的劲头，在于他每天长跑练就的坚持到底、不言放弃的超强耐性，在于他好交朋友、虚心学习的开放心态，以及在游历各地时养成的广阔视野与世界眼光。尤其是在参加GMAT考试的经历时，他凸显了超强的软实力。说到底，就是情商高。

　　而反映他情商高的最好例子，就是他三考GMAT的经历。

　　初次报考哈佛商学院，要参加GMAT考试，由于轻敌，对自己估计过高，对待学问有点马虎，近6个月的努力，结果他只考了550分。灰暗过后，他又重整旗鼓，彻底放下架子，从零开始。第二次报考，他停止了一切娱乐活动，甚至连周末休息的时间也不再去打球，400个小时的复习虽然比第一次多考了60分，但他依然没有过关。这个低分数没有让他一蹶不振，相反让他明白：成长过程中没有失败！越是逆风，雄鹰迎风上腾的速度越快……

　　没多久，他再次鼓起勇气，在哪里摔倒就在哪里爬起来，开始第三次报考。这一次，他认真反思前两次失败的原因，系统梳理自己的缺点与不足，一点点补课，夯实自己的软肋，并向师兄师姐等取经。他拿出了运动场上不战胜对方誓不罢休的精神与毅力，非常积极地备考，最终以720分成功迈进哈佛的大门，完成了从一个贪玩、好动的落后生向会学习、爱学习的好学生的跨越。

　　于智博的成长经历让我愈加坚信，与其培养一个学习好却不知享受生活的书呆子，不如培养一个热爱生活、内心强大的阳光男孩。受此鼓舞，我抱定了培养哲哲情商的教育理念。

一、如何培养孩子的情商

　　一年春节，一家三口回老家。

　　到了农村的广袤天地，哲哲诗兴大发，借物咏怀："田野啊，你

真正的陪伴

多么大啊，大大的天空，美丽的太阳，太阳底下，还有一个帅气的小张——"问哲哲，小张是不是爸爸啊？儿子白了一眼，指指自己："我，小张。你，老张——"当时自己的脸上好尴尬。

也不知道从什么时候起，哲哲特别爱发问，爱琢磨，也爱搞笑。例如，我过生日那天，他画了一幅画：花园里，花坛的下面有一条蛇，在吃蛋糕，空白处写着"生日快乐"。问他画的是什么。答曰："你是属赖皮蛇的，蛇不能站起来，只能躺着吃，那个蛋糕是给你的生日礼物。"不禁很佩服这个精灵鬼。

但这个小家伙也给我出过不少难题。例如，他曾问过我："爸爸，你和妈妈是怎么认识的？你们是同事吧？不对，同事应该在一个单位，你们不是。那你们是同学吧，是大学同学，还是……"这小子竟发掘起老子的恋爱史来，让我吃惊不小。

其实，通过活灵活现的表情和极其搞笑的语言，我知道哲哲感情丰富，情商很高。他让我明白，高情商既是快乐生活的点缀，也是开放、自信心态的源泉。凡是有较高情商的人往往更能体会生活中的乐趣，更享受与朋友在一起的时刻，与人交往时能获得一种价值感。某种程度上，与其说情商是一种个人魅力，不如说是一种生活情趣。

1. 培养情商的若干建议

归纳起使得哲哲感情丰富、思维活跃的因素，我认为有以下几个方面。

一是给孩子营造一个轻松的家庭环境。

在这方面，我和哲哲妈达成一致，尽量少批评多鼓励，多发现孩子的优点，给孩子空间和闲暇。所谓闲暇出智慧，只有给孩子足够的安全感、充分的自由空间，才能激发他们的好奇心，使孩子的情感得到淋漓尽致的发展与表达，进而帮助他们充分发挥自己的天分、才能。因此，宽松的家庭环境、积极的正面引导，远胜过任何"培优"。

而营造轻松环境的前提,离不开家庭成员之间的彼此信任和尊重。可以想象,在父母前面战战兢兢的孩子,无论如何讲不出妙趣横生的笑话。有人问全美国最佳教师雷夫·艾斯奎斯:"为什么你的学生都那么优秀?为什么他们的求知欲那么强?为什么他们对未来充满向往?"雷夫回答:"在我的教室里什么都有,唯独没有恐惧。"

我一直很相信哲哲,这种信任使得他也信任我。但哲哲妈比较急,遇到哲哲犯错误时,可能会吼几句。此种做法的结果就是哲哲有很多话不愿意对他妈妈说,或者憋在心里,或者转而告诉我。尤其是做题时,他经常问我解答方案,因为妈妈急躁的做法让他"越来越迷糊,啥也不会了"。

其实,有科学实验证明,当人在压力之下变得过度紧张时,血液的确会离开大脑皮层,导致大脑缺氧,于是举止失常。此时,大脑中动物的本性起了主导作用,使我们像最原始的动物那样行事。而此时要想体现出高智商,几乎是不可能的事情。

实际上,哲哲那些或逗趣,或深刻,或搞笑的语录,都是在他身心极度放松的情况下说出的。例如,放暑假的时间,小家伙爱上了做诗,几乎达到了随心所欲、出口成章的境界,而且都是现代诗。有趣的是,他做诗主题无一例外地指向我。只见他一边笑嘻嘻地看着我,一边摇头晃脑、手舞足蹈,张口就来:"爸爸啊,你真可爱,就像一个小BABY;爸爸啊,你就是我的全部,没有你,我活不下去;爸爸啊,我们的心连在一起。如果你离家出走的话,连着的线就断了……"说到最后一句,还手按胸口,略作痛苦状。

他翻唱的《采蘑菇的小姑娘》,好端端的一首儿歌被唱成十足的灰色童谣:"采蘑菇的大灰狼,背着一个大粪筐,清早光着臭脚丫,臭遍那河流和山冈,他采的牛粪最多,多得像那星星数不清,他采的牛粪最大,大得粪筐装不下……"

带哲哲去单位时,有同事疑惑,怎么你的孩子不怕你。遇到这样的

问题，我常常反问："为什么孩子要怕我？"我个人觉得，孩子怕父母，反映的是一种不太正常的亲子关系。父子或母子之间的关系不应有害怕二字。而让孩子心中没有恐惧，充满轻松，父母应该多表扬，少批评。有专家指出，对于3岁前的孩子要尽量少指责，多正面引导，这样有助于孩子心性和情商的发展。如果孩子做了一件错事，父母只要告诉他为什么是错误的，应该怎么做即可，就事论事，而不是批评。

如果父母过于关注孩子的错误，对孩子过于苛责，经常拿自己孩子的不足与别人孩子的长处做比，孩子的自信心就会越来越差，情绪越来越糟糕。做父母的应多关注孩子的优点，多表扬他们。恰如其分的表扬是孩子成长的最大动力。

所谓恰如其分，就是对孩子好的行为要不吝表扬，对孩子不好的行为予以规范和引导。子曰，随心所欲不逾矩。有规有矩的自由能让孩子舒缓身心，情感得到最大限度的抒发。当然，最重要的是，要尊重孩子，把孩子当做一个独立的个体。一个氛围宽松的家庭，一定有着充分尊重孩子个性与天性的父母。

从哲哲3岁起，我就发现，他对许多事情有着自己的看法。强加给他成人的观点，只会引来更大的抗拒。就像他不喜欢的事情，一味强求他去做或使用暴力解决，最终会伤害亲子关系。所以，我劝慰为人父母者，无论孩子多么小，都要尊重他，把他看作一个独立的个体，就像龙应台所说的，一个迟早要自己长大、远去高飞、哪怕碰壁也要自己承担的独立于父母之外的个体。

如果父母真正做到这些，孩子会在日常生活中语出惊人，情商得到培养，在不断的尝试中健康成长，成长为他自己想成为的那个人。他们也常常会在某些生活细节中，品味出耐人寻味的哲理来，因为卢梭说过，儿童天生就是哲学家。

二是帮助孩子保持乐观的生活态度。

哲哲小学一年级的时候，有一天，他问我："爸爸，你说我是不是长得很丑？""很丑？谁说的？我觉得你长得很帅啊！怎么了？""我觉得自己不帅，还有人说我长得丑。"原来是某个小朋友不经意的一句话让他产生了不小的心理压力。

后来，我反复安慰他，也没有彻底消除他的心结。晚上看电视，正好赶上世界游泳锦标赛。于是，我给他讲了美国游泳健将菲尔普斯的故事。因为哲哲很喜欢游泳，知道菲尔普斯是游泳池里的英雄，还在北京奥运会上得了8枚金牌。

我跟哲哲说，菲尔普斯上学的时候因为大耳朵、手臂太长，以及口吃，经常被同学嘲笑，他到哪里都不可避免地被关注。但是，菲尔普斯没有一蹶不振，相反在游泳池里找到了自信，而且随着成绩越来越好，人们再也不嘲笑他的相貌了。"一个人长什么样其实不是最重要的，重要的是他有强大的能力、十足的自信，那样才能活出人生的精彩。"

这句话有一点作用，至少一段时间内他没在发愁自己的长相。

在当代作家中，我比较欣赏刘恒，尤其喜欢他的电视剧《贫嘴张大民的幸福生活》。剧中的张大民让人印象深刻的地方，除了他的贫，还有他乐观的生活态度，即使生活四处碰壁，也依然笑对生活。

对孩子来说，父母给他们的最好礼物就是无可救药的乐观心态。心理学的研究发现，只要孩子对自己持积极的看法，对未来有乐观的态度，那父母就大可放心，这孩子这辈子不会离幸福太远。乐观孩子的重要表现之一，就是懂得对事情做正面的思考。

对此，我建议父母们多帮助孩子学会看到事情的优点，多用正向发问的方式启发孩子的思考，比如，"你觉得你最大的优点是什么？""你哪方面比别人都要强？""你的同学中你最喜欢谁，他哪一点你最喜欢？"而在碰到挫折时，父母应引导孩子多从好处去想，未来还长，不必在乎一城一池的得失。要知道，正向思维能力是在日积月累中形成的，只要平时多花点心思，父母就能帮助孩子培养出乐观的正向思考习惯。

有时候，不得不承认，哲哲在很多事情上比我乐观。就像带他到动

真正的陪伴

物园去玩，一路上我给他照了很多像。但是，在茶餐厅吃饭的时候，不小心把相机落在座位上。等到发现了再回去找时，连个影子也没有了。我伤心丢了一个很好的数码相机，但哲哲却说："爸爸，没关系，丢了我们就再买一个。再说，别的小朋友捡到了，就让他们用吧，也许他们一直想照相却买不起相机呢，咱们就当是做好人好事吧。"

有专家说，3—6岁是幼儿情感、控制能力等培养的最佳时期。情绪愉快、无忧无虑才能让孩子集中注意力，进行探索和求知，从而收到较好的学习效果，智力得到发展，身体正常发育。反之，焦虑、恐惧、愤怒、哀伤的情绪则易致病。美国生理学家康诺对于情绪与躯体功能的影响做了大量研究，发现幼儿的情绪对其健康影响十分显著。

因此，乐观的生活态度有助于情感与情商的发展，也是孩子身心成长的需要。

三是巧借偶像的正力量发挥教育作用。

我小时看的书并不多，但在为数不多的作家作品中，我念念不忘的就是沈从文。

我喜欢他的《边城》、《月下小景》、《石头船》。他的文字始终排斥着都市文明，那是一种被称为"乡下人"和"城里人"的隔膜。而这种隔膜的根源在于他将他的生命、情感留在了那个给他生命、知识和智慧的家乡——湘西。他每天坐在屋中，耳朵里听到的，不是都市大街的汽笛和喧嚣声，而是湘西的水声、拉船声、牛角声……

我甚至觉得他写的田野风光、乡村故事，乃至心里的所思所想，都很像自己的童年生活，甚至说出了我的心里话。于是，我立志也成为他那样的作家。

在小学和中学时代，我最喜欢的就是语文课，喜欢看记叙文，喜欢写作文。到了大学，我几乎通读了沈从文的作品。尽管最后我没有成为职业作家，但我喜欢阅读，喜欢文学，喜欢写作，徜徉其中，便觉得快乐、充实，这不能不说是偶像带给我的积极作用。

实际上，青少年喜欢模仿的天性，决定了他们需要一个偶像。对此，父母应该引导孩子选择一个与孩子个性相近的人物，让孩子在了解榜样、学习榜样的过程中，激发情商，开发潜能，形成积极的生活方式。也许，孩子穷其一生也成不了和榜样一样伟大的名人，但追求榜样的过程，就是一次很好的历练心智、开放视野的过程。

美国男子篮球职业联赛总裁大卫·斯特恩在接受采访时曾表示，林书豪是很多怀有篮球梦的青少年的榜样，他用行动证明，依靠技术也能在高人林立的NBA赛场立足。实际上，林书豪坚持不懈的训练、不怕流血的精神、巧妙应对困难的智慧，都是非常值得青少年学习的。而在向偶像学习的过程中，孩子无疑也愈加深刻地领悟篮球运动的精神，而这会让其未来的成长受益。

充分发挥偶像正能量的作用，有助于培养孩子坚忍不拔的品质，为其情商的发展加分。在这方面，我就曾借助一个老人的故事很好地激励了一个小孩。老人是齐白石，小孩就是哲哲。在美术课外班，哲哲开始接触国画，但画的白菜一头尖一头细，画的葫芦有点像糖葫芦，简直就是一团糟。

我就给他讲齐白石的故事。我问哲哲："你知道齐白石也画过白菜吧？""不知道，给我看看？"我上网给他找来齐白石那张著名的白菜图片，哲哲赞不绝口，说画得太像了。趁机，我告诉他齐白石画得最好的不是白菜，而是大虾。而之所以画得传神，是因为齐白石小时候常在池塘内玩耍，池水中的众多鱼虾给他留下了极为深刻的记忆。齐白石5岁左右在塘边玩耍，见大虾很多，就用麻线拴坨棉花去钓，居然将虾钓了起来，使人感到其趣无比。有天傍晚，他在塘边洗脚，脚还被虾钳破出了血。因为有这些生活甜蜜的回忆，齐白石对虾充满了情感，画起来虽寥寥数笔，却生动传神，跃然纸上。通过齐白石的故事，我想告诉哲哲，要了解、熟悉、热爱你要画的对象。

以后，当哲哲画画坚持不下去或者一跑步就嫌累的时候，我还是

真正的陪伴

以齐白石为例,告诉他齐白石每天都画一张画。有一天晚上来了客人,一起聊到很晚,等客人走了,他又铺开画纸画画。这种习惯一直到他年老时,也没有放弃,甚至有时为了画一幅画,往往要花上好几个月的时间。其实,也是由于这种坚持不懈的努力,齐白石反而是越老画越好。

现在的哲哲已经很熟悉齐白石了,知道那是一个非常厉害的榜样。不知不觉地,我甚至也渐渐地被齐白石他老人家的韧劲所感染,人到中年发奋起来。

话又说回来,如果没有合适的榜样,父母自己就要担起这个责任,历练自己,主动做孩子的学习对象。榜样的力量越大,孩子情商的培养就越好。

四是提供机会让孩子拥有一个开阔的眼界。

这一点我深有体会,就以我自己为例吧。

我小时候非常害怕在人前说话,人越多越张不开嘴。上大学时,最害怕的是口才课,因为期末有一个环节是上台讲至少3分钟的话。那门考试虽然通过了,但我至今都不记得当时在台上说了什么。

参加工作后有机会去各地采访,有时候作为专家会讲几句。后来,我的《读书成就名师——12位名师的故事》出版以后,有机会去外地讲课。渐渐地,不再害怕那个不高的讲台,甚至站在讲台上也很享受。对此,"老谋深算"的同事告诉我其中的道理,见得多了,见怪不怪;登珠峰次数多了,再高的山在你眼里也成了平地。

我也认识到,战胜怯懦、战胜自己,最好的途径就是多走多看,多学多练。

而开阔孩子视野最好的方式就是阅读,借助一个个优美的故事,让孩子感悟生活、感悟生命。在与哲哲的对话中,我发现他很有想法,很有趣味,而这在很大程度上与他这么多年来坚持不懈的大量阅读有关。

说实话,一开始,哲哲并没有那么讨喜,甚至有点闷,和小朋友在一起不知道说什么,但是当蜘蛛夏洛、蟋蟀柴斯特、老鼠米来、青蛙弗洛格、小兔子波力、小鸡卡梅利多、小熊哥哥、小熊妹妹等众多可爱的形象走进他的生活之后，他变得越来越风趣。

就像一天早晨，哲哲妈上班，哲哲从被窝里伸出一条腿，晃了两晃，倒头继续睡。晚上，哲哲妈问哲哲其中的含义，哲哲说："你忘了？在《夏洛的网》里，夏洛就是伸出一条前腿，跟小猪威尔伯说再见的。"

某件事让哲哲很生气，胡乱发泄负面情绪时，我不会当即阻止，而是等他平息后，我会告诉他哪里不对，为何不对，顺便给他读读《菲菲生气了》、《生气的亚瑟》等。每每还没有读完，都会看到哲哲小脸上的羞涩一笑。哲哲不知道如何处理与小伙伴的关系时，我也会选个合适的机会，给他讲《青蛙弗洛格》、《托马斯和他的朋友》、《花袜子小乌鸦》等故事，让他从中领悟如何与朋友相处，如何做一个受人欢迎的人。遇到困难或有疑问时，小家伙也会自己动手解决，因为他读了不少类似于《天空在脚下》、《达芬奇想飞》等亲子尝试、挑战自己的故事书。

就像前面说的，哲哲想知道三角形的模具是否能吹出三角形的泡泡，我就让他自己做实验。他像阿基米德发现杠杆原理一样，高兴地告诉我："爸爸，你知道吗？任何形状的东西吹出来的泡泡都是球形的！太奇怪了！"

除了阅读，父母也可以通过旅游来培养孩子的情商。旅游不仅可以欣赏自然风景，感受历史文化，而且旅行的过程对孩子而言，也是一次很好的锻炼，比如应对小挫折、负面情绪处理等。虽然这些问题在日常生活中也会存在，但旅途中会表现得更集中，概率会更高一些。在我看来，旅行很能反映一个人的生活原则和做事方法。如果孩子学会了遇到问题冷静思考，以合理的方式排遣负面情绪，那么孩子一定拥有较高的情商，在社会交往中便会游刃有余。

孩子有了开阔的视野，经历了较多的事情，便会积累宝贵的经验，从而再次遇到类似事情时，会以轻松的心态科学面对，处理问题也往往更加得体或让人满意一些。

 真正的陪伴

2. 帮助孩子排遣负面情绪

如果说营造轻松的家庭环境、借助偶像激励孩子，是做培育高情商的加法，那么帮助孩子排遣负面情绪、避免自卑，就是做培育高情商的减法。

其实，如何发泄情绪的确是有原则的。不理性的、不加注意的情绪发泄很可能伤害到他人，最终带来不可挽回的后果。因此，父母首先要教会孩子辨识自己的情绪。情商高手的基本功，就是察觉自己的情绪状态，能很快了解自己的当下情绪。

而且，帮助孩子辨认自己的情绪状态，会有两个好处。一是，孩子可以明白，接下来要处理的，是自己的情绪，而不是别人。也就是说，让孩子知道，真正的困扰是自己的情绪反应，随后该做的是如何调适情绪，做出合适反应。二是，孩子可以从中学会换位思考。站在对方的角度考虑问题，是有效解决问题的方法，也是一个人成熟的标志之一。

美国的一些中小学就在课程中加入冥想的练习，让孩子坐下，闭上眼睛，意念集中静坐 20 分钟。研究发现，静坐冥想有助降低一个人的焦虑感，而且能强化集中注意力，进一步地提升学习效率。我有一个朋友，周末会带着她上初中的孩子上瑜珈课。原因是她发现孩子进入青春期后，个性变得急躁，动不动就发脾气。在瑜伽课上，孩子渐渐学会静心，脾气也随之温和许多。而心理压力的减轻，无疑有助于孩子情感的表达和活跃思维。

现在大多数孩子是独生子女。这类孩子一方面极度自负，觉得自己了不起，谁都比不上自己，另一方面又非常自卑，觉得自己技不如人。这种强烈被动的情绪、患得患失的心态，是阻碍孩子成长的主要因素之一。因此，帮助孩子排除自卑、建立自信，是父母们必须要做的功课。

自信是情商能力的基石。自信的孩子，在面对别人的恶意攻击时能沉稳以对，有良好的抗挫及抗压能力，不被负面情绪所左右，在人际关

系上得心应手。有段时间,我和哲哲一起背唐诗,每天背一首,第二天复习一遍,每个月再从头梳理,力求熟烂于心。一个周末,我们去爬香山,路过一处景点,上面题有一首诗,是并不太常见的一首。哲哲妈好奇地凑近去看,并试着读了一遍。没想到,哲哲当即指出,妈妈读错了,并把正确的原诗很流利地背诵下来,博得附近游人的交口称赞。从那以后,哲哲背唐诗更加积极,自信心也更足了。

很多家长朋友问我,做父母的该如何培养孩子的自信?在我看来,拥有一项技能能给孩子带来很大的自信,而练就的要诀就是不断坚持,不轻易放弃。现在来看,哲哲在游泳、绘画和阅读方面拥有很高的自信,因为他坚持不懈,俨然成为习惯。另外,父母的及时表扬对孩子的自信也有着直接的影响。

我建议,父母们平时多肯定孩子,但也不是无原则的表扬;尽量少将自己的孩子与别人的孩子做比,只要孩子有进步、有提高就好;同时不要只关注孩子的某一方面,如果孩子有爱心、懂礼貌,善于体贴别人,能做到垃圾分类,不在公共场合大声喧哗,积极参与班级活动,父母都应该多表扬,给予即时肯定,这都有助于孩子情商的培养。

二、有个小孩喜欢恶作剧

都说搞恶作剧是孩子的天性。

不知从哪天开始哲哲爱上了搞恶作剧,至今我多次落入陷阱。看着小家伙一旁哈哈大笑,我往往是有气无处发,毕竟有些恶作剧自己还是始作俑者。

哲哲3岁时,我逗他玩,藏在角落里,等他经过,小声嗷的叫一下,吓他一跳,我沾沾自喜。后来,这招式屡屡被他以其人之道还治其人之身。一次,哲哲妈和哲哲晚上跑步回来,到单位找我。下楼时,黑黑的走廊,看不见人,哲哲在门后大叫一声,真把我吓到了。

 真正的陪伴

哲哲也会藏在被子或柜子里,一动不动,让我们找不到。他三四岁时,藏好后经常发出嘿嘿的笑声,露出破绽。而今,他的自控能力增强,隐蔽工作做得很好,10分钟都可以不出来,成了真正的躲猫猫大王。

最离谱的是一天晚上,我一边做饭,一边哼着汪峰的歌《春天里》:"如果有一天,我悄然离去……"没一会儿,我发现自己的背包摆在门口,里面手机、钱包、钥匙等一应俱全,旁边还放着一瓶可乐。问哲哲妈怎么回事。这时,哲哲甜腻腻地凑上来,慢条斯理地说:"你不是说你悄悄要离去吗,我帮你把东西都准备好了。我还给你拿了可乐,路上喝。这可乐可好喝了。"

有专家表示,儿童爱搞恶作剧是一种天性使然。有的是因为平时被父母忽视,希望自己的行为引起成人的注意;有的是天性好奇,想寻求违背成人要求的后果;有的是与父母交往中产生了坏情绪,利用恶作剧来发泄心中的不满,从而达到心理平衡;有的是父母教养方式不当,一味娇宠,造成孩子不懂自我约束,为所欲为。

哲哲的动机不在其中,而是属于以恶作剧的方式寻求他心目中的理想答案。就像让他回答"你为什么要藏起来"时,他说:"你不是说很爱我,看不到我就非常担心吗,我想知道你们到底有多担心,到底有多爱我!"

德国儿童心理学家托马斯·卡尔经过研究后得出结论,爱搞恶作剧的孩子富有创造性和想象力,日后成才的可能性较循规蹈矩的孩子更大,并解释说,恶作剧行为并非从天而降,而是要设计出富有新奇感的方案,这对孩子的智力发育无疑是一次催化。另外,恶作剧可以增强儿童的独立性,儿童正是借助此种行为来超越父母为其所规范的界限,在行为和心理上进行一次逾矩的尝试,完成对未知世界和事物的探索。

在哲哲搞恶作剧的过程中,我隐隐感觉出他挑战权威的心态。因为每次被他吓到或者上当,他无一例外地格外开心:在让爸爸难堪的同时,表明自己并不弱小。上完绘画课,问他画画得怎么样,他告诉我什

么也没画。我很生气。此时，他嘿嘿一笑，拿出画完的作品，随即高呼："爸爸被骗啦，我又成功喽！"

沈石溪笔下有个弱肉强食的丛林法则。而挑战父辈，比父辈更强，信心满满地迎接未来的挑战，也应是隐藏在人类社会中的一种自然定律吧。

一个恶作剧行为的成功，是孩子创造力的一次爆发，盲目斥责甚至惩罚会扼杀孩子动脑的积极性，会妨碍孩子的智力发展。对父母而言，正确之举是顺其自然，加以诱导，将其动脑的积极性引导至有益的活动中。在这方面，我赞同并听从专家的话。

不过，我誓与小家伙斗智斗勇，好戏就要开始了。

三、会变魔术的小孩

哲哲一天天长大了，即将4岁半的他无论在个头还是情商上，都令人刮目相看。偶尔闹出的笑话，让人捧腹。我有时候感慨，每个小孩也许天生就是幽默大师。

就像一天早上，哲哲刚起床就嚷嚷："我是一只大胖蚊子，我是一只大胖蚊子……"看着他圆鼓鼓的身段，灰色的衣服，张牙舞爪的样子，感觉还真像，而他自己立刻从混沌状态变得完全清醒。

上班时，同事不小心把我的裤子划破了，让哲哲把裤子送到单位来。跟我岳母到了单位后，哲哲把裤子递给我，一脸狡黠的低声问道："爸爸，你，你是不是尿裤子了……"大眼睛不停地眨啊眨，很有点幸灾乐祸的意思，我真是哭笑不得。

我有下班回家看杂志和报纸的习惯。他无聊的时候就凑到我身边评点一番。有一期的《三联生活周刊》封面标题是"李庄伪证案"，封面图是一个人手被铐住，两边是全副武装的警察。哲哲看后，郑重其事地问我："这个人是不是卖假烟或假酒了？"看来小家伙知道"是谁把酒水酿

 真正的陪伴

成泪水"的山西阳朔假酒案,对假烟假酒深恶痛绝。

一个大学同学给我打电话,说每天最快乐的事情就是送接女儿上下学,还痴痴地说要是能一直这样延续下去就好了。我跟同学有一样的嗜好。一路聊天简直就是一种花钱也买不到的享受。问哲哲:"中午睡午觉了吗?"说:"睡了。""睡得甜不甜啊?""甜,我睡得像糖一样甜——"把这个比喻说给同学听,一度得到"你儿子太诗人了"的反馈。

问哲哲,在幼儿园都吃什么了。答:"肉龙、炸酱面,不,是打卤面,还有胡萝卜。"问他都跟谁玩了。回答都是玉玉、晶晶这几个人。小家伙还神神秘秘地告诉我,他不喜欢萱萱,因为"她总是敲我的头",也不喜欢班里傲傲等"三大金刚"。但他喜欢小琪琪,可是小琪琪在第一桌,而他在第二桌,要等到一个月才能坐在一起。说起一个月时,哲哲大大划开两只手,"有那么长呢",让人感觉这一个月要长过一光年。

询问哲哲在幼儿园是否有好朋友,告诉我有;再问:"什么样的人是你朋友?是跟你一起玩的、帮你值日的,还是给你玩具的?"回答:"都不是!""那你的朋友是……""谁喜欢《铠甲勇士》谁就是我朋友。"他如此定义朋友,让当爸爸的很吃惊。

一次,他钻进我的被窝,笑嘻嘻地唱出奥运主题曲的调调:"我和你,夫妻俩……"也算他独创的曲目。一天下班回家,小家伙像发现新大陆一样,告诉我:"爸爸,我会变魔术。""什么魔术啊,神奇吗?""当然神奇了,你看,我能把巧克力变成圆的。""不可能吧!""你看我给你表演一个。"他让我从冰箱上拿下一块巧克力,掰下一块放到嘴里,没一会儿伸出舌头问我:"你看,是不是圆了?"的确是圆的,但我突然意识到,我可能上当了。

我去深圳出差,买了《铠甲勇士》的玩偶。哲哲一见快乐得不行,老虎一样抢过去。怕他不珍惜,告诉他,这不是给你的。"那是给谁的?""给你们班小琪琪买的!"他当真了:"为什么?""因为小琪琪比你乖啊!"他有点控制不住了,歇斯底里地争辩道:"小琪琪才不乖呢,

她爱摔玩具,吃饭的时候还掉饭粒呢!"后一条理由,让我和老婆笑翻了。

跟儿子出去玩,坐地铁检票时,哲哲快步冲到机器前,用他的《铠甲勇士》斗神卡比量着,旁边的女工作人员笑了:"小朋友,这个卡不能刷。""为什么?"阿姨解释了半天,他还是将信将疑。路上嘟嘟哝哝问我:"我的斗神卡为什么不能刷呢,电视里可以的!"——多可爱的小孩啊。

龙应台在《孩子,你慢慢来》中说:"我爱极了做母亲,只要把孩子的头放在我胸口,就能使我觉得幸福。"我也爱极了做父亲。没事的时候,喜欢端详小人这张脸,白白的、纯纯的,清澈的眼睛,没有世故和忧虑。想象着,就是这个男孩,终有一天要成为一位兼具责任感和成熟魅力的顶天立地的男子汉。

也许,在某年某月某一天,一个高高大大的小伙子,笑嘻嘻地走到我面前,说:"爸爸,我给你变一个魔术……"

四、话里话外都是爱

哲哲5岁了。都说5岁的孩子不止是讨人嫌,简直是讨狗嫌。我以前也是这种印象,但在陪伴儿子过程中,发现所谓的讨狗嫌,多半是父母缺乏耐心,没有认真聆听孩子的想法,而草草应付肯定烦到生出万般无奈甚至一腔怒火来。而这一年龄其实正是培养孩子情商的大好机会。如果细品孩子"讨人嫌"的话语或动作,你会发现一个纯真善感的内心世界。

也许是天性使然,哲哲每天都是唠唠叨叨的,但不是祥林嫂式的简单重复,而是很有技术含量的,一不留神还透出许多幽默来。就像晚上睡觉前,哲哲在衬裤上别着一把玩具枪,张牙舞爪地比划一阵后,大喊一声,"对不起,我是警察——"我一直纳闷他在哪看的《无间道》。吃水果的时候,哲哲爱把苹果用牙签串起来,然后叫着"卖羊肉串嘞——

真正的陪伴

卖羊肉串嘞——"童声悠扬，那语气、那神态、那动作，像极了陈佩斯1986年主演的春晚小品。

上学或放学的路上，哲哲也是话特别多。某天，他就向我四连发："鱼为什么生活在水里，人为什么不能生活在水里呢？为什么家里的包子大，外面包子小啊？为什么大腿粗，小腿细呀？为什么电梯（滚梯）没人的时候慢，有人的时候就快了？"这些问题涵盖了生物学、社会学、人体学和管理学等知识，让我很难招架。

哲哲的连珠炮问题让我很惊喜，这说明他很有观察力，善于思考，有成为当代爱因斯坦的潜质。要知道，爱因斯坦之所以发现相对论，原因在于他从十三四岁时，就开始思考超越光速会怎样的问题。这些问题在他脑海里徘徊了好多年：当家庭教师时，在专利局工作时，照顾襁褓中的汉斯时，在"奥林匹亚学院"与朋友争论时，他都在思考这个疑问。

一个人，最重要的就是会思考，这或许就是生命的价值吧。

哲哲的问题逼得我不得不预习功课，以防被鄙视——"那你还说你什么都明白？"带他出去的时候，我不得不提前做好准备功课。一个周日，带他去天文馆，然后又上英语课。放学的路上，哲哲故意考我："你说，土星有什么特点？""当然是有美丽的光环了！还有，光环里面其实是氦气、尘埃和石头。"我应对自如，得到了他的表扬。

回来时路过一家鸿毛饺子店，哲哲读匾："什么毛饺子。"告诉儿子，第一个字念"鸿"，鸿毛就是大雁的羽毛。他反问："为什么要吃大雁的羽毛啊？羽毛能做饺子吗？"这个问题把我问住了，只好匆匆赶路。吃晚饭，哲哲说他有点无聊。我语重心长地告诉他："人啊，要珍惜现在，活在当下。"他似懂非懂，甩出一句："什么，你要活在裤裆下？"

参观完天文馆的第二天早上，哲哲又问我："黑洞会把地球压扁吗？""不会。""那会怎样呢？""地球啊，太阳啊，金星、木星、水星都会被黑洞吸进去，一下子变没的。""怎么没的呢？""像鞭炮一样在空气中消散了。""真的会这样吗？""不一定，这是英国一个叫霍金的科学家推理推出来的。""怎么推呢,像推门一样吗?"哲哲用手比划着。"不是,是推理,就像你小嘴发紫,就能推理出你没穿鞋。"他低头一看,确实没穿鞋,用手猛地拍拍脑袋,赶紧找鞋子去了。而此时的我心虚地要出汗了,再来几个问题,估计又要被小家伙鄙视了。

一些回答不上来的问题,在"捂"了一会儿之后,哲哲会有自己的一套解决方案,让我惊奇于他的自我探究能力。他曾经问我:"为什么英语和汉语拼音都长得一样?"说实话,我也不知道原因,也许是建国后一些老专家从国外那借鉴来的吧,所以没敢回答。后来,某天,哲哲谆谆地教导我:"我发现啊,英语和汉语长得一样,就是发音不一样,像那个圆圈,英语读'欧',汉语拼音叫'窝'。还有带小尾巴的那个a,拼音读'啊',英语读'诶'。"哲哲的伟大发现,让我有点自惭形秽。这个道理我是上中学时才发现的,在时间上整整晚了7年。

我一直遵循专家父母要多跟孩子玩耍的建议,没事就跟哲哲对打,有时用宝剑,有时用枕头。一次不小心把他的头撞到墙上,起了大包,哲哲哭得很伤心。过了好久,他泪眼婆娑地说:"就原谅你这一次啊。"

意大利女记者法拉奇曾给未出生的孩子写过一封信,信中这样写道:"如果你身为一个男人,我希望你成为那种我经常梦想的男子汉:我只想要求你充分利用生命诞生的那种神奇优势,而决不应屈从于人生的懦弱……你绝不应该回避冒险;即使在恐惧使你退缩的时候也是如此。要知道来到这个世界,这本身就是一场冒险。"

其实,法拉奇的话也是我想告诉儿子的,同时补上一句海子的诗,"愿你在尘世获得幸福"。

五、我家的搞怪大王

克里斯蒂娜·涅斯特林格是个很有趣的奥地利作家。

真正的陪伴

在"米丽成长系列"中,她塑造了一个善良大度、爱耍小聪明、敢作敢当的女孩形象。和长袜子皮皮一样,她们都好打抱不平,有着显眼的红头发,放荡不羁的个性,甚至鼻子上也都有可爱的雀斑。唯一的不同是,米丽有一个非常幽默的哥哥莫里斯,尽管他们总是斗来斗去。而这个哥哥让每个故事笑料百出,让8岁孩子的天空流光溢彩。

哲哲很喜欢这套书,每天要听完一个故事才入睡。看他沉浸于莫里斯的搞怪,笑得异常灿烂,我突然发现,现实生活中的他也是一个不折不扣的搞怪大王。

"爸爸,给你一张脸,你要不要?""不要,我的脸挺帅的,给我的脸不见得比现在的好!"哲哲嘿嘿一笑:"哈哈,那你就是不要脸!""那我要是要呢?""你呀,脸皮真厚。"原来,他学会了赵本山小品里过年是杀猪还是杀驴的伎俩,左右都会掉坑里。

哲哲又出题:"爸爸,你说火车、汽车、电车、自行车、缆车、摆渡车、马车相比,哪种车最快?""最快啊,正常的话,我想应该是火车吧。""嗯,那最慢呢?""最慢的应该是牛车吧。""哈哈,不对,应该是缆车。""为什么是缆车?""因为缆车比较懒啊,它不爱动。"

真是一个很冷的笑话。

不晓得哲哲一段时间为何那么热衷讲笑话,也不知道他的笑话都从哪儿来的。一些笑话自己小时候听过,不过他进行了改编,用修辞学的语言讲,我们用的是同一个故事原型。

例如,一个小孩被家人要求去学知识。第一天,看到有人从房子跑出来,喊着"不好不好,要地震了"。他给人钱,学了这句话。第二天,看到一个农民对着出圈的猪喊:"笨猪笨猪,你往哪里跑?"他又给人钱,学了这句话。第三天,他看见两个小孩在打架。一个孩子说:"别打爷爷了,爷爷买糖给你吃。"于是,他又给人钱,学了这句话。回到家后,家人要求检查他的学习成果时,他突然说:"不好不好,要地震了。"家人信以为真,就往外跑,这时他来了句:"笨猪笨猪,你往哪里跑?"家人很生气，就动手打他，他嚷道："别打爷爷了，爷爷买糖给你吃。"

这个笑话哲哲给不同的人讲了很多遍，每一次都是全情投入，讲得绘声绘色，最后自己笑得上气不接下气，惹得我笑完故事里的人后，又笑讲故事的他。

他也有自己独创的笑话。一天，哲哲问我："爸爸，你说如果金木水火土都长了一条腿，你会吃哪一个？""哪条腿都不吃，听着就有点不着调，不敢吃。""你选一个吧，都是很美味的。""啊，那我选金腿吧，不吃也可以存银行，属于有价证券，呵呵。""那你知道我选什么吗？""你啊，不会选木腿吧？""不对，我选火腿！"原来包袱在这里。

有时候，哲哲还会给我表演幽默情景剧。一身队服的他站得直直的，像一棵苗壮的小松树，摆动两只柔软的胳膊，嘴里"哗哗"地叫着，暗示自己在大海边。然后，满脸激情地，像舞台上的诗人一般，喊出一声："大海啊，我的妈妈——"再一转头，小手啪地打在头上，表示被海浪妈妈狠狠亲了一下，然后自顾自地大笑起来。

有时，我暧昧地逗哲哲玩，在他的小屁股上拍一下。只见他瞬间五官一皱，做出要哭的表情，进而风雨大作，号啕大哭。我有点生气，碰一下也不至于哭成这样吧。刚要批评他，只见他调转过来，皱巴巴的小脸一下子向日葵一样舒展开来，那叫一个春光灿烂。当痛苦与欢笑在几秒钟之内切换，而你没有一点心理准备时，搞怪的效果就这样诞生了。

更好笑的是，哲哲在被同班同学起了绰号之余，也开始给对方起绰号。一些绰号极具想象力，流淌出浓浓的智慧。每次听着他叨同学的绰号，我的脑海里似乎浮现起一个个憨态可掬的小朋友。举例为证，他的乒乓球班上有一个男生，名赵金绍，活泼好动，很调皮，尤其爱偷懒。一天，放学接他，两人相遇。赵："你好，张骨折。"哲哲回应："你好，抄近道！"

然后，放学的路上撒满笑声。

有一天，我心血来潮地对外婆说："阿嬷，虽然我们家现在穷，但以

后有钱就好了。"可是外婆这样回答我:"什么话?穷有两种:穷得消沉和穷得开朗。我们家是穷得开朗。"

在《佐贺的超级阿嬷》中,阿嬷以极其豁达的心态,让她和她身边的人生活充满阳光,也让我们明白生活的本来意义。我很希望也能悟出这一点。年轻也好,年老也好,穷也好,富也好,都能延续这种乐观的搞怪,像那个调皮可爱的莫里斯一样,以幽默的姿态面对生活中的任何难题。因为阿嬷也说过,失败一两次不可怕,人生,就是总和力。

六、有关情商的成长片段

1."不对,是害羞的斑马"

享受自己

一个周末,在北师大开会,哲哲妈和哲哲在篮球场附近等我吃午饭。看见他们时,两人正蹲在地上看着什么。只见哲哲妈用干草摁住蚂蚁,告诉哲哲蚂蚁的身体结构和行走路线。小家伙有点反对,说:"妈妈,你别弄了,让他们自己走吧。""什么?""让小蚂蚁享受自己。"哲哲不耐烦地说。站在他们身边的我想笑,但没笑出来。

享受自己,在时下的中国家庭中,又有多少人能做到呢。不管别人怎样,我是抱定了让哲哲快乐成长的原则,给他充分的自由空间,让他每一天都能享受自己,享受生活。

害羞的斑马

临睡前,哲哲凑到我跟前,神秘地说:"爸爸,我给你出个谜语。""说吧,只管讲来。""什么动物是红色的、黑色的,还有白色的?"想了半天,没想出结果,最后勉强地交出答案:"是头破血流的斑马?""你说对了一半,不是头破血流的,而是害羞的斑马。"

突然发现,我的心理过于暴力,而哲哲的心是那样纯真。在纯真的童心面前,我一如谜面里的那只斑马,羞得脸红了。

宝贝

一段时间《北京青年》一剧热映,全家人吃晚饭的时候,顺便看一会儿。

其中有一情节,何西消除了丁香对自己误会后,很动情地说:"你永远都是我的宝贝。"何西那准熟男的眼神也深深打动了我,于是转过头,对哲哲妈和哲哲说:"你们也都是我的宝贝。""啊?什么?妈妈也是宝贝?"哲哲妈有疑问:"怎么啦?我为什么不能?""因为,因为你都当妈妈了,都那么老了啊!"哲哲妈瞬间无语。

看来宝贝不是谁都能当的,尤其是不能在儿童面前抢注"宝贝"的称呼。

无价之宝

转眼间,哲哲上小学了。于是,每当放学的路上,他总是问我学习方面的问题。

一天上午,从英语课回来的路上,哲哲问我:"爸爸,你说无价之宝是什么意思?""无价之宝,就是无论用多少钱都买不来,意思是这个东西非常珍贵。""那你说阳光和空气是无价之宝吗?""你说呢?""我觉得啊,如果地球的水都被污染了,那么水就是无价之宝,对吧?""你说得太对了。还有什么,再说说!""嗯,我觉得爸爸也是无价之宝。"

哲哲的话让我高兴了一下午、一晚上。

背熟烂了

一天,班主任张老师布置作业,让背诵《你别问这是为了什么》这篇课文。班级内部举行比赛,优秀者参加年级评选。哲哲背得很起劲,

当当当地背完之后,告诉我:"太简单了,我用一根手指就能背完。我都背熟烂了,简直就是一碟小菜。"虽然有两处用词不当,但他夸张的修辞、搞笑的比喻,以及生动的神态,让我深受感染。

周一放学,他很兴奋地告诉我,今天上学太高兴了,因为背得特别流利,就是"为了什么"背成了"为什么",但还是被选上了,可以为班级争光了。

当爸爸的很为集体荣誉感如此之强的小家伙感到骄傲。

很美很美的家

哲哲的家庭作业有这样一道题:左边是"很____很____的____,很____很____的____,很____很____的____"右边是一幅小图,要求往里面填字。他填得很认真,写了很多美妙的词语,如"很长很长的小河、很白很白的云,很大很大的月"。最后还有一道仿做题,哲哲组的短语是"很美很美的家",虽然"美"字他少写了一横。

这句子让我的心里涌起一股暖意。对孩子来说,最重要的,莫过于有一个完整而幸福的家。

2."我喜欢从一开始就快乐"

打油诗

一年级下学期开学了,语文课本多了不少古诗,什么《春晓》、《村居》、《所见》。哲哲对诗的兴趣很高,常常在我面前念叨他对诗的再创造。以传统的观点看,他的改编内容相对低俗,可以归类于灰色或黑色童谣,但也不乏调皮可爱的趣味。

"床前明月光,撒了一碗汤。抬头拿毛巾,低头擦裤裆。"哲哲说,这是《果宝特工》里陆小果挂在嘴边的诗。不过,他也创造了一首:"爸爸,这个真的是自己原创的啊,你听啊,春天不洗脚,处处蚊子咬,夜来大狗熊,看你往哪跑。"

说完，他抬起双手，学起狗熊笨拙的造型，眼神中露出一丝凶狠，极其搞笑。

不得不承认，哲哲这首诗有笑点，动作更有笑点。

考题

背完了盗版古诗，哲哲又给我出了一个谜语："爸爸，有一根小骨头，一条弹簧线。""双节棍！""不对，我还没说完呢。就是弹簧线还连着一个小机器，上面有10个数字。""哦，那一定是能计数的双节棍。""不对，是一种生活用品，猜不出来吧。"

想了一路也没想出来。最后，只好央求他宣布答案，原来是电话。

把电话当成小骨头，我可是从来没有想过。突然感觉，也许成人与儿童最大的差距不在于思考，而是对熟视无睹的事物最缜密的观察，而观察让想象肆意盛开。

PM2.5

不久之后，学校开了一次新学期家长会。

会上，班主任说，可能是刚开学，有的孩子上课听讲不是很认真；有的孩子上课看上去听得很认真，其实不知道在想什么。班主任说这些的时候，我在猜，哲哲属于哪一种呢？

第二天，送哲哲上学，问他的听课情况，并叮嘱他上课要认真听讲，这样才能更好地掌握知识。他听了不住点头，不过也坦言，上课有时候犯困，听着听着就溜号了。"那你有没有查找一下原因呢？""我想啊，很可能是最近北京天气不好的原因吧。你看，体育老师都说了，最近老是什么雾霾呀，在PM2.5超标的情况下，小孩子可能头晕。"

突然想起上海有个小朋友在面对记者采访毒校服一事时，很逗趣地回答："作为祖国的花朵，我认为，我学习一直上不去，就是因为这个校服的问题！"

 真正的陪伴

哲哲与那个戴眼镜的小朋友有一拼,都给出了神级的回答。

3."记得要多吃胡萝卜呀"

才怪

哲哲一段时间的口头禅是"才怪",不知内情的人肯定会被这典型的大喘气气得疯掉。这不,哲哲妈就中招了。

下班回家后,哲哲对妈妈说:"妈妈,你是最令人讨厌的、最没有同情心的、最好吃懒做的妈妈……"哲哲妈伸出手来就要施行暴力。小家伙接着吐出一句"才怪",哲哲妈无言了。

前车之鉴,哲哲再批评我时,我常常问一句"说完了吗",之后再决定应对之策,免得误伤无辜。其实,做父母也好,做老师也好,都应让孩子把话说完。但现实往往是成人没有倾听的姿态,也没有倾听的耐心。

海底捞

回家路过商业街。看着花花绿绿的招牌,跟哲哲说:"儿子,给你讲个好玩的事啊。你知道吧,以前有个烤鸭店,招牌是红灯显示的,就像理发店的招牌,一到晚上就闪闪发光那种。但因为时间长了,里面的灯坏了,烤字的右半边和鸭字的左半边看不到了,所以晚上路过的人就看见那家店上写着'火鸟店'!"

"哈哈,真好玩。"哲哲露出小豁牙,笑得很HIGH。过了一会儿,他说:"爸爸,我也给你讲个好玩的。你看啊,那不是写着海底捞火锅吗,如果'火'字两个点的灯不亮了,你看成了什么?"我大惊——海底捞人锅。哲哲果然比我更有想象力。

胡萝卜

在农村的老爸患有糖尿病,视力每况愈下,近期有加剧的趋势。

于是,哲哲在身边的时候,当我自己问候完之后,让他也关心一下

成长关键词之六：情商

爷爷。只见他接过手机，走在商业街的路上，对着手机大喊："爷爷，你的眼睛好点没？记得及时去医院看看啊！要记住，别去小医院，去大医院啊！还有啊，你要多吃点胡萝卜，我们老师说了，胡萝卜对眼睛有好处的……"

哲哲的声音很洪亮，我被那穿透力极强的稚嫩童音深深感动。如果上帝听到了，想必也会被感动的吧。

4."你怎么这么不解风情呢"

跳楼

放假几天，玩遍了原来玩的游戏，哲哲突然对我说："爸爸，咱们玩跳楼的游戏吧。"

"跳楼？这游戏只能玩一次，而且最好还是别玩的好，代价太大了。""什么只能玩一次，什么代价啊？就是在地上画几个格子，然后跳来跳去的好不好？""拜托，那叫跳房子，不叫跳楼。""楼不就是房子嘛！"哲哲有点不满。

没计较太多，在楼下，跟他一起在地上画了一个房子，然后蹦蹦跳跳地玩起来。不知不觉一个下午过去，自己仿佛又回到童年。

看牙

哲哲生了龋齿。趁着没开学，带他去看牙。

一上午，在北大口腔医院，哲哲张大嘴，牙医又是钻又是磨，看着都心疼。但与旁边号啕大叫的小朋友相比，他一直很安静，也没抱怨。结束后，还跟牙医阿姨聊了聊奥拉星游戏。

问哲哲，治牙的时候为什么没有哭。他说："我哭闹也没用啊，而且还会影响阿姨看病。再说我也不想让你们太担心。""那这次看牙你有什么收获吗？""以后要关心牙齿，更关心你。"哲哲脱口而出益达口香糖的广告。

嬉笑之余，不禁感慨，孩子大了，都有心疼父母的一面。而长大，常常发生在病愈后的那一瞬间。

一洞桥

开学就是小学二年级了。

2012年9月的一个周六，哲哲开学报到。因为放学比较早，又没有别的事情，索性带他去颐和园玩。

路上，哲哲蹦蹦跳跳，心情特别好，一进景区就摆出各种POSE让我拍照。到了昆明湖，哲哲告诉我："爸爸，你看，那有一个一洞桥！""移动桥，桥怎么会移动呢？你一定是说假话吧。"他嘿嘿一笑，说："你看，那不是有一座桥吗，桥下有一个洞，所以叫一洞桥。哎，你怎么这么不解风情呢？"

一句"不解风情"把我逗笑了。青春不解风情，吹动少年的心。眼前的哲哲当真是一个有趣的少年啊。

一片快乐

快到家时，已过中午。不想在家吃，和哲哲一起走进马兰拉面。我要了一碗红烧牛肉面，他要了一碗拉面，在我们的"专座"（哲哲将门边靠窗户的座位称为我们的专座）上吃得津津有味。我赞叹他的好胃口。一碗面吃得一根不剩，连汤也喝了大半碗。

走出小店，哲哲拉着我的手，说："爸爸，谢谢你给我的一片快乐！""一片快乐，多大一片？薯片那么大吗？""哪有那么少，至少有北京城那么大的！"

那是好大的一片啊！我似乎看见快乐像二月的微风一样，呼的一下在空气中弥漫开来。

5. "我妈妈什么也没买，拿了两个塑料袋"

猜谜

某天，带哲哲游完泳，心血来潮，逆行一段，带他走了一次儿童中心附近的天桥，一条很长的斜坡，完全可以骑上去。到了天桥上，脚下是车来车往，还有儿童中心内尽收眼底的低矮建筑，加上夕阳斜照，一切都染上了金黄色。哲哲高呼："太爽了，爸爸，你真厉害，我感觉就像上了天上一样。"四周的景色很美，我也有云中漫步的感觉。

下了天桥，哲哲考我一个谜语："爸爸你说，什么东西前面是白色的，后面是红色的，还跑得很快？"冥思苦想了好一会儿，也不得要领。最后告诉我："是汽车，你没看天桥下面左边是汽车开来的方向，一片白白的，右边是红红的，那是车屁股的颜色。"

暗暗佩服他，真的很有想象力，连出谜语都能现学现卖。

脸色

游泳课结束，哲哲表示很累。一问，才知道他今天游了30个50米往返自由泳，还练了蝶泳。运动量太大，难怪他觉得很辛苦。

回来的路上，哲哲问："爸爸，你说人类为什么要发明那么多泳姿呢？只有一套我觉得就够了，多了真麻烦。"给他讲道理，各种泳姿都是人类向动物学习的结果，蛙泳学的是青蛙，蝶泳学的是蝴蝶，仰泳嘛，学的是小海豚吧。"这就像大自然一样，品种越丰富我们的世界就越多彩。"

"我明白了！"哲哲嘿嘿一笑，继续说道，"就像妈妈的脸比较白，我的脸很白，你的脸很黑一样，脸色越丰富说明人类越多彩。"

这小子又拿我开涮了。

 真正的陪伴

坦诚

周六下大雨。中午雨稍停的时候,哲哲妈带哲哲出去散步。

走到河边时,看到一群小鱼,哲哲兴奋得挽起裤脚,下水捉鱼。捉到几条后,却没有装鱼的袋子。哲哲妈于是带他去附近的超市,装作买东西。也没什么好买的,最终只拿了两个免费的塑料袋,很沉默、很不好意思地走出超市。

走在后面的哲哲径直走向收银台,冲着收银的女士说:"阿姨,我妈妈什么也没买,她拿了两个塑料袋。"

那一刻哲哲妈很羞,而我却看到了一颗纯净得不染纤尘的心。

332个烟头

散步回来,一进家门,哲哲就嚷开了:"爸爸,我一路上发现了332个烟头!"

"这么多?怎么发现的?"问他。"我就是一路走一路数,不数不知道,一数发现可真多啊。"他喘了一口气,接着说,"我还发现,烟头有黄色的、白色的,还有蓝色的呢?"

"那这个发现让你有什么感触啊?""我觉得,吸烟的人不够文明,乱扔烟头,不保护环境。还有,他们不知道吸烟容易引起火灾吗?""那你长大了,会吸烟吗?"哲哲很鄙夷地吐出一句:"切,我才不会!""那有朋友让你吸,或者大家都吸,你也不吸?""当然不吸,吸烟一点好处都没有。老师还说了,吸烟就是慢性自杀!"

看哲哲决绝的态度,想必他会长成一个好青年。

骗人

坐下来歇息的时候,看电视里播了一个犯罪团伙专门欺骗老人,让他们买基金。主持人最后不忘提醒观众买基金要慎重。哲哲看了,很赞同主持人的看法,告诉姥姥不要买基金,会上当的。我倒觉得不能一概

而论，便说不是所有的基金都不能买，也不是所有人都是骗子，关键是不能骗人钱财，这是犯罪行为。

"你说的也不对，有时候就可以骗人，而且不是犯罪。"哲哲反驳。我听了也不服气："不可能，你举个例子。""每年的4月1日这天就可以。""哦，你说愚人节啊！"

我无话可说。凡事没有绝对，不能把话说死了，哲哲再次教育了我。

6.一个叫"梦幻"的冬日

我是警察

闲极无聊的时候，让哲哲讲个笑话。他信手拈来：从前，在一个公交车上，一个小偷把一个人打晕了，想偷走那个人的交通卡。不一会儿，那个人醒来了，正好他的手机响了。他接起手机说："你好，我是警察，谁找我……"小偷一听，吓得赶紧逃跑了。

尽管此笑话笑点异常地低，但出于他讲述的认真态度，以及符合逻辑的叙述，我很捧场地哈哈大笑。笑过之后，忽然觉得生活似乎也没那么无聊，其实挺美好的。

警察的组长

还是跟警察有关。周二接哲哲回家，听他谈起踢球时的不愉快：他只碰了一个绰号叫"章鱼"的队友一下，"章鱼"却碰了他5下；"章鱼"还说，他爸爸是警察，身上有枪，想抓谁就抓谁。问哲哲怎么应对的？答曰，告诉体育老师了。

过了一会儿，哲哲凑过来，说："爸爸，我将来不当科学家了，我要当警察的组长。""为什么？""因为警察的组长可以管那个警察啊。"告诉儿子，警察是保护人民安全的，如果胡乱抓人，也要被关进监狱里。不过，下次见到那个'章鱼'，你可以告诉他，你知道我叫什么吗："我叫厨师，专门做章鱼的。"

真正的陪伴

前一句哲哲似懂非懂，后一句却听懂了，因为我听到了他爽朗的笑声。

倒着坐车好

每天接送哲哲，久了他便想来点新花样。开始是他坐在车上而我坐在后架上，他来掌舵，我来驾驶，因为这样他比较舒服。尽管有点冒险，但看着他渴求的眼神，一心软就答应他了。于是，一路回家，看到不少人奇异的眼光。再后来，哲哲倒着坐在后架上，说有两个好处，一来避风，二来适合看风景。

记得自己小时候也喜欢倒着坐车，看着田地远远甩在身后，那感觉确实很好。突发奇想，假如能和儿子时光互换，那该是怎样的情景呢？

梦幻

2013年的初春，北京下了一场很痛快的大雪。

听说郊区的雪下了有一尺多厚，走路都很困难。城区的雪其实也不小，到处一片白茫茫。房顶上、树上、汽车上挂满了雪，阳光照射下，映出别样的光彩，像吉林的雾凇一样。

怕迟到，早早送哲哲上学。一看到雪，他一下子兴奋起来，又是滚雪球，又是和我打雪仗，又是在雪地上写写画画，玩得不亦乐乎。兴奋过头，结果还是迟到了。

让我难忘的是哲哲走出家门说的一句话。彼时的他望着银装素裹的白色世界，完全是一副惊呆的表情。沉默几秒钟之后，他深吸一口气，感叹一声："梦幻啊！"一个"梦幻"，让我永久记住了这个冬日。

成长关键词之七：学习

有教育专家说过："家长和教师通常都犯的错误是他们不了解学习是脑力劳动，脑力劳动所特有的规律是劳动者必须处于积极主动的状态。"……如果学生学习时像草原上的狮子，始终处于主动状态，势必更容易捕获猎物。

上小学的第一天，我送给哲哲一个笔记本，让他记录每一天的开心事。最开始，很多字不会写，我帮忙代笔。后来，学拼音了，他写下了第一篇拼音作文。等到升上小学二年级时，他已经可以用所学的汉字，自由地表达内心的感受和所见所闻了。

教育的任务不是把死知识或"无活力的知识"灌输到儿童的脑子中去，而是使知识保持活力。……与其做一个"知道分子"，不如成为具有独立判断能力的观察家。

　　从哲哲身上,我最大的感触是,童年的学习,更多的是让孩子不断尝试各种事物,扩大孩子的阅读量,专注于打基础,激发兴趣,这样才能培养出有后劲的优等生。

孩子逐渐长大，要学的东西越来越多。

但任何教育或学习都不能超越孩子的承受能力。中国学前教育研究会理事长虞永平表示，幼儿教育不能超越儿童发展的规律和特点，对幼儿要有所期待，这就是要给幼儿展现潜在能力的机会，但这种期待要合理，不能搞野蛮开发，不能从成人的期待出发搞定向培养，不能破坏幼儿发展的全面性和完整性，否则幼儿就不可能有幸福的童年。

所以，让孩子爱上学习，学习有效率，我秉承的原则是：一是考虑孩子的接受能力，不做拔苗助长的事；二是从兴趣入手，在生活中学习，学以致用；三是注意结合学习规律，即在孩子精神状态好的时候投入学习；四是在学习上坚持赏识教育，看到他的点滴进步。

上小学之前，哲哲没上学前班，一直在幼儿园玩到毕业。这是因为看到很多孩子在学前班辛苦地学习拼音，学习写汉字，孩子遭罪，效果也不一定好。我也多次听有经验的教师说，提前学习的孩子在一二年级可能处于领先状态，但到了小学高年级，原来的优势慢慢缩小，没有按部就班学习的孩子有后劲。

在帮助孩子学习新知上，我始终本着激发兴趣的原则。例如，为了

真正的陪伴

让哲哲认识更多的汉字，更早地开始自主阅读，我从网上打印了50个象形字由来的故事，给他讲这些汉字是如何演变的。后来，我又买了一本吴苏仪编著的《画说汉字——1000个汉字的故事》，一边读一边给他解释，让他感知汉字的奥妙，体会方块字源远流长的历史。

为了充分发挥他的绘画能力，我特意买了几本背面可以画画的旧挂历，鼓励他画生活的细节，画他喜欢的东西。在我看来，绘画不是高于生活之上、"只可远观不可亵玩焉"的艺术，而是来自生活、表达心情的工具。为了开发他的想象力，我买来许多乐高玩具，在拼插完说明书上的图案之后，让他自己想象、组合自己喜欢的事物。于是，会飞的鳄鱼、造型奇特的宝剑、可爱的霸王龙、长着大翅膀的轮船等，都经过他的手活灵活现地蹦出来，成为令人叫绝的艺术品。

其实，任何科目的学习都不应局限于书本或课堂。只要留心就会发现，知识不是死的，而是存在于生活中的每个角落。任何地方都可以是学习的场所。哲哲两三岁的时候，为了不错过学习语言的最佳时机，出去购物时，见到街上大大小小的汉字，我就和他一起学着辨认，教他区分汉字之间的不同。想买的东西放在一起，我会和他比赛，看谁算的价格接近。他的思维快速旋转，有时算得比我还快。

上小学的第一天，我送给哲哲一个笔记本，让他记录每一天的开心事。最开始，很多字不会写，我帮忙代笔。后来，学拼音了，他写下了第一篇拼音作文。等到升上小学二年级时，他已经可以用所学的汉字，自由地表达内心的感受和所见所闻了。

生活就是最好的课堂。卢梭让爱弥尔从游戏、种植、木工劳动中学习，让生活造就爱弥尔，让自然做爱弥尔的老师。在卢梭看来，教学应让学生从生活中，从各种活动中进行学习，通过与生活实际联系，获得直接经验，主动进行学习。可是，现实中，为什么我们的孩子会越学越没有灵气和活力，越学越不爱学？为什么我们的学生在学习中不能体验到快乐？其中的原因，很大程度上是没有激发出孩子的学习兴趣。

正如英国哲学家怀特海所说的，教育的任务不是把死知识或"无活力的知识"灌输到儿童的脑子中去，而是使知识保持活力。面对浩瀚的信息海洋，重要的不再是知道多少信息，而是收集、分析、研究、判断、整合和运用信息的能力，不再是有多少科学的知识，而是能否运用这些知识来解决实际生活和工作中面临的困难。与其做一个"知道分子"，不如成为具有独立判断能力的观察家。

一旦学习脱离生活，成为空对空的思维过程，效果可想而知。所以，我建议年轻的父母们，在教育孩子的时候，在辅导孩子学习的时候，首先要观察孩子的情绪，只有当他们情绪饱满的时候，才能最大限度地汲取知识。其次，要注意学习是从生活中来，到生活中去。从生活中悟出的道理，记忆或影响更为深刻。

有一天，和哲哲骑车去外面玩，这时一串消防车呼啸驶来，又飞奔而过。第一次这么近距离地看消防车，他很兴奋，目送着消防车走远后自言自语："爸爸，你说，这么多消防车啊！""嗯，是不少，那说明了什么？""我猜啊，着火的地方一定火势很急！""为什么啊？""你看这四五辆救火车呢，而且叫得这么响，开得又那么快，肯定着了大火！""哦，那你还有什么发现？"哲哲清清嗓，很从容地继续说："我还发现啊，着火的地点一定是北边，因为救火车是朝北开的，也许就是咱们家的那个小区呢。"

尽管哲哲有点乌鸦嘴，但不得不佩服他的分析能力。其实，这些推理与分析，我都没有教过他，但通过阅读与观察，他逐渐有了新的想法。而当孩子有了自己的发现，父母要及时鼓舞他、表扬他。孩子是在鼓励和赏识中长大的。孩子的每一点进步都需要父母的鼓励、支持。当他们没有掌握或者做不好时，不要着急，就像魏捷和何耘之创作的图画书《那只深蓝色的鸟是我爸爸》中所写的：一个爱孩子的爸爸，为了教会孩子一道简单的数学题，用无比的爱心与耐心，把自己当做鸟儿，一遍又一遍地为孩子努力飞翔着……

真正的陪伴

当父母足够努力的时候，奇迹就会出现。就像那个蓝色的爸爸，一次次试飞，而不是急躁地责骂和训斥，孩子迟早有一天就会如雄鹰般展翅翱翔。

一、让孩子爱上学习的秘诀

每次回老家时，总有邻居的孩子问我学习的秘诀。

虽然我中学和大学的学习成绩还算不错，但每个人的学习方法不一样，我的学习经验对弟弟妹妹们并不一定适用，所以每次讲完我的学习经之后，总不忘告诫一句，学习是自己的事，要发自内心地主动向学，才有机会取得好成绩。而且，学习最重要的，不是记住多少知识，而是掌握方法。一个好的学习方法要如庖丁解牛，让难题迎刃而解。

除了这些，学习时的身心状态也很重要。对于孩子而言，在情绪紧张的状态下是不可能达到理想的学习效果的。玩是孩子的天性，家长们不要认为玩就是在耽误孩子的学习时间。聪明的家长一定要让孩子在最想玩的时候痛痛快快地玩，然后他会在学习的时间里快快乐乐地学，绝对高效，也会事半功倍。另外，学习并不应成为童年生活的第一要务，家长们不应过早地让孩子背负起学习的重担。我也不赞成给孩子报过多的课外班，那样无助于孩子拥有快乐的童年。这并不说孩子不要学习，而是学习的重点应放在养成一个好的学习习惯上。面对问题时，孩子善于思考，视野开阔，思维敏捷，也就离成功更近了。

从哲哲身上，我最大的感触是，童年的学习，更多的是让孩子不断尝试各种事物，扩大孩子的阅读量，专注于打基础，激发兴趣，这样才能培养出有后劲的优等生。

1. 在积极的状态下学习

学习，本来应该轻松而快乐。

遗憾的是，很多父母把学习看做孩子的唯一主业。一次，我去北京市海淀区一所名校采访学校教学工作。与低年级小学生座谈时，我发现很多小朋友都在上各种辅导班，最多的一个报了10种，周末两天几乎没有一点自己的时间。问他们愿不愿意上，大部分说不愿意上，他们就想玩，但是父母不让。

不得不承认，这所名校孩子的状态是当前绝大多数城市孩子的生活状态的缩影——父母们更关心的是孩子的智商发展、学习成绩，掌握了多少知识，能认识多少汉字或会背诵多少古诗。他们更愿意给孩子报英语学习班、艺术特长班、成绩提高班。媒体报道称，湖北武汉有位徐女士被网友封为"最急妈妈"——她从儿子半岁起就开始了"培优"计划，孩子今年5岁，已上过17项培优，每晚9点才能回家，每周只有半天休息。

父母过于看重学习成绩，无疑加大了孩子的心理压力。应该说，现在的中小学生课业负担很重，精神负担也不轻。社会上发生的很多让人心痛的负面新闻直接或间接地与学习压力过大有关。有个学生打趣地说过，他爱美食，家庭也有能力让他经常吃点好的。可是他说，现在特别不想吃好的，"恨不得三顿就在学校食堂混混，哪怕只吃桶面"。这是因为，一直以来，每次他称赞家里做的菜可口，妈妈总会习惯地说一句："那你可要好好学习啊！"他向同学诉说自己的苦恼时，周围的同学都会心地笑了，原来大家的经历差不多。

有教育专家说过："家长和教师通常都犯的错误是他们不了解学习是脑力劳动，脑力劳动所特有的规律是劳动者必须处于积极主动的状态。"要想让孩子学习达到理想的状态，父母必须促动他自己去学习，而不是逼迫他去学习。现在的中国孩子有很大一部分就像沙漠里的骆驼一样，是被动地、艰难地在学习。如此学法效果不好，也不符合脑力劳动的规律。相反，如果学生学习时像草原上的狮子，始终处于主动状态，势必更容易捕获猎物。

 真正的陪伴

兴趣是最好的老师。同事告诉我：要提高孩子的学习积极性，就必须提高孩子的学习兴趣。而提高学习兴趣，先要使孩子尝到成功的滋味，让他拥有成就感。这一点我颇为赞同。

有一段时间，哲哲特别喜欢下围棋。最开始，因为自己不会下，是他教我。结果，他赢我的次数比较多，他的兴致愈发高涨，频频找我下。后来，我琢磨出了门道，赢他的几率上升，逼得他不得不在围棋课上努力听讲，学了不少妙招对付我。于是，我又成了他的手下败将。这种成功或胜利的喜悦，使他至今还爱下围棋。

在激发孩子学习兴趣的同时，我建议父母多鼓励孩子。对于孩子的好表现和好成绩，父母不要吝啬赞美之词，对于孩子的错处，不要过多批评。

哲哲5岁那年，我征得他的同意，给他报了绘画班。每当他在一张纸上涂涂抹抹出各种美丽的图案之后，我都不忘鼓励他，并告诉他好在哪里。比如，画的怪兽有一双特别拉风的翅膀，有一双像蜗牛一样突出的眼睛，我夸他"你有想象力，爸爸就想不到呢"。他画的一棵大树后面露出一只小松鼠的头，我表扬他心地善良，热爱小动物，而且小松鼠出现在那个地方，给整个画面增色不少。他画的夏天景色，一只老母鸡带着一群小鸡经过苹果树下，树上的果子不是红色的，而是白色的。对此，他解释道，苹果是秋天才变红的，我夸奖他知道的真多，他的画还能让人学到不少科学知识。他画的"我的家"，有一个漂亮的书架，书架上放着好多书，仔细看书脊上还写着"小黑鱼"、"兔子，快跑"等文字，我夸奖他真是爱阅读、细心的好孩子，把生活体现在了作品里。

不间断、不谄媚的夸奖，让哲哲绘画的热情和技艺与日俱增。在一次美术课上，他画的小蝌蚪找妈妈得到了老师的表扬，让他拿着自己的画全班级走一圈，给其他小朋友看。那天他回到家的第一件事，就是告诉妈妈老师表扬他了。等到哲哲上小学的时候，他画的画全班同学都很佩服，个别粉丝还向他索画。一年级期末，学校举行绘画比赛，哲哲的

科学幻想画不仅得了一等奖，还被收入了学校的台历中。

　　表扬要不遗余力，批评则要讲究艺术。当孩子犯错或未能达到自己的预期时，我建议父母们还是引导式地帮助孩子认识自己的错误。例如，哲哲3岁时特别喜欢把玩具带出去玩，结果是玩得过于兴奋，人回来了，玩具不知道哪里去了。每次，我都是非常留意，帮助他把东西找回来。后来，我觉得这样对哲哲的成长没有好处。于是，跟他说好，下次不会帮他找丢失的玩具，但强烈建议他别再带玩具出去。哲哲不听，结果玩具又丢了。对此，我没有过多指责哲哲，而且让他体会我的劝告是否有道理，尤其是被验证了之后。最后，哲哲认同了我的观点，很少再带玩具出去，即使带了，也会小心保管。

　　我的意思是，只要当孩子真心领悟了做事的规律，就会做出正确的选择。孩子都有一套自己的处事原则，但他们的心灵又很敏感，作为父母要铭记，在多鼓励、少批评孩子的同时，不要伤害他们的好奇心。好奇心是学习的动力所在。父母最好多呵护孩子爱探索的天性，跟着孩子一起去求证。

2. 让孩子学会管自己

　　在网络时代，重要的不是占有多少知识，而是如何运用知识。

　　有些父母认为，学习就是掌握知识，为了让孩子赢在起跑线上，很早就让孩子学计算、学写字、学英语、练舞蹈、学音乐……巨大的压力使得孩子一学习就有心理障碍，爱闹脾气，父母们还往往叹息："这孩子，天生就不爱学习！"

　　其实，问题恰恰出在父母身上。孩子不爱学习，没有学习动力，多半是难以承受过重的学习负担，学的也不是自己感兴趣的东西。其实，孩子从出生起就开始学习，只不过他们学习的不是知识和学问，而是玩耍、探索、听声音、练翻身、学说话……因此，他们后来的"不爱学习"，往往是自主学习的天性被家长"填鸭"式的知识灌输破坏掉了。

真正的陪伴

　　有教育专家建议，父母应该每天至少抽出半小时来陪孩子玩。这30分钟不一定刻意安排什么学习内容。但对于孩子而言，"生活即教育"，他们的学习源自一点一滴的生活细节。和孩子一起打扫房间、做个小游戏、交流幼儿园或学校发生的事、让孩子发表对问题的看法，都是学习，都有收获，都有利于自主学习能力的培养。

　　英国学者培根说："习惯真的是一种顽强而巨大的力量，它可以主宰人生。"对于孩子来说，学习最重要的是养成良好的习惯，而习惯是长期逐渐形成的。作为孩子的第一任老师，父母要特别注重培养孩子良好的学习习惯，比如按时上学、按时完成作业、上课用心听讲、积极举手发言、勤动脑思考、保管和整理好自己的学习用品等。这需要父母从上学伊始就帮助孩子。如果孩子忘记了，主动提醒孩子，千万不能越俎代庖，代替孩子做这做那，否则事与愿违。

　　一位前辈曾谆谆教导我：进入小学，培养孩子两个能力至关重要。一是自我管理能力。小学生作业多，不能很好规划，将产生一系列的问题。二是自主学习能力。小学教师重在督促，初中教师重在引领，两者之间的完美过渡，靠的就是自主学习的能力。

　　关于自我管理能力。从上学第一天起，我就格外注意培养哲哲良好的生活习惯。每天晚上，我会叮嘱他别忘了第二天的课，带好学习用具。如果是粗心或者检查不仔细，我不会替他把学习用具送到学校，让他承受马虎的代价。到了二年级，我不会提醒他，因为这是他自己的事。在写作业时，我要求他尽量快速高效地完成，不能边写边玩。睡前可以玩玩具，但留给自己多少时间听我读故事，决定权在他。一旦错过了亲子阅读时间，我不会迁就。

　　渐渐地，一边督促一边施压，哲哲整理学习用具和写作业等都完成得不错，知道自己的玩具、书籍等应摆放在哪儿。而按部就班的学习习惯、井井有条的生活态度，最受益的还是孩子自己。

　　同样的道理在吴牧天的《管好自己就能飞》中也有很好的证明。在书中，作者举了这样一个例子，意在说明自我管理的重要性。

  在我小学毕业那一年，爸爸带我去九寨沟旅游。那天，我们去黄龙景区游玩。

  黄龙景区最美丽、最有名的景点叫做"五彩池"，要爬上五千多米才能看到。还在酒店里，就听别人说五彩池是多么的美丽。想到自己也将亲眼目睹它的风采，我心里也有说不出的兴奋。

  由于海拔比较高，很多人都出现了高原反应，我也不例外。才爬了一半，我就觉得头晕眼花呼吸困难，都快累得趴下了。我真想停下来好好歇歇，或者干脆回去算了。但爸爸却不答应，他才不管我多累、多难受呢，只是一个劲地鼓励我："加油，就快了，就快到了。"在他"快到了"的"糊弄"下，我于是打起精神继续走。

  后来，我实在是走不动了，于是索性坐了下来，告诉爸爸："我走不了了。"

  但等我休息了一会儿后，爸爸命令我往上爬。让我没想到的是：就在我重新出发后不到十分钟，五彩池竟然就出现在我的眼前。当那梦幻仙境一般的美景展现在我面前时，我一下子惊呆了，什么疲倦，什么高原反应全都被抛到了脑后。

  那是我至今为止，见过的最美丽的地方。

  后来想想，幸亏自己当初没有放弃，而是坚持走完了最后的十来分钟。否则，怎么会有那种美的体验？而我的九寨沟之行，岂不要留下最大遗憾？

  黎明前的黑暗是最黑暗的，熬过了这个时候，迎接我们的，就是美丽的朝霞。

  要想人前风光，就得人后吃苦；棉花堆里磨不出好刀来；心中有阳光，幸福自会来敲门；聪明人更要下"笨"功夫……其实，吴牧天同学

在书中总结出来的经验，都是做好管理自我的关键点。父母们要是按照这些原则试着培养孩子，也会有惊喜的发现。

3. 教孩子自主学习的能力

我曾看到这样一个故事。

一个哲学博士带着上小学的儿子到了美国。他儿子原来在中国有做不完的作业，在美国几周下来，每天都没作业。他有些担忧，于是找到了学校，向老师反映这个情况。老师回答说，教育孩子是我们的事，请你不用担心。你只需要在生活上、品德上给他树立榜样就行了。他非常郁闷，但无计可施。一天，儿子拿回一份作业，学校要求写一篇"什么是文化"的论文，他试图向儿子解释什么是食文化、酒文化、茶文化，解释半天才发现自己也不懂什么是文化。儿子索性不理他，每天去图书馆，抱回一大堆书，最后洋洋洒洒写出来一篇十几页的论文。得出的结论是：文化是历史沉淀下来、人类创造出的享受方式。他服了。

从美国的教育模式可以看出，真正的教育不是传授知识，而是传授如何获得知识。只要掌握了正确的获得知识的途径、方法，很多看似大学生都难完成的任务，小学生同样能完成。古人说，磨刀不误砍柴工，学习能力指的就是磨"学习的刀"。

相对来说，知识是指一个人现有的水平，很容易受环境影响，既可以通过强化训练和突击背诵而迅速积累，也可能因遗忘而丧失。在良好的环境和教育下，知识可以迅速增长，但仅仅影响人在有限领域中的活动效率。而能力不是一种已经表现的水平和现实，而是一种潜力。换句话说，知识是快变量，能力是慢变量。就像一个人一旦学会了骑自行车，走到哪里都不会忘记。而一时间可能记住了自行车的构造，但过了一段时间可能就忘记了。

　　有无数的案例证明，自主学习能力是决定孩子能否成为优秀人才的决定性因素。而这个能力是可以通过引导来锻炼提高的。哲哲拼插乐高玩具是一个典型的例子。

　　哲哲4岁生日时，我给他买了乐高玩具作为生日礼物。那天下午，我俩一起按照说明书上的要求一板一眼地拼着，等到拼成既定的造型后，哲哲意犹未尽，又开始随意发挥，自主拼插。两个人相互指导、启发：是不是加上一对翅膀更好一些，如果颜色换一下是不是更有特色，不保持对称关系是不是也很好看呢？为了细处的修改，我俩有时会讨论好几分钟，最终我们合力拼出更富想象力的怪兽造型。

　　后来，哲哲经常一个人拿着一大盒子的零件研究，偶尔也来征求我的意见。我发现，渐渐地，他的动手能力越来越强，越来越富有想象力，拼出的各种怪兽或机车都不是日常生活中的模样，而是非常非常奇巧，类似于"未来怪兽"或"概念机车"。

　　画画也是如此。一次绘画课上，他学会了调色。回来后告诉我：红色＋黄色＝橙色；红色＋蓝色＝紫色；黄色＋蓝色＝绿色；红色＋绿色＝褐色；而红色、黄色和蓝色全部加在一起就是黑色。他还说，红、黄、蓝是任何颜色都调不出来的，是三原色。

　　我很佩服他的记忆，自己没有学过画画，更没有接受过美术的专业训练，对此我是一窍不通。随即，我启发他："你还能用哪两种或两种以上的颜色调出其他颜色吗？假如你的颜料里缺少了某种色彩，你有办法自己做出来吗？"听了我的话，哲哲的小脑筋开动起来，拿出自己的颜料开始像格格巫一样钻研起来。在随后的几天里，他都很认真地做着他的实验。

　　几天后，他有了新发现，很欣喜地说："如果差不多的黑色和白色加在一起，就是灰色；如果黑色多一点，白色少一点，就是深灰；红色加上白色再加上黄色，调出来的是人的皮肤的颜色；褐色和黄色放在一

起,出来的颜色很像木头的颜色……"

哲哲的这些发现都让我很惊喜。其实,这才是真正的学习。历史上很多著名的科学家像爱因斯坦、发明电灯的爱迪生、改良蒸汽机的瓦特,就是这样钻研并成功的。

我想表达的是,孩子的学习能力、感悟力都很强,只要父母给他们一个好的平台和环境,加上适当的引导,每个孩子都可以自学成才。

在一线采访过程中,我经常听许多名师说过,那些过早开始智力学习、习惯死记硬背的孩子在一开始上学时尽显优势,但到了小学中末端,就有如强弩之末,逐渐"泯然众人矣",而等到学习竞争更加激烈的高中阶段,大多会败下阵来。相反,那些具有较强自主学习能力的孩子,因为掌握了学习方法并知道如何获取,反而更有后劲,更能做出一番事业来。

二、和孩子一起画画

小时候,我也很喜欢画画。

但是,我的画作从来没有得过 80 分以上,尽管每一幅画得都很用心,有时甚至感觉画得还行。但老师评价不高的直接结果,就是自以为没有绘画天赋。于是,在告别童年、升上初中之后,就再没想过在白纸上画文字以外的东西。

哲哲喜欢绘画,而且画得像模像样,为此我也没少鼓励他。

每天放学后,看完《机甲战神》,哲哲就在小桌上笔走龙蛇、挥毫泼彩。绘画的主题多与他喜欢的卡通形象有关。据我观察,他画得最多的是奥特曼与远古怪兽的一系列战斗,次之是白垩纪时代最繁盛的两种动物——恐龙与鳄鱼之间的顶尖对决,再次之是奥特曼与恐龙、怪兽与鳄鱼的主客场较量。

我担心哲哲在绘画题材上陷入很蛮、很暴力的误区，给他报了美术班，让一位拥有多年绘画经验的老奶奶指导他。一年多下来，感觉他的笔调温和了不少，画风一由蒙克的嚎叫派转为莫奈的睡莲派，技法上也由毕加索的抽象型粗线条，变成克劳德的超写实主义。像小鸭子戏水、小蝌蚪找妈妈、美丽的花园、小乌龟出游等主题的画作，颇有点名家风范，体现出一种温情而平和的美。

每逢周末，哲哲就和哲哲妈一起画画。两人分工明确，一人素描，一人涂色，久而久之形成了默契，配合默契程度犹如申雪和赵宏博、斯托克顿和马龙，以至于很难分辨哪部分是妈妈画的，哪部分是儿子画的。

其实，哲哲妈从小就喜欢绘画，不过由于缺乏专业的画家指导，未能充分发挥儿时的天分。我跟她开玩笑说，儿子绘画的技术虽然遗传了你的基因，但他画画的热情明显源于我那个艺术细胞肆意分裂的童年时代。

哲哲绘画不拘一格，书桌上、地板上、床上和墙上都是他展示技能的星光大道。画完了每次都给我看，讲解画面情节。一次，哲哲连着拿来几张纸给我看。第一张是一只乌龟在草地上爬，头上一颗大大的太阳；第二张是小乌龟在海里游泳，水草和海带"油油地在水底招摇"；第三张是小乌龟背上驮着小小乌龟，在大海上凌波微步；第四张是两只乌龟在一棵大树下，树外面有黄色的小雨点，仿佛能听见啪啪的下雨声。

乍一看没明白什么意思，哲哲解释道：这是一只乌龟想自己的宝宝了，去海边找他。然后，找了很久，把宝宝从海里带了回来。路上下雨了，于是两只小乌龟在树下避雨……

突然间，我发现哲哲有着无边的想象力，一不小心就完成了一幅精彩动人的连环画，而且还给我讲了一个很好玩的故事。也许，将来他也能像岩村和朗、艾利施一样，推出"14只老鼠"、"不一样的卡梅拉"、"小兔子波力"等大师级作品。

一天晚上，哲哲画画时，不经意地抬起头问我："爸爸，你打球时穿

真正的陪伴

什么颜色的裤子？""深蓝色的吧。"过了一会儿，他凑过来，给我看了一幅画。只见画面上一颗太阳，歪歪的篮球架子，下面有两个人在打篮球，其中一个穿着深蓝的裤子——那肯定就是我了。小家伙说，他觉得一个人打球太孤单，就给爸爸画了一个队友。又说下雨和下雪天不能打球，就给爸爸画了一个太阳；而且，地不平打球不方便，就花了一个长方形的、平平的球场。哲哲让我着实高兴了好一阵子，作为他一片孝心的纪念，我将这幅画永久收藏了。

然后，哲哲又给姥姥和妈妈画了一张。问他先给谁画。他说："先给姥姥吧，因为姥姥每天做饭，比较辛苦。"他拿出一张新画纸，没几分钟，就画了拿着兜子的一个人，香蕉摊后面蹲着一个人。"姥姥是在买香蕉吗？""当然啦！""怎么菜市场就两个人啊？""其他人都卖完回家了，姥姥总是在卖菜的快下班时才去的。这你都不知道？"

哲哲的画充满了童真和童趣，具有很强的想象力和创造力。一次绘画课上，老师特别表扬了他："哲哲小朋友是我们班年龄最小、进步最快的，他的画画面和色彩都很好。哲哲在哪？"哲哲很激动地站起来，以领奖式的姿态就要往前走。走出校门时，见到门卫和其他的叔叔阿姨，也不管认识不认识，大声地说："今天李老师表扬我了！"得意之情溢于言表。

小朋友需要这样的鼓励，鼓励之下才有天才的诞生。

哲哲的习作，我都写上日期，整理好收起来，有的装订成册。一段时间下来，加上绘画班的作业，已经是厚厚的一摞了。没事的时候，拿出来看看，觉得他的进步还真大。

艺术家罗丹说：这个世界并不缺少美，缺少的只是发现美的眼睛。看来哲哲确实有一颗善于发现的眼睛和一颗敏感的心。真希望哲哲一直画下去，画出他对世界的所感所想，画出他的喜怒哀乐，把绘画当做一种享受、一种生活方式，就像他爸爸把打篮球当做生活的一部分一样，因为有艺术和运动相伴的人生，一定拥有无穷的快乐。

而快乐，是我许给哲哲的最大心愿。

三、在生活中扫盲

要不要幼儿识字，不是很难回答的问题。

有专家认为，幼儿识字是扭曲的超前教育，言辞激烈者还称之为美丽的毒药。我倒觉得事情没有那么严重。只要孩子愿意学，上小学之前认识一些汉字，算不上什么过错。如果连自己的名字都不认识，两眼摸黑地面对学校教育，后果估计很严重。

哲哲3岁的时候，一次陪他做幼儿园的思维训练题。他总是弄不明白问题是什么，把我惹急了，教训他："你就不能仔细看看题目的要求吗？"他扫了一眼问题，然后转向我，一脸为难地说："我不认字……"那神色跟小品《牛大叔提干》里的赵本山如出一辙。

也就是从那一刻起，我决定给哲哲扫盲。

老毕和王二妮曾经在星光大道合作过一曲《夫妻识字》："黑咕隆咚天啊，出呀出星星，黑板上写字啊，放呀放光明，中国人为什么要识字，要把道理说分明……"两人一唱一和配合很默契，同时反映了一个有效学习的硬道理：要想有成效，方法要对路。

换句话说，不能为了识字而识字，学习形式很重要。

当代著名教育家约翰·杜威告诉我们，教育即生活。所以，在生活中识字，永远是最佳也是最有效的途径。一位同事深谙此道，儿子在跟她逛街的过程中，边玩边学，短时间内就积累了较大的识字量。

于是，放学路上、游泳途中、外出游玩，我都考一考哲哲。次数多了，他也认识了不少，诸如"来一碗牛肉面"、"权金城烤肉"、"文贝理发店"、"爱情麻辣烫"、"庆丰包子铺"、"良子健身"、"首航超市"等充满生活气息的汉字。比较可贵的一点是，认识的字即使换了场合，他也能认出个大概来。就像在中国儿童中心的路口停留，他指着路牌，说：

"那是育幼胡同（注：'同'读的是二声，如桐）。""你怎么认识'育'字呢，也没教过你啊？""不就是你的'中国教育报'的'育'嘛，这你都不知道？"那一刻，我由衷佩服他，虽然他还不认识多音字。原本怕他搞糊涂，索性胡桐就胡桐地错下去，没想到他又问："哎，爸爸，'胡桐'是什么意思呢？"看来不及时纠正还不行，赶紧告诉他多音字的用法。

哲哲有时也念白字，让人哭笑不得。我家旁边有一洗浴中心。晚上，他遥望"金色阳光俱乐部"的牌匾，念道："金爸阳光。"我很疑惑，两字的偏旁部首一个是刀，一个是父，差别挺大的，怎么会认错呢？再说也不是所有的爸爸都色色的啊。看到奥林匹克公园，他大声告诉我，那是"奥林四克公园"。哲哲视力一向很好，那个大的缺口不会看不见啊。这小子也常把"自己"说成"白己"，"左右"不分，"里外"总是弄混。纠正几次效果不大，只能暂时搁置。

识字不是着急的事，不能死记硬背，只能慢慢来。

不到一年的时间，也就是哲哲4岁时，我家附近建筑或小店的招牌，像"北京北站"、"马兰拉面"、"人民医院"、"枫蓝国际"、"肯德基"、"康师傅牛肉面"、"鸿毛饺子"、"水煮鱼"等，他都能准确地读出来。后来发现，其中一些字他并不是真的认识，而是顺下来的。就像不认识"傅"，但认识"康"和"师"字，加上"好吃看得见"的广告词，自然不会读错。

一天晚上，我看《天下足球》正起劲儿，哲哲过来凑热闹，我趁机考他的认字水平。没想到"多特蒙德"、"皇家马德里"、"国际米兰"、"梅西"等他都读了出来。我纳闷"蒙"和"皇"字没教过，他怎么认识的呢？随后，哲哲解释道："'特'，是奥特曼的'特'；'蒙'、'德'是埃德蒙顿甲龙中的两个字；'皇'是帝皇侠的'皇'。"看来《奥特曼》《铁甲勇士》等动画片也有益处，至少增加了一种识字方式。

闲着没事的时候，拿识字卡片考哲哲，没想到他已经认识将近三百多个汉字，而且还能组词。例如，"战"字，就是战斗的"战"，战士的"战"，也是战争的"战"。得到表扬的哲哲很高兴，还兴高采烈地告诉我：

"你知道我为什么认识鼻子的'鼻'吗?""为什么呢?""因为是角鼻龙的'鼻'呗,这你都不知道。""那你怎么连鸽子的'鸽'字都认识啊,这个从哪学的?""哈哈,那旁边不就画着一只鸽子嘛!"

在教哲哲认字的过程中,感觉他的理解力与日俱增。以前汉字教了一遍就完了,现在他很愿意刨根问底。例如,一年前的"北京北站"在他看来不过是4个晚上放光的汉字。一次游泳回来路过北站,他对我说:"爸爸,北京北站是北京的火车站,因为在北边,所以叫北京北站,对吧?还有那个刀削面,就是用刀削,一条一条的,放在锅里煮的面,所以叫刀削面,对吧?"当时我的感觉是,这小子开窍了。

"起床了,咦,怎么湿湿的,啊,又干坏事了。当当,当当,又尿床了吧。当当尿了一条小鱼。小兔子,小兔子,又尿床了吧。小兔子呢……"一天晚上,哲哲拿着《小猫当当》,嫩声嫩气地读着。就在那一瞬间,我感觉他开始走进一个新的世界。很想告诉他,最好的学习就是自己读书,书中记录的虽是别人的故事,却都是自己受益的道理。

人生是一本厚厚的书,愿哲哲能读懂。

四、有关学习的成长片段

1. 知识不是力量,思考才是

宫崎骏

没事的时候,哲哲会看一些益智的电影。给他推荐了宫崎骏的《风之谷》《千与千寻》《小马王》等,他很喜欢,看后总会问我一些问题,如隐形飞机真的会隐形吗?真的有那么酷的滑翔机吗?《风之谷》里的那种炮艇,现在能用来打仗吗?

给哲哲讲了《风之谷》的创作背景以及宫崎骏这个人。他若有所思。看他深深思索的样子,我感觉到给孩子知识,不如引导孩子思考。

就像旅美作家南桥那本书所言，知识不是力量，思考才是。

恐怖片

看哲哲宅在家里有点无聊，带他去看周星驰的《西游》。

本来不想带哲哲去，但看到地方新闻报道这部片子如何好看，票房突破了4亿等，有点按捺不住。路上，他很兴奋，等到电影开演时，尤其是小女孩的爸爸被大鱼吃掉时，他嚷着害怕。安慰他再坚持一会儿，但后面的鱼精出场，更是血腥。

哲哲索性站起来，哭着离场："爸爸，太可怕了。我不看了。"把他送回家，回来接着看完。走出电影院时，不停地责怪报道该片为喜剧片的记者，真是不负责任，《西游》是典型的暴力加恐怖电影，暴戾之气太重，应划为R级片。

回家后，不住地向哲哲道歉。看来给孩子看的东西和吃的一样，要慎而又慎。

白埋了

坐地铁去国家博物馆，本义是让哲哲了解一下国家的历史，知道自己脚下的土地以前是什么样子。看秦始皇兵马俑的时候，给他讲了现代人了解历史的三个主要途径：一是口口传授，二是书籍记载，三是古墓挖掘。

关于古墓挖掘，讲得比较细。告诉他地下的东西一般保护比较好，而且古人认为死后会进入另一个世界，所以死之前都把很多好东西放在坟墓里。像秦始皇是中国第一个皇帝，所以他的坟墓里好东西更多。

"那现在坟墓里的东西都被挖出来了？"哲哲带着一丝遗憾问。"还没有，但也挖出不少了。"回答之后，又问他："看完了兵马俑，你有什么感受？"他一声长叹："哎，白埋了！"

我的身心瞬间受到巨大打击，给他讲了那么多历史，他却只看到了常情。用一位高中同学曾用的 QQ 签名——你却负了我的韶华——表示当时我的心情正合适。

不当人类了

终于赶上了适合哲哲看的电影。一个周末的下午,去电影院看法国纪录片《海洋》。看到渔夫将鲨鱼的鳍割掉,又将之扔到海里,小鲨鱼扭动着身体的情景,哲哲问我:"爸爸,小鲨鱼会活下去吗?""不能,没有手和脚,怎么活啊!"他顿时哽咽,说:"我不想当人类了。""为什么?""人类太残忍了。"

我不忍心看哲哲伤心,告诉他,当人类也挺好的,可以去保护这些鲨鱼,让它们自由自在地生活在海洋里啊。他的情绪终于有所好转。

在这个世界上,最富有同情和怜悯之心的,是孩子。最伤不起的,是童心。

2. 孩子是天生的艺术家

下棋

二年级一开学,给哲哲报了围棋班。他很喜欢,下得还算不错,一个学期下来,进步很大。后来参加围棋考级比赛,10 个对手他战胜了 7 个,顺利晋级,成为有段位的围棋选手。

没事的时候,哲哲爱凑到我身边,说:"爸爸,咱们比试比试吧,就一次,求你了。"于是,我放下手里的活,跟他对弈,每次都下很长时间。后来,他索性规定,每天必须和他下一场围棋,因为"这是一个当爸爸的责任"。

一开始的时候,他经常赢我。胜利之后他真的很开心,露出一副无比快乐的样子,还把消息广而告之。后来,我琢磨出了门道,胜率开始上升。败棋的他,脸色很难看,嘟着小嘴,差一点要哭的样子,偶尔控制不住,眼泪啪嗒啪嗒往下掉。

 真正的陪伴

我告诉哲哲失败的意义，他虽然不是完全听得懂，但明显有所改变，对弈的热情更加高涨了，甚至创造了一下子吃掉我三十多个子的大捷。

成长也许就是这样子的。

用心画

除了围棋，真正的绘画也进步很大。每一幅画很是那么一回事，我狠狠地表扬了他。他没有接受我的表扬，却反问我："爸爸，我有一个问题，你说为什么我照着画画不好，不照着画就画得好一些呢？""我觉得，你画得好是因为你的脑子里有了印象，想得更全面一些。""哦，我明白了，也就是说，照着画是用眼睛画的，不照着画是用心在画，而用心画才画得好，对吧？"

看来哲哲比我更有穿透现象直达本质的观察力。

艺术

告诉哲哲，跟绘画一样，其他种类的艺术也要用心去感受。

没承想，哲哲突然问我："爸爸，什么叫艺术？""艺术啊，就是让人心潮澎湃，深深感动的东西吧！""你说对了一半，我觉得艺术还是看上去或者听上去比较美的东西，就像法国的铁塔、中国的大熊猫，还有我前天晚上在北航音乐厅听的音乐什么的。"

咂摸哲哲说的话，感觉他对艺术的理解比我深刻。我只想到了内心的感觉，而他考虑了视觉和听觉、外在与形式，并隐含着如此定义：所谓的艺术，是形而下的美与形而上的善的完美结合。

有人说，孩子是一个天生的艺术家。其实，这句话也只说对了一半，孩子不仅天生就掌握了诸如画画、唱歌等艺术的形式，还深入了解了艺术的构成与内涵。

我们该拜孩子为师。

3. 充满求知欲的小学生

黑色

一天上学路上，哲哲凑到我跟前，好像有重大发现一般，对我说："爸爸，我发现啊，凡是黑色的东西，都爱燃烧！""嗯，何以见得啊？""你看啊，煤啊、烧烤的木炭啊、石油啊，都是黑色的！"我仔细一想，的确是这样。我们现在使用的燃料多是黑色燃料，污染很大。随后，引导他："你知道吗，你说的都是传统燃料，它们虽然好用，但都具有高耗能、高排放、重污染的特点，现在的绿色能源，像太阳能、风能、潮汐发电等，既没有污染，特别环保，也不是黑色的，未来社会就靠这些新型能源呢！"

哲哲似乎明白了一些。不过，他马上又嘿嘿一笑："爸爸，我还知道一种黑色却不爱燃烧的东西！""那是什么啊？""就是你啊，你是黑色的，但不能燃烧啊！"

他又开始调皮了。

考题1

晚上，和哲哲出去散步。夜幕降临，天空中偶有乌鸦飞过。

心血来潮，试探着问哲哲："爸爸考考你吧！""行啊，你说吧。""你知道哪些动物是晚上出来呢？"他想了很长时间，然后像吐葡萄皮一样，一个个地蹦出答案："老鼠、猫、狗、猫头鹰、萤火虫、蝙蝠……""那你知道这些夜行动物都有什么共同点吗？""它们呀，眼睛都很好。"

很欣赏哲哲的头脑。到家后，拿出夜间动物的科普书，跟他一起读，知道了夜行动物更多的特点，以及猫头鹰最爱吃的食物之一就是呱呱叫的青蛙。

跟哲哲一起翻书的时候，我似乎成了和他一样充满求知欲的小学生。

真正的陪伴

考题 2

进入六月下旬,每天都是三十多度的高温。哲哲喜欢吃雪糕,批发了一堆放在冰箱里。同时,自己想熬夜看欧洲杯,也买了一些饮料。

看我把东西都放好,哲哲过来考我:"爸爸,你说什么东西不能放冰箱?"我想了半天,憋出一个答案:"臭豆腐吧!"他哈哈大笑:"错了,是香蕉。姥姥说如果把香蕉放在冰箱里,一会儿就会烂掉的。你啊,真笨,还说自己是天才呢!"

三十多年的求学生涯,从未有老师告诉我这一点。被哲哲鄙视之余,我想着,什么时候我们的学校教育能离生活近些,再近些呢!

规律

某天外出吃饭,哲哲心情很好,拉着我的手,对我说:"爸爸,我发现一个规律。""什么规律?""就是啊,我发现时钟的分针都是 5 的倍数。你看指到 9 那,就是五九四十五,指到 3 那,就是三五一十五……"

想笑话他,人家乐乐 4 岁时就发现了这个道理。但转念一想,还是应表扬他,每个孩子不一样。在数学上,我家的哲哲终于开窍了,是个好兆头。

折纸老师

吃饭回来,哲哲兴高采烈地把我和爱人叫过来,要教我们用纸折一座小塔。

哲哲老师很认真,每个步骤都是反复地教,还画了一张步骤图,贴在墙上。仔细研究了他画的图,发现确实很切近实际,指导性强。看明白了其中的奥妙,我三下五除二,超越哲哲老师,完成了小塔的制作。

等哲哲妈也做完的时候,哲哲给我们打分:哲哲妈 100 分,我 99 分。问他:"我折得又快又好,为什么没有你妈妈的分数多?"

"因为你太快了,虽然你最后折出来了,但没有认真听老师讲,所以扣一分。"哲哲说。看来，认真听讲很重要。哲哲老师不仅教我知识，还教我要注意师道尊严，是个好老师。

4."你要多向科学老师学习"

×××小学

接哲哲放学时，被提问："爸爸，×××小学在哪？""啊？×××小学？你从哪里看到的？""书上啊，书上写着×××小学历史悠久，有突出的教育特色。""是这样啊，那你喜欢×××小学吗？""不喜欢，都是错号，要是让我选择，我就选择一个√√√小学。"

哲哲还不明白代码的意思，就像有人将"送亲友"听成了"宋青友"，但他的观点很有启发性，我们真的应该多给孩子打对号，即使做代指。

变态

哲哲求知欲越来越强，于是我常给他讲一些科学知识。

一次，他讲了一个关于遗传的趣事。小妹妹的妈妈陪小妹妹涂色，小妹妹的妈妈涂得又快又好。小妹妹看了一眼，说："妈妈，你色彩的感觉一定是遗传我的。"哲哲听后，说："我觉得小妹妹说得不对。遗传只能是爸爸妈妈给孩子的。""那你举例说一下。""其实啊，应该是我遗传了妈妈的画画。""那我呢？""你啊，画画那么差，属于变态的。""变态？变态是什么意思？""变态就是没遗传好。"

哎，那叫变异好不好！

科学老师

放学接哲哲时，他语调很平和地对我说："爸爸，你真应该向我们的科学老师学习。""为什么啊？""科学老师今天表扬我了，说我的画立体生动，画得特别好。""就这？也不至于让我向他学习吧？""不是，后来科学老师还说，小孩子比较慢，要耐心等他们做完，做多了就能快了。

 真正的陪伴

而你有时候总是催我,把我搞得很紧张,这一点你不如我们科学老师呢!所以啊,你要向科学老师学习。"

不得不承认,哲哲说得很有道理。他的话让我总结出两条,一是教育是慢的艺术,急性子的我还是没有做到慢养,以后真应该将"孩子,你慢慢来"落到实处。二是孩子是成人的老师,老师说话不能犯迷糊,要虚心听。

关于鸵鸟的为什么

又聊起鸵鸟的事。

我好为人师地告诉他,鸵鸟不会飞,是陆地上最大的鸟类,鸵鸟的蛋有一个气球那么大,鸵鸟奔跑起来时速能达到每小时60公里,像小汽车一样快。"那为什么遇到了敌人,鸵鸟不跑,反而把头埋在沙子里呢?"哲哲的发问让我一下子蒙住了。

憋了半天,憋出了"鸵鸟比较傻"的答案。"那为什么小鸵鸟也这样做,是小鸵鸟也比较傻吗?"我又蒙住了,不回答又怕被他鄙视,又憋出了"这可能是鸵鸟的习性"。

到家后,第一件事就是上网搜答案,然后告诉儿子真实答案,并诚恳道歉。还好他再一次大度地原谅了我。

网上的解释是这样的:鸵鸟这种避敌方法并不是因为惧怕危险,而是巧妙地利用强烈的阳光照射沙漠表面产生的反射光和热空气的漫反射光形成的强光层来保护自己。它把身体隐蔽在光层之下,头如同一架潜望镜一样窥伺敌人的动向。如果一旦被敌人发现,鸵鸟会奋起反击。它倚仗高大的身躯和强劲的腿,可以跟土人锋利的标枪较量,狮子、猎豹等猛兽也不能在短时间内使它毙命。

这件事让我深受教育:第一,不能好为人师,第二,不能不懂装懂,尤其在孩子面前,第三,不能为了维护所谓的权威死要面子,拒不认错。

否则,就成了那只"比较傻"的鸵鸟。

成长关键词之八：大自然

从哲哲两岁开始，每个周末，我都会选出一天，带他去市内的景点转转。路途远的就坐公交车，近的索性骑自行车，让他坐在后座上，一路说着、笑着、看着。我甚至把北京的景点罗列出来，以期两年之内全部逛完。

也许，童年的自然体验并不能带来一个好成绩，也不能在报考国外大学时加分，但我知道，自然缺失的潜在危险不可小视。试想，一代没有或鲜有自然体验的孩子长大后，他们听到沙漠化、泥石流、野生动物濒危这些字眼一定不会心疼，看到长流水、长明灯一定懒得伸手关上，他们喜欢选择方便的一次性用品、豪华的过度包装商品，那将是多么可怕的未来。

其实，笔可以记录生活，也可以记录大自然。而且，画笔记录的大自然带给孩子的，除了自己与自然亲密接触的时间、地点，回过头来还能在纸上感受景物的多彩、四季的变幻以及领略到大自然的呼吸。

著名教育家苏霍姆林斯基指出:"大自然不仅在智育中起着巨大的作用,在丰富儿童精神生活方面也起着同样重要的作用。"在大自然中,孩子得到的不仅是快乐,更重要的是得到了发展,大自然是孩子天然受教育的场所。

成长关键词之八：大自然

在一次全国书博会上，问及黑龙江省作协副主席常新港 30 年前的孩子和今天的孩子有什么区别。他说，彼时的孩子亲近自然，所以尽管没有好的环境，但那些孩子仍然长得枝繁叶茂。而此时的孩子被过剩的物质包围，远离自然，所以生出各种稀奇古怪的城市病来。

常新港的话道出了部分事实。在中国，只有 5% 的母亲说自己的孩子常常在大自然中探索，这是美国作家理查德·洛夫在其《林间最后的小孩》一书的中文版序言中提到的数据。在现代社会，儿童的生活"被去自然化"变得越来越普遍。

在美国，一项历时 10 年的研究指出，房间里看得见树的病人，比只能看见砖墙的病人要早一点出院；监狱朝向院墙的犯人，比朝向农田的囚犯生病概率要高 24%。近年来，越来越多的医学研究证明，与自然的直接接触对儿童的注意力缺失、多动症、抑郁症都有一定的治疗功能，对孩子认知能力的提高和压力管理也有帮助。

自然，能丰富孩子的精神世界，医治生活在不幸家庭孩子的创伤。虽然，自然也会让孩子感到恐惧，但敬畏其实自有深意。在《汤姆·索亚历险记》中，与其说是一个孩子在追求冒险刺激，不如说是一个男孩在

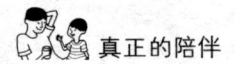 真正的陪伴

悄悄地向男人蜕变。

从哲哲两岁开始，每个周末，我都会选出一天，带他去市内的景点转转。路途远的就坐公交车，近的索性骑自行车，让他坐在后座上，一路说着、笑着、看着。我甚至把北京的景点罗列出来，以期在两年之内全部逛完。到他上幼儿园中班那年，我们几乎走遍了香山、植物园、动物园、天坛、国家森林公园、紫竹院和玉渊潭等所有北京市内的自然景点。

后来，带哲哲去清华大学、北京大学等院校，因为那里的荷塘、未名湖，也很美丽动人。半年下来，几乎走遍了北京所有的高校，尽管有些学校留给他的印象并不深。

再长大一些，每年的暑假，我和妻子都带着他去外地游玩。青岛的海滩、阳朔的梯田、北戴河的沙滩，他都很喜欢。看着他忘我地陶醉于海滨、山野，我几乎能感觉到一颗疯长的童心。

也许，童年的自然体验并不能带来一个好成绩，也不能在报考国外大学时加分，但我知道，自然缺失的潜在危险不可小视。试想，一代没有或鲜有自然体验的孩子长大后，他们听到沙漠化、泥石流、野生动物濒危这些字眼一定不会心疼，看到长流水、长明灯一定懒得伸手关上，他们喜欢选择方便的一次性用品、豪华的过度包装商品，那将是多么可怕的未来。

前苏联教育家苏霍姆林斯基曾经指出，大自然不仅在智育中起着巨大的作用，在丰富儿童精神生活方面也起着同样重要的作用。在大自然中，孩子得到的不仅是快乐，更重要的是得到了发展，大自然是孩子天然受教育的场所。

而且，孩子是属于大自然的。他们在大自然中嬉戏，玩耍，给童年的生活抹上了绚丽多彩的一笔。在这幅美丽的画面中，有小伙伴在草地上奔跑嬉戏的身影，有孩子们在沙堆泥块里忘我堆积的场景，也有他们望着蓝天上的白云发呆、沿着小溪到森林里探险的经历。这一切，都将

成为他们一生中最珍贵的童年记忆。

大自然也是最好的老师。所谓行万里路,胜似读万卷书,丰富多彩的大自然能让儿童开阔眼界。明媚的阳光、新鲜的空气、千变万化的自然景观、包罗万象的科学知识是大自然为孩子健康成长而准备的营养品。让孩子多接触大自然,不仅可以健壮孩子的身体,而且可以扩展孩子的眼界,让孩子学到无穷无尽的知识。

那些奇妙美丽的自然环境,那些千姿百态的形、声、色等自然景观,无疑为孩子的教育提供了真实的、鲜明的、活生生的丰富物质条件,在对大自然的广泛接触和不断观察与探索中,孩子获得的是直接而具体的经验,这会激发起他们的好奇心和求知欲,调动他们自主学习、探索、思考的积极性,在他们的心里埋下科学的种子。诸如达尔文、梭罗等科学家、文学家,都是在与大自然的亲密接触中萌发了兴趣,并最终走上科研或文学之路的。

大自然与孩子在天性上是相通的。如果有时间,带上孩子,投进大自然的怀抱,接受一次心灵的洗礼吧。

一、该如何去亲近大自然

在《林间最后的小孩》一书中,有这样的描述:

> 一个女孩讲她在树林里的秘密花园:"我有一个秘密花园,那儿有一个大瀑布,旁边还有一条小溪。我在那里挖了个大坑,有时我就带个帐篷过去,然后我就躺在坑里,看着上面的树和天,有时我就这么睡着了。那儿好像就是我的地盘,我干什么都可以,也没人会来烦我,我以前几乎每天都去那儿。"说到这儿,她的脸涨红了,声音也变得低沉起来,"后来他们把树砍了,我生命的一部分好像也被他们砍掉了。"

 真正的陪伴

生命的一部分被砍掉了，意味着什么？其实，大自然与儿童有着天然的联系，甚至可以说儿童是大自然的一部分。在传统的中国与西方社会，儿童与大自然是亲密无间的，儿童与自然界中的鸟兽、花草相处的故事，在玛丽·波·奥斯本的"神奇树屋"系列、米拉·洛贝的《苹果树上的外婆》中都能看到。其中描绘的树屋世界是那么让人留恋，在孩子心目中几乎留下了难以忘怀的记忆。

然而，现代社会丰富的物质和发达的信息，使得孩子们越来越喜欢沉浸在网络世界，远离自然。对于父母来说，让孩子走进自然，体验自然成了当务之急。

1. 不同年龄亲近自然的方式不一样

在爱人怀孕期间，我和爱人去了一次北京延庆的龙庆峡，美其名曰"吸收大自然的灵气"。那时的龙庆峡游人不多，风景优美，山清水秀，空气清新。当哲哲逐渐长大，我发现他身上确有一股灵秀之气。对此，我宁愿相信这是当初带爱人到处游山玩水的先见之明。

我从小就在农村长大，在绿意盎然的田野与山间呼吸。小时候没觉得有什么，长大后才发现，那种在纯粹的大自然中成长的经历，确实是一种难得的宝贵财富。美丽神奇的大自然不仅让我认识了众多的花花草草，与更多可爱的动物、植物相处，还丰富了我的情感，让我对事物的每一丝变化清晰可感。每每到了下雨、下雪天，我都会觉得格外亲切，不经意地想起儿时愉快的往事。

在内心里，我希望自己的孩子也与大自然成为亲密的伙伴。于是，在哲哲刚刚会走的时候，我就经常带着他到户外晒太阳，到小区的绿地看花草，听鸟叫，玩沙子。那时的哲哲很喜欢摘蒲公英，毛茸茸的一团放在嘴边吹，一个个小飞伞伴着他的口水翩翩起舞，格外有趣。那一瞬间的相片，直到今天再看，也觉得很美好。

需要指出的是，1岁左右的孩子有点小，并不适宜远游，因为孩子还

不太会走路，父母抱着他们长途跋涉很辛苦。而且，襁褓中的孩子抵抗力很弱，万一在途中得病是件很麻烦的事，所以在家附近多走走、多看看，对孩子来说，就是很适合的运动。等孩子大一点，父母们可以选比较近的路线，去领略较近处的风光。住在西直门附近以来，我经常骑车带着哲哲去动物园、北海公园、玉渊潭、紫竹院公园等，一去就是多半天，逛完了，逛累了，出来吃饭，然后开开心心地回家。

而等到孩子五六岁了，就可以带他们远游了。2011年的五一节，我们全家人去了广西阳朔，一起爬山、坐船、骑车远行。一路上，哲哲精力旺盛，丝毫没觉得累。看到龙脊的梯田，他感到很震惊，赞叹"这里简直太美了"。2012年夏天，我们全家去了泰国的普吉岛。这次出游他更加兴奋，因为到处是可以游泳的地方，几乎整天泡在泳池里。尽管一个多星期下来，我们都晒得黑黑的，但心情都非常愉快，可谓一次难忘的旅行。我也计划着以后每年都带哲哲出去玩，去体验魅力无限的大自然。

我的一位有心的同事自从孩子5岁之后，就一直带着他参加"自然之友"组织的观鸟活动。有时候，他们要走很远的路，但都坚持了下来。随行的有很多鸟类专家，活动中孩子们不但领略了优美的自然风景，还收获了很多有益的很多书本上学不到的知识。好几次，我也想参加，但因为时间上冲突均未成行。我建议，有条件的家庭，不妨多参加类似的活动。

实际上，亲近大自然，不但对孩子成长有益，也能锻炼孩子的意志。孩子出门旅游必定会尝到旅途的辛苦，要克服一些困难，这对其意志力也是一次很好的锻炼。此外，孩子陶醉于大自然中，身心都获得了欢娱和休息。更重要的是，这是一种与宅在家里玩电脑完全不同的感受，会让孩子记忆一生。

哲哲6岁时，我们全家去了锦州的笔架山。出发之前，我和哲哲妈仔细搜集了网上的野营攻略，准备好了野营的工具、食物、药品和其他物品，哲哲也全程参与。到了目的地后，发现天色阴暗下来，像要下雨

 真正的陪伴

的样子。在回去还是继续的问题上,我们采取了民主表决的方式,最后我和哲哲决定迎难而上,2 比 1 通过在雨中扎营。其实,扎营非常有讲究,四角要扎稳,不能选择洼地,那样容易积水,同时要考虑帐篷的开口不能迎向雨。在此过程中,我一边给哲哲做示范一边给他讲解搭帐篷的技巧。

哲哲也乐于参与和帮忙。在他看来,搭帐篷就是玩。前前后后他表现出了在家所没有的勤劳劲头,越来越大的雨点也让他觉得好玩,还嚷嚷着"晚上就住在帐篷里,不住宾馆了"。幸运的是,雨来得急去得也快,当乌云散去,彩虹出来,哲哲高兴得又蹦又跳,主动拍了好多照片。然后我们在海边捉小螃蟹、小海鱼,还捉了几只水母和海蜇。他把捉到的东西放到瓶子里,看到其他小朋友就炫耀,还说很多是他自己捉的。

后来,回到北京,他总是跟我说:"爸爸,咱们什么时候再去锦州吧,那里实在太好玩了。"

等到哲哲再大一点,我计划开车带他到更远的地方玩,例如西藏、青海等地。也许过程会比较艰辛,但相信每到一个地域,他都会有不同的感受与体验。如果哲哲上了大学,我希望他能像很多欧美的学生一样,如龙应台笔下那个亲爱的安德烈,到世界各地游历,感受异域的风土人情。

也许,某一天,这些经历会给他的人生带来意想不到的转变。

2. 鼓励孩子在大自然中记笔记

2012 年 5 月,绘画老师带着哲哲班上的同学们去中华民族园写生。

二十多个小朋友坐在小板凳上,看着眼前美丽的景色,在画板涂涂抹抹,温暖的阳光照在身上,让人感觉艺术家的生活也不过如此。

许是喜欢上了这种写生的感觉,到了晴朗的周末,哲哲央求我带他到国家森林公园等地继续画画。而每次回家,小家伙都很高兴,我看着他画的小山、湖泊和绿树,以及树阴下三三两两的游人,也觉得野外写

生对孩子的成长大有裨益，于是决定将之"制度化"。

其实，笔可以记录生活，也可以记录大自然。而且，画笔记录的大自然带给孩子的，除了自己与自然亲密接触的时间、地点，回过头来还能在纸上感受景物的多彩、四季的变幻以及领略到大自然的呼吸。

实际上，在欧美发达国家，很多父母常常带着孩子走进大自然，不是简单的停停看看，而是带上画笔，描绘下看到的动植物。

美国学者杰克·伯顿（Jack Borden）一直主张在孩子中小学时期多带孩子走进大自然，并呼吁将自然日记作为学校课程的一部分。为此，他专门主持了"为了辽阔的天空"项目。有人这样描述这个计划：春季一个乌云密布的日子，伊莱恩·弥赛亚与马萨诸塞州尼德汉姆市米歇尔小学五年级的孩子们一起搬着椅子，带着笔记本、墨水笔鱼贯而出。在翠绿的草坪上，他们三三两两地把椅子放到不同的地方，仿佛草原上遍地开着的野花。很快地，他们不再吵闹，开始按部就班地工作：一边观察天空的样子，一边在自己的"天空日记"里写下观察到的现象。

其实，无论身在什么地方，无论是室内还是户外，都可以记自然日记。蓝蓝的天空，或是可爱的小动物，或是郁郁葱葱的植物，都能展开观察，用自己的笔画下来。在这方面，前面说到的同事的孩子参加"自然之友"组织的观鸟活动就很好。活动过程中，同事和孩子都带着画笔和画板，画下看到的各种好看的鸟类和植物，不时地还得到鸟类专家的指点。几年下来，孩子的观察能力极大提升，绘画水平也与日俱增，一张张绘画编成画册，吸引了众人羡慕的眼光。

鼓励孩子写自然日记大有裨益，也是一种非常好的习惯。孩子都是天生的画家，观察能力强。而且，大自然那些看似朴素的外表，内在里都饱含着鬼斧神工一般的神奇。更重要的是，自然日记能让孩子沉下身心，全身心地享受与自然合而为一的那种感受。

《笔记大自然》的作者克莱尔·沃克·莱斯利就如此写道：当我带着自然日记出去画画时，我会做如意识流一般的笔记。笔记可以用作教学

真正的陪伴

内容，画画的对象或者故事的情节。你看到的不是我的想法，而是我的心灵。当我画画时，就觉得文思如泉涌，而且整颗心都躁动起来。但是，我的自然日记最亲切的地方在于，当我画下大自然的时候，它会让我安静下来，让我的心灵得到提升。

当孩子长大后，再次翻看日记中所记录的所见、所闻和所感，字里行间便能勾起一种联想，想起那些去过的地方，那些美丽的风景，那些想陪伴的人，以及那些难忘的经历。除了你自己，没有谁能让你重新体味所走过的路、所见过的景色、所经历的故事。

哈佛大学教育学院曾对尼德汉姆地区参加杰克·伯顿这个项目和未参加过项目的小学生进行测验。结果显示，参加项目的孩子在音乐欣赏能力方面要比未参加项目的孩子高出37%，文学技巧方面高出13%，目视技巧方面高出5%。实际上，让孩子坚持笔记大自然，给予孩子的不只是这些能力，还包括不可复制的情感经历和人生体验。

3. 出游前宜做好几种准备

每次带哲哲出去前，我都会做一些准备。

首先是技能层面的准备。就像去泰国之前，他已经在专业教练的指导下学了两年游泳，算是比较不错的游泳选手了。哲哲六七岁时，带他去动物园、天文馆时，我和他各自骑着一辆自行车去，他的小，我的大，但速度相当，十几分钟的路程，一起说说笑笑，转眼就到了。那种相伴而行的感觉让我非常怀念，常常和哲哲相约周末再出去玩。

有一段时间，我和妻子一直积极地和哲哲用英语对话，因为我们希望带他去美国或欧洲走走看看。说实话，哲哲学习英语的兴趣并不高，但一听说要去国外旅游，而且去的地方说的都是英语，立刻感觉如果自己不努力学，恐怕也不是个事。于是，和我们对话完毕，他很自然地也拿起英语复读机，在他的房间里跟着读。

其次是知识层面的准备。为了激发哲哲的科学热情，我买了很多科普书，经常给他读，也帮助他分析总结，有时甚至一起做实验，探究科学的奥秘。例如，"可怕的科学"系列就罗列了很多好玩的科学实验。我也看一些有趣的有关动物和植物的书籍，看完了就会去动物园、植物园或国家森林公园等地，对照着书中的知识，寻找认识的动植物，探讨它们的特点。遇到不认识或不熟悉的，就拍一些照片，拿回来或上网或翻书寻找答案。

去公园景点如此，游览文物古迹也是这样。其实，不管是自然风光还是古迹建筑，往往都有悠久的历史，旅游过程中给孩子讲解一番，无形中能丰富他们的历史和地理知识。就像每次去颐和园，我都会租借一个讲解设备，一是怕自己犯误人子弟的错，二是不想因哲哲提问自己答不出来而被他鄙视。

再其次是物品方面的准备。出游之前，物品准备要充足。一次，带哲哲去植物园玩，虽然有点阴天，但感觉不会下雨，坦然地坐车去了。没想到进了植物园，突然下起了暴雨，更不幸的是当时没有避雨的地方，最终我俩都被淋成了落汤鸡。从那以后，再出门时，我都习惯带一把雨伞，以防万一。

我也建议父母们，夏天出去游玩的时候，最好给孩子抹上防晒霜。小孩的皮肤太娇嫩，万一被强烈的紫外线晒伤，大人和孩子都遭罪。而且，由于年龄较小的孩子内耳的前庭功能发育尚不成熟，可能出现晕车、晕船现象。这是一时性的病理反应，主要表现为头晕、恶心，甚至呕吐等，加上夏天可能会有蚊虫叮咬，所以还要做好药品方面的准备，尤其是去野外游玩时。

出游也是锻炼孩子的好机会。出发前，不妨让孩子自己打包行李，带上玩具，促使孩子从小养成整理物品和提前计划的习惯。或者让孩子带上笔记本，旅行的路上累了就停下来，写写旅行日记，既使身心得到了休息，又留下了美好的回忆。

 真正的陪伴

二、"每个孩子都应该多亲近自然"

——对话世界著名野生动物保护学家乔治·夏勒

"鼠兔，小小的身体，没有尾巴，住在洞穴里，是兔子的近亲。鼠兔在青藏高原广阔绵延的草原上生活，凑近了看，它们有着亮晶晶惹人喜爱的眼睛，短而圆的耳朵……"

不久前，一本科普图书《好鼠兔》悄悄地摆在了全国各大书店的书架上。让人感到意外的是，该书作者是被誉为世界上三位最杰出的野生动物研究学者之一的乔治·夏勒。

乔治·夏勒，世界著名野生动物保护学家。1980年，他应邀来到四川卧龙地区，对中国的大熊猫进行行为学研究。1984年，他成为首位得到中国政府批准进入羌塘无人区研究野生动物的外国专家，并第一个把藏羚羊数量急剧减少与绒毛贸易相联系，使沙图什背后的血腥公布于众。他还获得过世界自然基金会的金质勋章等多项荣誉，成为世界动物保护运动的楷模。

这样一位家喻户晓的野生动物保护学家，为何将视角转向自然界的小小生灵？为何要写作这样一本趣味十足的科普图书？通过这本书他期望达到什么目的？

《好鼠兔》这本书是专门写给孩子们的

2005年，当乔治·夏勒和北京大学保护生物学教授吕植在青藏高原考察野生动物时，发现生活在那里的鼠兔正在被当地居民大面积屠杀，很多地方采取的是投毒的方式。后经了解，原来近半个世纪以来，通过投毒虐杀鼠兔的现象一直存在，且愈演愈烈。因为当地政府认为，鼠兔是草原退化的肇事者。

从现实来看，鼠兔是灭不完的，它可以藏在洞里，有很强的繁殖能力，两三年之后能再次恢复数量。但微妙的自然生态系统却因人类的投毒行为而被破坏，捕食鼠兔的其他动物数量急剧减少。经过长期的观察，

夏勒发现，鼠兔不仅对草原是无害的，而且对植被保护以及维持青藏高原的生物多样性有着至关重要的作用。后来在吕植的建议下，夏勒决定写一本有关鼠兔的书。

每次开始创作，夏勒习惯先选择特定的物种，深入其所生活的生态环境，并全身心地进行考察研究，如为了写《最后的大熊猫》，他断断续续地在四川卧龙考察了16年；写《青藏高原上的生灵》，他在藏北展开了长达十几年的调查。在对物种进行行为学研究的过程中，他越来越发现，这些动物的存在价值并没有得到充分认识，它们的生活环境也遇到了严重的威胁。于是，在写作过程中，他不知不觉地希望能够用客观的事实与鲜活的文字，使得这些物种的生活境遇相对好一些。

但与《塞伦盖提的狮子》、《最后的大熊猫》等作品不同，夏勒说，《好鼠兔》一书是专门写给孩子们的。在创作时，他特意采取寓言故事的形式，展现鼠兔的生活习性。书中的12个小故事既介绍了鼠兔泽仁一家的日常生活，也通过泽仁与生活在青藏高原的狼、山羊、兔子、狐狸等动物的对话，道出了草原生态的秘密，以及动物保护的重要性。该书插画作者何南燕为了真实呈现青藏高原的自然风光与风土民情，几次远赴青海深入考察。两位译者吕植和国际野生生物学会中国项目主任康蔼黎，也都有长期在藏区实地考察和生活的经历，均为动植物保护方面的专家。

在《鼠兔和无知的扎西》一则故事中，夏勒间接阐述了鼠兔对于草场的保护，并通过扎西儿子嘎玛的疑问来反映父亲的错误观点："可恶的鼠兔，看看它们都对我们的草场干了些什么——把所有的草都吃光了。我要向上面反映，让他们快点发毒药把这些小东西都消灭光……"而之所以如此设计情节，夏勒表示，扎西不一定象征着人类的无知，而是象征那些缺乏思考、对传达的信息不予分辨的人。他希望所有的孩子都能像嘎玛一样，多问几个为什么，不轻信不盲从，有自己的判断和思考，"这样的孩子更有希望"。

据了解，夏勒向藏区的几十所中小学赠送了上千本藏文版《好鼠

 真正的陪伴

兔》，同时他承诺将全部版税捐出来买书送给藏区的孩子们。事实上，夏勒非常希望孩子们能从书中明白鼠兔之于草原的重要性，感悟草原上各种生物间的微妙联系，最终懂得"珍惜自然，你会得到回报；伤害自然，就是伤害自己的生活"这一道理。

"我希望所有青藏高原的孩子们都能读到这本书，因为在不远的将来，他们将是这里的主人。他们对鼠兔以及自然的态度，决定着这片土地的未来。"夏勒说。

在自然中每个动物都有自己的位置

一天，天气很暖和，嘎玛躺在草地上，懒懒地看着天空。嘎玛忽然想起了妈妈常说的生命轮回：每个生命都依赖于其他的生命，在生命的轮回里都有属于自己的位置。所以，人们应该特别小心，因为他们在伤害一种生命的同时，会影响其他许多生命。鼠兔和它们的洞穴以及狐狸、鹰、雪雀和苍蝇，在生命轮回中都是不能缺少的。

嘎玛妈妈的话其实也是夏勒在包括《好鼠兔》在内的著作中想表达的思想。夏勒曾在许多场合表示，所有的动物都是好的，在大自然中都有属于自己的位置，而人类与动物其实完全可以和谐相处。他举例说，在野外考察的时候，有时他可以看到几只狼在不远的地方始终跟着他们，但夏勒不会骚扰它们，它们也不会骚扰夏勒，就像路人甲与路人乙一样，是完全平等且互相独立的关系。

但是，随着人类不断侵蚀动物的生存领地，大自然与人类之间的关系变得越来越紧张。夏勒认为，影响人类与自然之间关系的重要因素之一，是不断持续的城市化进程。事实上，美国也经历过城市化进程。在夏勒看来，城市化带来的环境问题一直存在，却一直没有一个妥善的解决方案。即使在2009年举行的哥本哈根国际气候大会上，各国也没有达成一致意见。"在这方面，美国做了一个非常不好的典范，5%的人消耗了95%以上的能源。如果这一矛盾得不到解决，这种糟糕的状况会持续

下去。这不是一种悲观的表达,只是对现状的一种描述。像印度、巴西等几个金砖国家现在都处在崛起的过程中,人类与自然之间的矛盾将进一步突显。"

夏勒认为,人类与动物之间未来的关系,取决于人类自己的选择。假如青藏高原特别是三江源、可可西里、羌塘那一块被誉为亚洲水塔的区域环境好起来,对长江下游的大城市来说将很有益处。假如人类依然大肆投毒鼠兔,将产生一种很不好的状况。相反,如果用其他方法合理控制鼠兔,对于青藏高原的动物和人类来说,都是一件好事。其实,人类可以改变自己的行为,让自己与自然的关系向好的方向发展。

"回首过去的 30 年,中国的野生动物自然保护变化是很大的,其中之一就是从那时的五十多个保护区增加到现在的两千多个以上,如西藏现在已有 1/3 的土地被纳入自然保护区,很多物种受到更好的保护。"夏勒说,当地人的环境保护意识也在逐渐增强。30 年前,他刚进入青藏高原的时候,和当地的人谈自然保护,没人理解"保护"这个词的意思。现在则可以看到越来越多的人加入到环境保护中来。"我最大的心愿是希望越来越多的人能理解并意识到自然的重要性,意识到他们做的每件事都会影响到自然,而这个自然其实是他们给予下一代的最好馈赠。"

孩子没时间亲近自然是个大问题

对于孩子尤其是城市孩子被电子设备所吸引,甚至沉迷于网络游戏,夏勒并不是十分担忧。他告诉记者,关键是如何引导。如果注意引导孩子热爱自然、亲近自然,即便是玩电子游戏,如果其中有自然元素,孩子还是可以从中学到有益的知识。他建议父母和孩子多阅读一些科普著作。在了解不同的信息后,再走进自然,能发现自然中出现的问题,并想办法考虑如何解决。"在北美,许多父母会带孩子到动物园,或者养一些小动物、小植物,让他们观察它们如何生活、如何长大,帮助孩子建立和动植物之间的感情。"夏勒表示,30 年前,中国很多家庭在

 真正的陪伴

经济上相对拮据，现在很多年轻父母有机会带孩子去不同的地方探索自然、认识自然，这是时代的进步，效果也很明显。

在培养孩子的环保意识方面，夏勒坦陈，中美之间还有一段差距。"美国的中小学开设了很多与自然和科学有关的课程，相关书籍非常丰富，教师也普遍有较强的科学意识。我希望中国的中小学能积极渗透更多的自然教育元素，编写出更多更好的教材。其实，这方面的材料相对来说比较丰富，重点在于教师是否愿意将其纳入具体的教学中，如讲某个词语、阅读某篇课文时，是不是能适当加以引导。另一方面，教师需要理解所讲的自然知识，而不是像扎西一样简单地做一个'传声筒'。实际上，在美国，很多教授都接受过科学教育方面的培训，使他们具备正确讲解和科学引导的能力。学校也经常创造机会让孩子多亲近自然。"

"虽然每个人通过传媒看到了很多的自然风光，如美国国家地理频道就专门介绍自然方面的内容，但是，自然其实存在于每个人的生活中，每个人所生活的空间、所接触到的东西都是自然的一部分。"夏勒说，如果在描述生活或传授生活技巧的过程中，脑子里能有环境保护的大概念，就能不知不觉地将自然教育渗透到传统的教育内容中。现在许多国家的教育一个最大的问题，就是孩子在作业和考试上花费了太多时间，没有时间亲近自然。

而更多的孩子能走进自然、探索自然，无疑是乔治·夏勒的心愿，也是他未来工作的重点。他的两个孩子在小时候有很长时间与野生动物近距离接触，目前从事的也都是与生物、自然保护有关的工作。但他也承认，回首半个多世纪的动物保护生涯，他感到最遗憾的就是没有向更多的人传递保护环境的信息，与更多的人讨论自己的想法。

夏勒说："自然界里的生物都那么美，它们也有权利与人类一起生活在这个美丽的星球，人类甚至需要这些动植物提供各种生活资源。其实，与自然和谐相处，让每个孩子热爱自然，最终受益的还是人类自己。"

三、有关大自然的成长片段

1. "这真是野餐的好地方"

节日

清明节放假三天,带哲哲去奥林匹克国家森林公园散步。

哲哲玩得很高兴,跟我说:"爸爸,要是每天都是节日就好了。""怎么可能,小朋友还得学习,大人们还得工作。不过,一年里节日很多的,像一月份有元旦,二月有春节……""对,还有儿童节、教师节和圣诞节呢!"他又做了不少补充。"那你最喜欢哪个节日呢?""我最喜欢愚人节。""嗯?为什么?""这一天可以堂堂正正地骗人啊。就像刚过去的愚人节,是妈妈送我上学的,我就骗妈妈说爸爸在楼下等她。然后,她就上当了,嘿嘿。"

也许,符合孩子天性的,只有这个节日吧。

野餐

去紫竹院公园,哲哲在公园的书摊流连了近半个小时,最后让我买了一本奥特曼的图画书。之后,看河边的小麻雀,又专注了20分钟。

我感觉哲哲真是有长进,有定力,爱学习,爱动物,俨然是脱离了低级趣味的高级的人。继续往前走,路过梅桥,桥上凉风习习,感觉很好。他突发感慨:"这里真是个适合野餐的地方。爸爸,你要是能变出一盘烤鸡翅,就更完美了。"

最舒适的地方用来吃饭,哲哲的一句话推翻了之前所有对他一厢情愿的美化。

放回大自然

紫竹院门口有一个卖蝈蝈的。哲哲没见过蝈蝈,跑过去看。不一会

儿，屁颠屁颠地跑回来说："爸爸，那个虫子会叫，而且一个才5块钱，咱们买一个吧。""你现在只想着吃和玩，你能保证照顾好它吗？""哎呀，我不想把它当宠物，我就想买一个，然后把他放回大自然。"

我很想成全哲哲的善良。但觉得还是给他买个小甜筒更实在些，呵呵。

出游

清明节后没多久，哲哲班级组织了一次春游，到昌平区洼里的体验园采摘。因为我有事，哲哲妈陪他去的。回来后，哲哲妈明显有点不高兴，告诉我："你儿子真是个跟屁虫，一直在张老师后面，跟她说的话比开学到现在说的都多，还说张老师你真漂亮，比我妈妈都漂亮。"

我猜哲哲妈是吃班主任的醋了。问哲哲，出游的感觉怎样，说："挺好的，闯关游戏很成功，还和张老师一起挖花生和红薯了。回来的车上，还跟张老师坐在一起，我们聊僵尸了，我问了张老师几个问题，她都回答不上来。"

喜欢班主任是件好事，对老师深深的爱的背后，是无限的信任与依赖。

2. 萦绕在乡间里的笑声

小小发动机

五一假期，去桂林游玩。

在阳朔租自行车出去的时候，我和哲哲一组，爱人和岳母一组。青山绿水，乡村小路，景色宜人，骑行其间确实是一种享受。大部分时间，哲哲坐在后面问东问西，有时太累了就让他蹬几下，并取名为"小小发动机"。如此称呼，果然让他力量迸发，我也省了不少力。

中途，哲哲喝了一点山泉水后，继续前行。半小时后，"小小发动机"表示不行了。"是没有汽油了吗？""嗯！没油了！""你刚刚不是喝了汽油吗？""你说山泉水啊！我怀疑那汽油是盗版的！"

在哲哲那里，一切不对心思、不符常规的东西都是盗版的。大树还小，当"小小发动机"喝了"盗版汽油"，我就成了汗流浃背的骆驼祥子。

火爆辣椒队

和哲哲骑车飞快。看着远远落在身后的妈妈和姥姥，他又活跃起来："爸爸，我们这么快，给自己起个名字吧？""好啊，你觉得什么名字好？""叫超级地刺王队，怎样？""不够厉害，换一个！""那叫末日菇？""末日这个词不好，好像我们要 OVER 一样。""那就叫樱桃炸弹队！""嗯？怎么都是植物大战僵尸里的名字啊？""对啊，我喜欢嘛！""这两个都不厉害，再换一个！""那就叫火爆辣椒队吧！"说完，哲哲背起了中少社"植物大战僵尸丛书"的歌谣，好像是著名作家金波写的：天生脾气最火爆，一炸炸一串，僵尸全烤焦……

哲哲笑声嘹亮，回声萦绕在乡村田野间，在我听来这声音极其的美。

探险

在阳朔的十里画廊，骑了十多公里的自行车，有点累。

停下休息的间隙，带哲哲爬一段野山，美其名曰"探险"。他很喜欢这个节目，以致后来经常要求去人迹罕至的地方探险。跟他一前一后走在田埂上，趟过小河，或者爬陡峭的山坡，甚至遇到一棵弯弯的小树，都觉得是一件很惬意的事。

想起儿时的自己总是喜欢和一些小伙伴，流连在广阔的蓖麻地、无边的稻田或村后那片日渐稀疏的树林里。而哲哲心中的探险，其实就是全身心地投入大自然。突然想起美国专栏作家理查德·洛夫的那本《林间最后的小孩——拯救自然缺失症儿童》。未来的日子里，我也许应该多带他去探险，将全部身心抛在那一片绿色中。

 真正的陪伴

英语很重要

以前总跟儿子说,学好英语很重要,但他不怎么听。

在阳朔的江湾酒店入住时,碰巧遇到好多外国小朋友。由于是同龄人,没多久,哲哲就和他们打成一片,但语言交流并不多。哲哲曾经指着我,对他的新朋友格蕾丝磕磕绊绊地说:"dad,it,it is my dad!"明显把我当成没有生命的木橛子。

后来,问哲哲:"你虽然学了英语,但与人交流还是有障碍吧?这回你知道学好英语的重要性了吧?"他使劲地点了点头,说:"等我回去好好跟老师练习口语,将来向外国小朋友发表非常长、长到1小时的演讲。"

这可是一个雄伟的梦想,我祝愿哲哲美梦成真。

老外的教育

在阳朔见到很多老外。仔细观察后,初步总结出几条规律。一是外国家庭大多有好几个孩子,极少独生子女。二是从未听见他们对子女大喊大叫,如我们一样呵斥孩子这也不行那也不许。三是他们一点也不"关心"孩子,亲眼见到泥泞的乡村小路上,一对年轻的爸爸妈妈骑着自行车,爸爸的背包里带着一岁多的哇哇大哭的孩子,在斜风细雨中飞奔而去。四是全家旅游的居多,随处可见上了年纪的老人。五是他们闲暇时都在阅读,或者纸质书,或者在iPad上读电子书。

老外的教育的确有可取之处。只带孩子远游这一点,就值得我们学习。

3. 大自然有一种神奇的力量

意思

暑期休假,和哲哲回老家。在广袤的黑土地上,他兴奋了几天后就嚷嚷没意思。于是,带他重温自己童年的游戏:用蜘蛛网捕蜻蜓、用蚱蜢钓青蛙、下水趟小河、做弓箭射小鸭……玩了一遍后,他兴致高涨:

农村太好了，咱们不回北京了。

都说大自然是童年最好的朋友。此一时彼一时的两重心境，背后也许是对自然的重新发现吧。

区别

让哲哲说说城市与农村的区别，他张口就来：农村有大自然、大粪，房子比较矮，比较破，但空气新鲜，能听到鸟叫，到处是绿色，夜里非常安静，可以看到许多许多的星星。城市楼很高，车很多，人也多，比较吵，但有电脑，还可以看电影……

发现他说某一事物都是"一方面、另一方面"的思考模式，原来他已能熟练使用二分法，而且观察得也蛮细致。其实，相对于自己的成长经历，我觉得有农村生活的经历是件好事，广袤的大自然是人类的童年所在，更是适合心灵栖居的地方。

如果可能，我愿意每年都带哲哲回自己出生长大的村庄。

大自然

看《林间最后的小孩》，很有感触，跟哲哲说："你知道吗？大自然有一种神奇的力量。在真正的大自然里，动物一般都不吃人的。"并举例，著名野生动物保护学家乔治·夏勒在野外考察时，有野狼尾随，但他并不害怕，因为他知道野狼不会轻易侵犯人。

哲哲听后，也拿出科学家的口气，说："我知道，其实啊，食肉动物都不吃食肉动物的。你看人，是吃肉的，但老虎和狼不吃人，老虎也不喜欢吃狼，只爱吃食草的动物，像什么羊啊、牛什么的。"

发现他的分析能力越来越强，看来他的未来又有了新的变数——成为如夏洛克·福尔摩斯一样的大侦探也未可知吧。

 真正的陪伴

捉迷藏

进入严冬的时候,带哲哲又去了一次紫竹院公园,以完成他滑冰的意愿。

本来租了双人,想和他一起滑,没想他执拗地要求一个人滑,还要和我比赛。一个多小时,他又是与人组长龙,又是倒着滑,又是与我比赛,玩得不亦乐乎。

玩够了,从公园出来,路过一棵巨大的古树。哲哲说:"爸爸,给我和这棵大树照一张相吧。"然后,躲在树后,露出白嫩的小脸,摆出一个灿烂的笑容。

按下快门的时候,我的脑海里突然浮现《爱心树》里的画面,感慨哲哲真的长大了。记得几年前也曾经拍过类似的照片,那时的他还是一个懵懂无知、声音嗲嗲的小孩,只想着玩完了去吃比萨……时间过得真快,一转眼若干年啊。

多年后,当哲哲长大成人,他能否还会藏在树后让我拍照呢?

明确家庭教育中的十项优先重点,
为孩子塑造能够成就自我的优秀品格!

扫码免费听《父母最艰巨的工作》,
20分钟获得该书精华内容。

成长关键词之九：学校教育

从事教育新闻报道这么多年，我越来越发现，如今的学校距离理想的教育还很遥远……所以，孩子上学之后，我不但没有轻松感，反而更加注重对他的培养。……我希望哲哲不受标准化考试的影响，永葆对事物的好奇心，愿意发问和观察思考。

我建议父母们要警惕凡事争第一的观念。这一点是当前学校教育最大的弊病……受此熏陶，孩子从小就爱争第一，对分数、对排名过于看重，培养出一些斤斤计较的唯分数至上者，这其实并不利于孩子的未来成长。

教育专家孙云晓也说，男孩的学习更倚重于体验，缺乏体验使男孩对枯燥的书本学习丧失兴趣，从而危及他们的学业表现。如果不了解或无视男孩这种独特的学习方式，否定男孩的学习付出，无疑加速了男孩成为现代教育的牺牲品。

一定要关注孩子的情绪胜过关心他的成绩。那么，即使他的成绩达不到你的要求，他至少爱你，至少不会走绝路。

成长关键词之九：学校教育

和许多父母一样，我对学校教育也寄予了太多的希望，觉得只要把孩子送到一所好学校，他就能像一棵小树一样，自然而然地茁壮成长。只要交给学校，学校就能还我一个学习优秀、能力超强的孩子。

但是，从事教育新闻报道这么多年，我越来越发现，如今的学校距离理想的教育还很遥远，回馈给家庭的并不全是正面积极的东西。有些学校甚至南辕北辙，让本是天真烂漫的孩子变得死气沉沉，失去童真。在许多中小学，找不到夏山学校或巴学园的影子，也看不到如A.S.尼尔抑或小林宗作那样的校长，老师也往往更关心孩子的学习成绩，不像《兔之眼》里的小谷芙美或折桥老师一样有爱心、有智慧。

我碰巧读到了美国学者约翰·泰勒·盖托的《上学真的有用吗？》一书。作者在书中批判了脱胎于工业化时代的现代学校制度。他希望读者明白，上学不等于受教育，学校不是万能的；标准化的考试伤害个性，有害无益；庸师对孩子成长来说是一场灾难。另外，真正有价值的知识在学校是学不到的。

盖托还列举了大量名人的成长经历，来证明学校的压抑个性，如美国通用公司创始人爱迪生、钢铁大王卡内基、石油大王洛克菲勒、股神

真正的陪伴

巴菲特等。尽管书中一些语言和论断过于危言耸听，但不容置疑的事实、有理有据的分析，还是让我发觉，把孩子全部交给学校，自己从教育孩子的主体位置上撤下来是不对的。

我知道，那些知名小学硬件好、生源好、机会多，但也非常在乎标准化考试，或者说标准化考试执行得非常熟练。那里的校长很紧张上级的指示和评估，那里的老师更看重自己的工资待遇、职称评定、晋升机会，以及在平行班中的成绩排名。而学生的心灵呵护和习惯养成，似乎还在其次。

中国教育学会原会长顾明远谈到当前教育的几大弊病时，直指一些学校和教师存在"反教育行为"。例如，有些教师把学生分成三六九等，偏爱成绩好的学生，对学习不好的学生不尊重甚至歧视，有的还采用暴力行为；遇到不同意见的学生，有的老师便说一些不好听的话进行压制。另外，有的学校和老师过于强调竞争，还采用非人性的标语口号督促学生拼命学习，如某学校高三某班的黑板上方贴着这样的标语："生时何必多睡，死后自然长眠。"最后他痛陈，"这些教育行为违反教育规律，很不利于学生的成长。"

所以，在孩子上学之后，我不但没有轻松感，反而更加注重对他的培养。我愈发觉得，家庭教育是孩子成长的根本，好的家庭教育能赋予孩子优秀的品质。我希望哲哲不受标准化考试的影响，永葆对事物的好奇心，愿意发问和观察思考。就像有一天，接哲哲回家时，他问我："爸爸，最近是不是小偷特别多？"问他原因，他说："我发现最近学校门口多了两个警察，一定是现在的小偷太不像话了，所以警察就出来抓他们。"哲哲不知道千里之外发生的幼儿园小朋友被砍伤的事件，但我佩服他的小脑瓜，也佩服他的观察力。

父母如何看待学校教育，在孩子成长的哪些方面着力，希望孩子怎样度过小学，对孩子的未来有着深远的影响，明智的父母不可不察。

一、弥补学校教育的不足

从现实角度讲,绝大多数孩子要经历学校教育。

一个孩子在学校生活得快乐不快乐,顺畅不顺畅,对其性格、心理和思想会产生影响。快乐而顺畅的学校生活,会塑造一个积极向上、勤奋好学的优等生;相反,在校园里遭受教师漠视、同学排斥乃至校园暴力的孩子,未来的人生被阴影笼罩的概率大大增加。

有教育机构曾经对家庭背景非常相似的八百多个家庭做过调查。调查发现,回答小学时代过得比较快乐的孩子,参加工作后,收入水平高出当地平均工资的40%;而感觉小学生活不快乐的孩子,工作后的收入低于平均工资的30%。也就是说,小学生活快乐不快乐,与未来的收入、事业发展关系密切。

1. 家庭教育才是孩子成长的根本

某种程度上,学校教育更像是让儿童社会化的过程。社会化做得好与不好,关系到孩子以后的幸福。因此,父母在为孩子选择学校时,除了考虑上学的距离,我建议尽量选择适合孩子个性、教师素质高、校园风气好的学校。如果满足这样条件的学校太少,不妨为孩子选择一个具有耐心与爱心、更负责任的班主任。

同时,父母们也要清楚地知道,学校教育不是万能的。我始终认为,培养孩子的身心,更多地要依靠家庭教育。学校教育是孩子与外界接触、学习新知与了解社会的一种途径。优势之一是可以通过集体学习、团队合作,帮助孩子更快地掌握知识,但学校的劣势也很明显,就是学校的德育工作更侧重遵守规则,而不是激发学生的个性,这是一种先天不足,也是当前形势下无法更改的现实。

对此,父母们应该在坚守家庭教育原则的同时,既配合学校教育,同时也要警醒学校教育可能对孩子带来的伤害,最典型的就是当前愈演

真正的陪伴

愈烈的应试倾向和过于强调竞争的不良教育生态，即在家庭内部，少一些知识灌输，更关注孩子心灵的成长。

我也建议广大父母，对于学校教育要有一个清醒的认识。一方面，积极配合学校教育，做好家校沟通。例如，多与班主任交流孩子的各方面情况，多参加学校组织的各项活动，多与孩子交流在校生活。实际上，每天上下学的路上，我和哲哲聊得最多的，就是他在学校里遇到的新鲜事，彼时的他就是一个小小信息播报员。我也经常与班主任沟通，自告奋勇地到哲哲班级讲如何做一名记者，做记者需要哪些素质，以及在采访中遇到的新鲜事。我也给他们班的孩子讲了如何阅读图画书，并以《我讨厌书》、《驿马》、《冬冬，等一下》、《艺术大魔法》等为素材，让他们感受图画书的魅力。我甚至愿意当班级家委会的负责人，联系专家进班级，只为开拓孩子们的视野。

另一方面，父母们也要认识到，学校不过是为孩子提供了一种教育方式。它远不理想，也不完美，或者说存在很多的问题，此时家庭教育要补上学校教育忽略或缺失的东西。如果上学后孩子没有了童真和幻想，整日惴惴于班级排名，被各种考试折磨，那该是童年的一种灾难。有同事以切身感受告诉我，等孩子上学了，千万要站在孩子这一边，老师的话不可全信，你要做好与顽固的学校教育体制相对抗的准备。这句话现在看来有一定道理。

我建议父母们要警惕凡事争第一的观念。这一点是当前学校教育最大的弊病，即过于鼓励竞争，很少倡导合作。许多中小学大肆给班级排名、为学生排名，并将具体的分数、名次告诉家长，甚至在校园显要处张贴出来。受此熏陶，孩子从小就爱争第一，对分数、对排名过于看重，培养出一些斤斤计较的唯分数至上者，这其实并不利于孩子的未来成长。

2. 孩子上学后，父母要做的事情更多

教育如同吃饭，只有营养均衡才能让孩子健康成长。

每个孩子从小到大应接受的不只是家庭教育、自我教育,还应包括学校教育、社会教育,这些教育同等重要,是一个全面而综合的系统。如果我们只让孩子在某一方面接受比较好的教育,其他方面的教育是空白的、贫乏的,那么孩子充其量只能成为偏才、怪才,而不是受社会欢迎的全才。

举例来说,狼孩就是一种生物性的生存,其社会教育基本属于空白,从而造成了与人类社会的格格不入;只接受了学校教育而家庭教育缺失的孩子,则可能无法完成学业,过早辍学;只接受家庭教育而没有上学的孩子,有成功的个案,但对于绝大多数孩子来说,缺少学校教育使得孩子在智育和群体活动方面存在不同程度的适应性障碍。

客观来讲,家庭教育和学校教育,是一个人一生中受教育的不同阶段和不同模式,这两者应该互相影响、互相促进,而不是相互替代。但是,在现实中,我们常常会碰到这样一些父母,他们往往认为把孩子送到学校自己就没什么事了,因为他们习惯于放弃自己的教育主张,或者说没有教育想法。殊不知,教育孩子,家庭是根,学校是辅,没有家庭教育的根基,孩子难以成长成才。

我始终觉得,孩子上学后,不是应该放松的时候,反而对父母有着更大的考验。父母要继续关注孩子的身心发展,要有更多的教育智慧,引导孩子扩大自己的视野、阅读范围,多带孩子感受丰富的传统文化,把孩子培养成为一个具有自主学习能力的人。

以语文学习为例,哲哲用的语文教材是人教版的,先拼音后汉字。由于之前没有上过学前班,学拼音对他来说是个不小的挑战。于是,每天放学后,我不得不抽出半小时甚至更多的时间来辅导他的拼音。有时候,哲哲的学习实在让人恼怒:b、d不分,p、q不分,写f和t时一律朝左弯,读sh时一定要从z、c、s、r、zh、ch、sh一路读下来,声调也读不准。对于他的"不求上进",我批评过几次,但问题依然没有改观。

后来,跟一个研究心理学的专家聊天。他说,人的大脑半球分为两

真正的陪伴

个区域,一个是数理逻辑区,在左半球;一个是图形处理中心,在右半球。一般的人善于使用左半球。处理拼音和读音的关系,一般人会先用到右脑的图形处理,然后再用左脑进行数理逻辑分析。孩子在学习拼音时,d、b、p、q不分,往往是图像处理存在一定障碍。解决这一问题,还是要借助形象记忆,将字母的写法与某些事物联系在一起,不能死记硬背。

而学好拼音的方法,首先要很好地掌握声母和韵母的准确读音。从简单音节开始训练,严格注意口型的准确性。只要掌握了标准的声母韵母读音,在拼字的时候,孩子的口型自然就会朝着标准读音而去,这是大脑协调肌肉的本能,也是拼音文字发音的基础。

除了知识学习,时间分配也成为不得不面对的难题。

哲哲上学之后,我发现让他了解和学习的东西越来越多,体育锻炼、阅读、绘画、学业、休息等都要兼顾,如何科学分配时间让我很是头疼。尽管有压力,但我还是把一周的时间条块分割,和哲哲商量,如每天晚上继续亲子阅读,周二游一次泳,周三、周五练习围棋,周末有半天练习画画,周末出去游玩。得到他的认可后,就坚决执行。执行的过程中,虽然有点繁忙,但也感到了生活的充实。

有人说,家庭教育是为孩子奠定底色的。我觉得,这个底色奠定得好与否,全在父母的态度与行动。

3. 家长要多加强与老师的沟通

每天去接哲哲放学的时候,我都会问问他的在校生活,发生了哪些有趣的或不开心的事,老师是否表扬了他。对于学习成绩,偶尔也问,但不会那么直接和频繁。

作为父母,把孩子送到学校后,其在学校生活、表现如何,与同学相处得是否融洽,应该是关注和关心的重点。很多时候,孩子都是爷爷奶奶或姥姥姥爷接送,班主任总也见不到学生父母一面,或者彼此沟通非常少。这种家庭教育和学校教育相互脱离的现象并不少见,后果就是父母不了解孩子在校接受教育的情况,学校也不了解学生回家后的表现。

在学校采访时,一位老师告诉我,家庭和学校沟通不好的后果,往往会使家长和校方在孩子的培养上出现理解上的差异。他举例说,现在推行的新课程改革,目的就是要培养学生良好的文化素质,还要让他们身心健康,树立起良好的社会价值观。但是,家长看到孩子的书包轻了,作业少了,课外活动增加了,就认为学校对孩子的教育放松了,渐渐对学校产生不满情绪。久而久之,这种不满情绪使得家长与老师之间的矛盾加深。

家校之间应该形成一种合力。学生在学校出现问题,家长就把责任一味推给学校,这既不可取,也无助于问题的解决。家长希望老师能教育好孩子,自己也应参与到教育孩子的过程中来。其实,孩子学习成绩不好,孩子行为上出了问题,有一个原因就是家长和老师没有进行及时交流。

哲哲上学后,我经常利用自身的职业优势,深入哲哲的班级,为小朋友们做一些力所能及的事。如给他们读绘本,讲一讲记者职业是怎么回事。同时,我邀请了一些教育专家到班级与小朋友互动、做游戏等,得到了班主任的支持和表扬。我也经常与班主任沟通,了解哲哲在班级各方面的表现,班主任表扬的地方就继续加强,不足之处就想办法弥补。

从5岁开始,哲哲在校外上美术班,他也很喜欢画画。有一天放学,哲哲说什么也不愿意去上学了。一开始他不愿意说,百般开导才告诉我原因,原来是美术老师狠狠批评了他。批评的原因是他把画画的墨汁不小心洒在老师身上,搞得老师没法继续上课。

我想,如果老师以此不原谅学生,有点不合适。那天放学后,我主动找了美术老师,交流后才知,原来这位老师比较年轻,见哲哲上课不认真听讲,以至于画画时总是不得要领,对哲哲缺少好感。正赶上他做事毛毛糙糙,把老师衣服弄脏了,所以"数罪并罚",批评了哲哲。小家

真正的陪伴

伙一时受不了,觉得身心受到了极大打击,所以不想上学了。

在向美术老师道歉之后,我也跟他进行了交流,指出哲哲其实是个很用心、很敏感的孩子,特别喜欢画画,可能是比较好动,专注力不能长时间集中,所以给老师留下了不守纪律的印象。如果老师多鼓励、多提醒,哲哲会听话的。反过来,我也跟哲哲细数了他上课分心,给老师留下的不好印象。他认识到了自己的错误,答应以后上课听老师的要求。

果然,在后面的美术课上,他依然高高兴兴地去,我也没再听老师反映哲哲不认真上课和不完成作业的问题。而随着老师的鼓励,哲哲的画画也进步很大,在一次学校举行的科学幻想画比赛上,他有两幅画入选,和其他画作集中展示,把他美得不行。

家长多与老师沟通,遇到不懂或难以解决的问题,可以向其请教。这样不仅能使家长对学校有更多的了解,也有助于了解孩子的学校生活,从而形成一种教育合力。一部分父母认为,老师平时要管的学生有四五十个,即便向老师反映了孩子的具体情况,也产生不了多大效果。有时,家长想联系老师,老师却说没时间,说要上课、改作业、参加会议等。一次碰壁之后,家长往往不好意思再找老师。

其实,即使再忙的老师也愿意抽出时间与家长谈谈孩子的情况,因为双方的初衷都是为孩子好。需要注意的是,家长在沟通的时候,应该选择恰当的时间,最好是在放学以后,这样沟通起来比较方便。一般来说,严格遵守教学秩序的老师在上课期间是从不接电话的,这也是对学生的尊重。如果家长选择在上课期间打电话,老师当然不方便接。

另外,我也建议家长对一些道听途说、是非不明的议论,或者对学校、教师有偏见的评说,不要偏听偏信,更不能听风就是雨,要站在为孩子终身发展负责的高度,以支持学校、信任教师、宽容他人的态度去面对。

4. 如何看待分数

没有当爸爸之前，我曾下定决心，自己的孩子一定不能被应试教育束缚住，考多少分都没关系；我的孩子做什么我都尽量支持，只要不违法；我的孩子一定要有一个快乐童年，每天都要快乐。但是，当哲哲第一学期期中考试结束，语文93分、数学不及格时，我竟然也有点顶不住。

抽空，我跟哲哲的班主任进行了沟通。她说，哲哲上课认真听讲，回答问题比较积极。问题就出在对数学题的要求不太理解。哲哲的这个问题其实是"老毛病"了。例如，在辅导他做题时，我发现他知道12减4等于8，但问他10减几等于8，他总是摇摇头，表示不明白是什么意思。

说实话，我也不明白他为什么不明白。我抽时间重读了迈克尔·古里安的《男孩的脑子想什么》。书中说，女孩在阅读和写作能力上平均超过男孩1-1.5年，而这一差距从童年早期开始几乎贯穿整个学习生涯。平均而言，因为男孩大脑天生不能很好地适应那些强调阅读、写作、复杂的组词造句的教学方法，所以男孩常常在当前的学业考核体系中败下阵来。

可以作为旁证的是，教育专家孙云晓也说，男孩的学习更倚重于体验，缺乏体验使男孩对枯燥的书本学习丧失兴趣，从而危及他们的学业表现。如果不了解或无视男孩这种独特的学习方式，否定男孩的学习付出，无疑加速了男孩成为现代教育的牺牲品。

我之所以引用这番观点是为了说明在学习成绩这个问题上，很多父母不能释然。尤其是有的学校很过分地进行了班级乃至全年级学习成绩排名，使得很多父母更加HOLD不住。但是，发火或惩罚孩子不是解决问题的办法，还应该针对孩子所犯的差错寻找原因，找出合理的对策。如果是理解力的问题，不妨慢慢来，因为这不是转瞬之间能解决的事。对于孩子来说，重要的不仅仅是打好学习基础，而是养成好的习惯。如果是马虎，则务必让孩子认真对待学习，高效高质地完成作业。

在《"输"在起跑线上的哈佛男孩》一书中，作者谈及自己的学习经历时说，小时候对他伤害最大的就是分数排名，因为这个排名几乎毁掉

他所有的自信。而他之所以能有那么强的后劲,得益于父母和爷爷奶奶对他软实力的培养。他的父亲在阻力重重的情况下,坚持让他上体育班。他的成功表明,真正的成功不是考上名校,而是找到自己的最佳匹配,按照自己的个性规划人生并实现它。

的确,未来还长,生命中有许多比追求分数更值得去做的东西。奉劝各位父母,别在分数上钻牛角尖,就事论事地解决问题,帮助孩子弥补短板,才是王道。

曾听过一些父母的经验之谈:一定要关注孩子的情绪胜过关心他的成绩。那么,即使他的成绩达不到你的要求,他至少爱你,至少不会走绝路。对老师也是如此,如果你用题海战术困住孩子,让他们提高了成绩,他们不会感激你,而你在他很累时说一句"辛苦了,歇一下吧",他会永远记住你。

从哲哲第一天上学开始,我就告诉他,爸爸不在乎你考多少分,排第几名,只要你能顺着自己的天性,做你想做的事情,就好。

一些父母疑虑的是,现在让孩子快乐,将来孩子的升学、就业怎么办?输在起跑线上,没有了未来,谁来负责?没有资本,孩子输不起,不努力能行吗?其实,答案很简单。成绩对于孩子来说不是最重要的,人生要面对无数次大大小小的考试,情商、能力才是决定未来职业高度的要素。输在起跑线上没关系,因为人生是一场长跑,一开始跑得快的,并不必然赢得人生的决赛。而且,让孩子自食其力,自主成才,到任何时候都是家庭教育的根本。

二、哲哲的班事

毕飞宇的小说里,我最喜欢他的短篇《家事》。

俏皮的文字、灵动的对白,感觉他写活了当下的少男少女,尤其是最后一句,不禁莞尔:小艾的身体最终是从田满的身上被撕开的。是小艾的父亲。小艾不敢相信父亲能有这样惊人的力气，她的身体几乎是被父亲"提"到了楼上。"谢树达，你放开我！"小艾在楼道里尖声喊道，"谢树达，你放不放开我？！"小艾的尖叫在寂静的夜间吓人了，"——他是我儿子！——我是他妈！"

属于中学生的世界里，有数不清的家长里短；而在小学班级的一亩三分地，也有很多好玩的故事。

每天放学，总喜欢问问哲哲今天心情怎么样，有什么新的收获，班里发生了哪些好玩的事儿。我在前面慢悠悠地骑，他在后面巴拉巴拉地讲，回家的路因此让人留恋。

课代表

升上二年级后，四十多个小朋友的层次渐渐拉开。哲哲在班级的位置，用他的话说，是学习成绩一般般，体育成绩一般般，调皮捣蛋一般般，只有人缘还算比较靠前，综合来说，就是一个中等生。所以，有人得了三道杠，有人得了两道杠，而他一道杠也没有。

我问哲哲愿不愿意当班干部，他直截了当地说不愿意。追问原因，他撇撇小嘴："这次是当上了，但下次被选下来，那多丢脸啊。"小家伙挺在乎面子，让我很意外。

意外的是，有着被领导情结的哲哲竟然当上了课代表。当他告诉我这个消息时，我的心里串出惊喜，问他是什么课代表。他故作平淡，装出一脸的满不在乎，懒洋洋答道："信技。""信技是什么东东？""信技就是信息技术，连这都不知道，你还说你是什么研究生呢！""那你知道自己为什么被选中吗？""可能是我打电脑游戏比较好吧！"

如果真以这个理由竞选，张老师一定会让哲哲尝到丢面子的滋味。

当上课代表没有让他高兴太久。但有一天，他的情绪特别高涨。我逗他玩："信技课代表，今儿个你怎么这么高兴啊？""因为啊，今天老师让我监督别人了。张子怡、李景林还有王旭和郭靖静和尹再成……"

真正的陪伴

他一口气说了一长串名字，"在楼道里说话还追跑打闹，我发现了，报告了老师。""那老师批评他们了吗？""批评了。""你感觉很好？""嗯。"

随后的几天，我一直困惑，权力对于一个小学生来说是好事还是坏事呢？

榜样

一天放学，哲哲说他不太高兴。

刚开始他不太愿意说，但一块肉松面包打开了他的话匣子。原来哲哲想在学习上有质的突破，就问班级学习最好的王一耀同学："你为什么学习那么好啊？"结果吃了闭门羹。后来，他又追出好远，执意虚心求教，但依然没取到"双百秘籍"。

哲哲叹口气："哎，我觉得他这个班干部太不称职了。""那你觉得好的班干部应该是什么样的？""我觉得，班干部应该告诉别人学习的秘诀和多帮助老师。""那你觉得你们班谁最称职？""我觉得肖雨依还行。因为今天上思品课，她对我的表现写了'哲哲真大方'。我给她写的是，'有一次我没带铅笔袋，是你借给我了，我也很感谢你'。"

"哎，爸爸，每次我忘带学习用具的时候，她都借给我。所以啊，我觉得他是比较称职的班干部。"哲哲赞赏之情溢于言表，"对了，爸爸，我上周又跟肖雨依同桌了。"肖雨依来过家里作客，我知道她是语文课代表，而且是两道杠。

又问他同学杨一龙的情况。杨同学学习不错，体育很好。我问："哲哲，杨一龙是你的榜样吗？"答曰："不是。因为有一次，张老师说了，你再搞这样的行动，就不能当班干部了。""什么行动啊？""他和李景林和其他几个同学，搞什么秘密行动，还被罚了。"

说完，一向以乖孩子示人的哲哲幸灾乐祸地笑了。

朋友

一年级时，问哲哲喜欢上学吗，告诉我不太喜欢。二年级再问他，说挺喜欢的。个中原因，许是他与同学相处得更融洽了，也有了更多的朋友。

我逗哲哲："我觉得你们班冯婷婷挺好看的，你觉得呢？""还可以吧！""你们说话多吗？""不多，我经常不跟她玩。上回我跟她们几个玩，她们都拒绝我了，我气疯了都要。"

"那你的好朋友是谁啊？"问他。"嗯，你猜啊。"哲哲头一歪，说，"他穿着黄色和黑色的衣服，学习特别好，跟我一样高。""是姓赵？""你说对了，就是赵欣欣。""那你们有什么相同和不同啊？""我们啊，体育都不太好，但都爱帮助别人，用脑子解决问题，不喜欢使用暴力。不同呢，就是他学习比我好。""那你们在一起玩什么啊？""玩的可多了，像什么追人啊，文具大战啊，捉迷藏啊，都玩。"说这些的时候，他的脸上很陶醉。

我问哲哲："那你觉得什么样的人可以做朋友呢！""我觉得至少不能总说脏话，我们班的施晓晓，学习倒是挺好，但老说脏话。朋友呢，还得对别人好，对方遇到困难的时候，要多帮忙，尤其在学习上相互帮助。""还有吗？""还有，就是经常在一起玩吧！"

没过几天，哲哲又兴奋地告诉我，当天的美术课老师让他们画九色鹿，同学们都说他画的画最好，很多人向他求画，但他谁也没答应，唯独给赵欣欣画了一张。

尽管没看到，但我想那幅画一定非常非常好看。

三、快乐的小学生活

进入新学期，感觉哲哲懂事多了。

有礼貌、爱读书，似乎一切都进入正轨。即使开玩笑，也多与学习

 真正的陪伴

有关。

有一天,哲哲给我出了一道题:"爸爸,你说什么山可以动?什么海可以动?"我想了一会儿,回答:"其实,山都是动的,每天都在生长,因为地球处于不断运动中,只不过不明显罢了。就像珠穆朗玛峰原来是 8848 米,现在是 8845 米!至于什么海可以动,大海就经常波涛汹涌……"突然想起另一个答案,告诉他:"还有,女生额前的刘海可以动。"

哲哲对这个答案不太满意,直言不对,正确答案是人山人海。

这个答案看上去更典雅、高明,也更有意思。后来翻他的语文书,得知这个词是课文生词。我记起自己小时候也学过这个词,在李广田的《花潮》里,里面有"人山人海",也有"接踵摩肩",至今很喜欢文末的那句"春光似海,盛世如花",让人有种生在盛唐的感觉。

不知不觉间,小学语文课本也经历了一个轮回。

放学路上,哲哲坐在后座巴拉巴拉起学校发生的事。

"爸爸,今天在学校看了第七本《老鼠记者》,我特别喜欢这套书。"哲哲说,"我觉得杰罗尼摩·斯蒂顿特别好玩,史奎可·爱管闲事鼠也很有意思,只要有他在,一定笑料百出。"过了一会儿,他又说:"爸爸,你也给我买点莫泽雷勒奶酪吧,特别好吃。还有啊,要是能去意大利就更好了,爸爸,你说我能去吗?"我很鄙视地看了他一眼,说:"老鼠爱吃的东西,你听着也流口水,这太丢人了。"嘲笑他之余,跟他说:"意大利很美的,你好好学习外语,将来就可以去意大利玩了,顺便到圣西罗球场看看 AC 米兰的比赛。"

我曾在读书周刊介绍过《老鼠记者》,故事很吸引人,尤其深得小学低年级孩子的喜欢。看他爱读书,知道他在阅读的路上步入正轨。顺便告诉他,书籍是最好的老师,我就很喜欢读《兔子眼》等小说,也爱看《南方人物》、《三联生活周刊》等杂志。

"什么?你喜欢杂质?杂质可是有病菌的,你还敢读,不怕闹肚子

啊。"哲哲又调皮了。

偶尔，哲哲还会略带神秘地透露有关班主任的信息。他说，张老师也会发脾气。他们班的体育委员违反校规，两次把玩具带到学校，张老师一生气就把玩具没收了，还批评了体育委员。

哲哲还不忘告诉我他的小伎俩。有一次课间的时候，他问王一耀："你爱学习吗？"王回答："爱啊"。哲哲又问："那上了一半课，老师突然有事出去了，你高兴吗？"王说："高兴啊！"哲哲听后，哈哈大笑："那你还说你爱学习。"原来他是挖了一个坑让别人往里跳。

还有，班里选中队委，哲哲报了文艺委员，但没有选上，因为平时的成绩不太好，同学选他的尽管超过半数，但没有另一位候选人票数多。我问他："没选上，你难过吗？""才不！"他的语气很坚决。"是你的心里话？我不信，你现在肯定很伤心。""爸爸，其实吧，不当班干部也没什么。要是被张老师批评或者被撤职，那才叫伤心呢。"

"那你知道为何没选上吗？""可能是因为文艺委员不仅要美术好，还包括画黑板报、唱歌、跳舞什么的。我除了画画好，其他的都差一点。""那你要多努力，爸爸跟你一起加油吧！""好，在学习上我也得加油，班干部要在学习上做表率，张老师说的。"

一天，接哲哲放学时，他一脸高兴，问他原因，说："爸爸，今天我们班长王一耀在班上号啕大哭了，因为"数名"没写对，得了5^-。""那你呢，不是得了4^-吧？""得了吧，我才没那么差，我得了5^+。""啊？这么厉害啊，不错啊，这次为什么这么好？""因为啊，我同桌先交的卷子，我俩答案一样，我看老师给判错了，赶紧改了过来。""那你不是作弊吗？""哪里有，我是自己改正过来的，这个不算。"

说完，他嘿嘿一乐，脸上尽是狡黠的笑。

哲哲还说，如果做错了题，张老师有时会罚站的，王一耀就被罚过，学习委员也被罚过。"那你被罚过吗？""我也被罚过，就一次，罚了5分钟，但是在车模课上。""为什么啊？你是不是不遵守纪律

 真正的陪伴

了？""嗯，我总是说话，老师就发飙了，你知道吗，车模课就一个女生。男生在一起总是大喊大叫，所以我们经常被罚。""被罚了你们就改了吧？""不可能，下次还照样说。"说完，哲哲长叹一声，"我觉得当老师也挺辛苦的。"

也有让哲哲无奈的事。例如，开学没几周，学校信技课取消了，他的课代表资格也没了。不过，后来加了一节国防课，他转而变成了国防课代表，又有了责任在肩的感觉。听哲哲说着这些，我的脑子里浮现出放牛娃王二小的形象。

黄蓓佳在《我要做好孩子》一本书里，写出了一个小学生在学校、在家里的酸甜苦辣，读着让人仿佛回到童年。而哲哲的叙述，也让我依稀坐在那间明亮的教室里，听着朗朗书声，想着少年心事。

谁说童年不是一首动听的歌呢！

四、一流考生不等于一流学生

——对话旅美教育专家黄全愈

旅美教育专家黄全愈通过对比中美教育，认为两者在培养学生创造力方面有一定差距，而创造力是科学发现不可或缺的能力。就如何培养学生和民族的创造力，新近出版的《黄全愈教育文集》给出了颇具启发意义的答案。

教育重要的是引导学生发现问题，而不是以获得答案为最终目的，也不能以此作为评价教师教学的依据

记者：在一篇文章中，你对培养学生的创造力提出一连串的疑问：没有过程哪有结果？没有质疑哪来解惑？没有"不懂"怎么会有"懂"？你觉得，中国的学生为什么不善于提问？

黄全愈：美国的小学生一进入学校就被引导提出问题、解决问题。入学前，父母们也鼓励孩子对事情有自己的想法，不只是培养发现问题

的能力,而是养成一种习惯,即面对任何一个事物或事件,都有自己的想法,既不全盘接受,也不为了反对而反对。相反,我们的小学教学不是以提出问题为基点的。有一次,我听了一节五年级语文《蟋蟀的住宅》的公开课。老师问学生:"蟋蟀有什么特点?"一个学生回答:"唱歌!"老师表扬了学生,又问:"还有什么特点?"学生说:"做窝。"老师又表扬了学生。而后,老师不再提问,转向下一环节。其实,蟋蟀的特点有很多,如最典型的打斗就没有说出来,小学语文里也有好几篇跟斗蟋蟀有关的内容,如《促织》。课后,我问老师:"为什么只问了两个问题就不问了?"老师说:"因为书上就说了这么两个。"教育重要的是引导学生发现问题,而我们的教学就是为了解决问题,以解决问题的多少来衡量教学的质量。殊不知,不能发现问题,就谈不上解决问题。而问题有两种,一种是常规结构的问题,书本上有答案,老师不用教,学生也可以学到。另一种是非常规结构的问题,没有答案,这就需要从小培养孩子发现问题的能力。我的儿子矿矿小时候问过一个美国教授,星星从哪里来。教授回答,上帝创造出来的。矿矿又问,那上帝从哪里来。教授回答不出来。在美国的校园,没有观点的对错,只有观点的不同。于是,才有师生间的平等争论,而争论,是创造性的开端。其实,教育首先要允许孩子问问题,有时候不用去启发,做到不限制就行。开发智力不等于培养创造力,培养创造力才是教育的核心。

优秀的考生不等于一流的学生,录取不同特点的学生,改革教育评价体系,才是防止学校同质化的关键

记者:每学年开始,全国著名高校乃至著名高中,都抢着招收好的生源。你曾经以哥伦比亚大学招生办执行主任弗达先生为例,探讨学校应该多考虑招收什么样的学生,才能帮助学校营造一个学生群体,从而去更好地完成学校的教育使命。你认为,中国的知名大学和重点高中一贯的"掐尖"做法对培养创新型人才是一种怎样的导向?

黄全愈:其实,能否成为一流大学,影响的因素很多,但重要的一

条是看怎么招生，招什么样的学生。而以高考的考分为录取与否的唯一标准，选出来的是一流的考生，但一流的考生绝对不等于一流的学生。即使我们有了世界一流的教师和教学设施，因我们的评价体系出了问题，我们招不到一流的可塑之才，也无法培养出高素质的具有创新能力的人才。

美国学校一直注重录取具有不同特点的学生。大家都知道，混血儿相对聪明漂亮，森林里的生物物种丰富，拥有良好的生态环境，就是基于互补原理或互补效应。我们的学校同质化很严重，优点和缺点相似，校园文化有很多是不健康的。1996年，三百六十多个SAT测试成绩满分的学生申请哈佛大学，但165名被拒绝，理由就是要维持学生的多元化，营造良好的校园生态环境。我国恢复高考时，学生什么样的都有，插队老师、转业军人、高干子弟、华侨，等等。经历不同，才使当时的学校充满生机和特色。所以，在中国全面实施素质教育，必须对教育评价体系和高考制度进行改革，让教师、学生乃至整个社会都更加关注学生创造力和综合素质的提高，这样培养和选拔出来的学生才具备创造力和创新精神，才是真正的一流学生，才有可能成为一流人才。

记者：你在博文中说：中国教育的"童子功"入门第一招是"听话"。至于批判性思维，那是成人以后再考虑，或者根本就用不着考虑的问题。对于批判性思维，你怎么理解，怎么培养这种思维？

黄全愈：对于创造力的培养，我们一直有个误区，认为基础要打牢打厚，知识积累到一定厚度才能具有创造力。其实，知识积累得越多，创造力越容易受到习惯性的束缚。而知识少，对未知充满兴趣，因此才敢想。我们的传统观念也认为，发明创造是科学家的事，质疑美国8岁的孩子能写出什么像样的论文来。实际上，许多伟大的发现就是从想入非非开始，重要的是培养一种发散性思维、求异思维。我记得，哈佛大学的校徽是两本书朝上开着、一本书朝下盖着的图案。其中的寓意就是，一个人不能完全相信书，要批判性地读书。没有自己的思考，读再多的书也不会成为自己的，也培养不出创造力。

教育是一种根雕艺术，依据天生形态做文章，父母要做的是顺其自然，从小培养孩子好的性格和意志品质

记者：我们的许多父母在教育孩子上比较急功近利，上辅导班、补习班、冲刺班，要孩子争第一，考名牌大学，这种观点尽管受到许多批评，但在目前情况下却是一种共识，你觉得问题出在哪儿？

黄全愈：我的儿子矿矿虽然在数学方面很有天分，但他最终选择了法律，主要是受中学教师亨利克的影响。而让孩子接触好的老师，对孩子的未来职业选择和发展，会有积极的影响。教育是把人的潜质潜能、天赋充分发挥出来。让陈景润打乒乓球或者邓亚萍搞数学，都是扬短避长，结果可想而知。有人说，教育是一种根雕艺术，即依据天生形态做文章。这句话一点没错，并不是所有人都能进入清华、北大，不是任何人都适合做研究型人才。湖南有个农民，独自钻研，培育了1000多种莲花，受到人们的关注。当人们惊讶于他的成功时，他说，我走了半步，你们就看到我了，因为没有人做这件事。而你们跑了一千步，但无人看到，因为跑步的是千军万马。我们的家长习惯了自己做得到的，让孩子去做，自己做不到的，也强迫孩子去做，产生了许多不良反应。其实，对孩子来说，他们需要的不是学富五车的父亲，也不是才高八斗的母亲；不是官位显赫的爸爸，也不是日进斗金的妈妈。他们需要的是宽厚的父母，宽松的家庭氛围，顺其自然的教育。

矿矿在《我的七个美国老师》一书里，讲了一个他在烈日高温下与朋友打了七八个小时的网球的故事，为的就是谁也不愿意先提议回家，谁说谁就是示弱，就在意志的竞争上输了。孩子有点傻，但崇尚的是一种男子汉的坚毅。实际上，面对现代社会的挑战，作为父母，需要培养孩子更多独立自主的精神、自强自尊的作风和积极向上的价值观。我们的教育应是植根于社会的教育，从小培养孩子好的性格和品质，发现其兴趣和爱好，做好职业规划，孩子才能走得更好更远。

 真正的陪伴

五、有关学校教育的成长片段

1. 一大群作业正在接近……

守纪律

刚上一年级的哲哲,对学校的任何事情都很好奇。

一天放学后,哲哲一脸正气地告诉我:"我们班有几个同学可淘气了,上课铃声响了还在操场上的滑梯玩。后来被校长发现了,知道是一(5)班的学生后,还找了张老师。后来,张老师批评了那几个同学,也表扬了几个遵守纪律的同学,第一个就摸了我的头。"

得到班主任的表扬,对哲哲来说,是世界上最幸福的事情。

表扬信

没过几天,哲哲的被表扬再次升级。去接他时,只见他飞奔着跑过来,兴奋地告诉我:"我得到张老师的表扬信了。"然后,高高地举起一张卡片,上面写着:"哲哲同学,由于上课认真听讲,给予表扬,希望继续努力。"落款是张老师。

哲哲满脸自豪的笑容,让我想起自己小时候的作文被当做范文在全班朗读的情景,那也是一种当时"我能想到最快乐的事"吧。

起名

为了管理好班级,张老师把班级四十多个学生分成8个小组,每月换一次。

上个月,哲哲所在的第一组得了第一名,奖品是没两个小时就被玩坏的魔尺。这个月,他告诉我,他转到了第七组,为了再夺第一名,他想给第七组起一个很酷的名字——闪亮中师队,还说这个名字很有力量。我听得云里雾里。

随手给了他一个单位买的包子。他拿起包子，来了句："爸爸，你们单位的包子真好吃，简直就是'庆丰包子的闪亮中师'。"没明白他什么意思。哲哲解释："广告里不是有个人说什么牛栏山，二锅头的中师吗？庆丰包子的中师，就是最好吃的包子的意思。"

"宗师"被听成了"中师"，这耳力真够呛。不过得承认，这小子很有创意。

"你很棒"

上小学的第一学期，给哲哲报了科学实验课的兴趣班。

一次上完科学课，去接哲哲。他很自豪地告诉我，他被教科学课的赵老师表扬了。具体过程如下：赵老师问小朋友，谁知道地震和火山还有海啸怎么形成的，老师没第一个问哲哲。下课时，哲哲主动走到赵老师跟前，说，老师，我知道是怎么形成的，是地壳不稳定才产生的。赵老师很高兴，夸奖他：你真棒，真是一个科学小天才。

我相信，当越来越多的表扬汇聚在一起，哲哲一定能成为真正的科学家。

作业

快期末考试了，哲哲的作业格外多，每天都要完成一篇卷子。每次看着一沓沓考试卷，小家伙就犯愁。

一天放学回家后，哲哲打开书包，开始抱怨："一大群作业开始接近。"我开始没反应过来，后来想起，这不是植物大战僵尸里的经典台词嘛，他活学活用得恰到好处呀。

不过，我也很心疼哲哲这么小就被繁重的作业所累。于是，写完作业后，和他一起痛痛快快地玩起了植物大战僵尸的游戏。没多久，小小的屋子里又传出了他爽朗的笑声。

卷子

写作业累了,让哲哲休息片刻。问他:"你最喜欢什么东西,最怕什么东西?""我呀,我最喜欢玩游戏,最怕就是眼前这个东西。""眼前这个东西?到底是什么啊?""卷子呗,比怪兽还可怕,尤其是语文卷子。"

当今的语文教育过多强调孩子的识字量、写字的正确性,的确难为了孩子,而且似乎违背了语文教育的规律。身为教育人,却无能为力,很痛苦。

痛苦之余,愈发敬佩那个抛离学校教育、在家教学的童话大王来。

2."告诉答案也好也不好"

变笨

12月底,不知什么原因,哲哲开始咳嗽,吃中药也不见好,甚至越来越严重,咳嗽声不断。没办法,只好又去医院开了消炎药。

病见好后,开始补落下的家庭作业。情况不容乐观,很多生词要么不会写,要么就是写错。我控制不住要发脾气。他看我要爆发,就怯生生地问:"爸爸,你说,人生病了,是不是会变笨呢?""也许吧,我有时候也这样。""那你就不应该批评我,因为我的病还没有彻底好。"

哲哲的话让我的怒气硬生生憋了回去。

告诉答案的优缺

接哲哲回家时,他很兴奋地告诉我,说:"爸爸,今天一(2)班的老师给我们上课了。""那你喜欢她讲课吗?""还行吧,就是她跟我们张老师不一样,她喜欢告诉我们答案。""那你说告诉答案好还是不好呢?""我觉得啊,既有好也有坏。""那你具体说说。"

哲哲不假思索:"好处是我们知道正确的答案是什么,就知道自己对不对了。不好的是我们没有时间好好想,我觉得多想想,未来才能当成科学家的。"

谁说小朋友不懂得教育，只能被动地接受教育？哲哲的话让我很吃惊，他对教育有着自己特定的理解，甚至有了一丝教育专家的意味，厉害！

红勾大军

期末考试前，张老师发下来第三单元语文的测试成绩，5个满分，32个90分以上，10个90分以下。哲哲得了92分，还不错。表扬他成绩不错，有进步。哲哲听了不以为然："有什么值得高兴的，张老师写了'继续努力'，就是说，我还得加油。"

安慰他，别把考分放在心上。哲哲长叹一声，说："真希望我的卷子上都是红勾，要是一大堆红勾正在接近，形成一个红勾大军，那多好啊！我肯定是班里的第一名。"

我知道哲哲至今没有当过第一名，他的内心很渴望，于是鼓励他，未来还有很多考试，一定有得第一名的那一天。

刺耳

修改卷子的时候，哲哲突然抬起头，问我："爸爸，为什么有的老师说小朋友没长耳朵啊？还说什么'你怎么把真耳朵放家了，把假耳朵带学校了'？""啊，是你现在的老师说的吗？""不是，是我上幼儿园时候的老师说的。""那你觉得老师说的对吗？""不对，这话有点刺耳。"

哲哲的话让我更深刻地感受到，教师的一举一动学生看在眼里记在心上，所以不管怎样，老师们还需谨言慎行，行为示范。

炸掉学校

不知道为什么，刚开学那会儿，尽管哲哲每天都是美滋滋地去上学，但还是不太喜欢学校，有一次还告诉我想把学校炸了。"连你喜欢的张老师也炸掉？""不，张老师不在的时候再炸。"看来他还挺在意自己

的班主任。

转眼开学两个多月过去，我以为哲哲爱上学校了。没想到，送他上学的时候，听他在后面嘀咕："下一站，××××（他的学校名）到了，请下车的小朋友带好随身的炸药包……"敢情对学校的排斥期还没有过。

学校从什么时候开始不讨人喜欢的呢？在熙熙攘攘的马路上，我开始胡思乱想起来。

3."你的心纯净得像一块水晶，不染纤尘"

尺子

期末考完试，哲哲的班里开始发奖品，奖励某方面表现好的小朋友。

哲哲由于认真听讲，人缘好，得到了一把小尺子。但一回家他就告诉我，他的心情很不好。问他为什么，告诉我，今天得到了一把愤怒的小鸟的尺子，他特别喜欢。一高兴就想看看尺子结不结实，没想到一掰就断了。说完，他还特意附加了一个两手摊开的动作。

我很能理解哲哲的心情。想起自己小时候，费了很大劲捉到了一条鲤鱼，捧着鱼高兴地往家跑，好向老爸邀功。走到半路，担心鱼渴死了，就手握鱼尾，让它喝一点儿水，没想手里一滑，鱼跑了，再没捉到。

惨兮兮回家，就像那天刚刚踏进家门的哲哲。

科学课

科学课结业了。看到了科学课赵老师的评价，手写的：你在科学探索课上好学上进，有一股不服输的韧劲。在课上，你思维敏捷，回答问题积极，并且总有独到的见解，这点让老师和同学们刮目相看。希望你在今后的学习中更加认真，勇于攀登科学高峰。

我要给哲哲读，被拒绝了，说我知道上面写的是什么。想必他有点害羞吧。

老师的评价让我很高兴，看来平时的阅读和动手还是起作用了，真希望哲哲也能成为伟大的科学家。

班主任的评语

放假那天,我拿到了哲哲的《小学生综合素质评价手册》和三张奖状。儿子在数学竞赛中获得三等奖,在中华经典吟诵比赛中获得一等奖,还被评为"文明礼仪小标兵"。看着沉甸甸的荣誉,我很为哲哲骄傲。我整个小学阶段还没有得到过一张奖状,尽管我学习非常非常好。

最让我感动的是班主任张老师的评语:

"哲哲:你听话、懂事,是老师最放心的男孩子。看到课堂上,你那专注的神情,老师感到欣慰;看到你在课外和同学们友好相处,老师为你高兴;当你为同学们带来好看的书籍时,老师为你乐于分享而感动,你的心纯净得像一块水晶,不染纤尘。不足的是,你在书写和细心上还需多努力。新年到了,希望你再接再厉,下学期的你一定会更加优秀。"

这些评语让我依稀看到了一个快乐成长的小家伙。回首这一年,我很享受每一个有儿子相伴的日子,也很想告诉他,是你让我更加珍惜时光,让我更加懂得生命!

4. "看来老师说的也不全对"

一道杠

转眼间第二个学期开学了。

一天接哲哲放学。带着他还没走出校门,他就急着脱外套。我纳闷4月的天气也没那么热啊。脱完,他拿着外套继续往前走,这才发现他的袖子上多了一道杠。原来,他当班干部了。

脑子里浮现一个笑话,一哥们新买了一块手表。在饭局上,频频伸手到远端夹菜。饭友奇怪,不爱吃身边的菜转桌不就行了?不曾想,几分钟后,这哥们憋不住了:"你们就不问问我什么时候买的新手表吗?"

真正的陪伴

哲哲的行为与之异曲同工。

不过，这也怨不得孩子。当班干部也许是所有小朋友的梦想，一旦梦想实现，估计是天大的乐事。想起自己小时候，第一次被评为三好学生，也是乐得一放学就往家跑，好让父母知道这个好消息。发放的学习用品也是珍藏着，久久舍不得用。

哲哲一道杠了，我真心替他高兴。

第二批入队

六一儿童节，哲哲就要成为一名少先队员了。一听说这个消息，他很兴奋，还哼唱起了《我们是共产主义接班人》的歌。

但是，班主任出于激励学生的目的，采取了分批入队的方式。很遗憾，第一批25人里没有他。问他原因，告诉我，是大家一起选的，看谁的考试成绩好，看谁乐于助人和为班级做贡献，举手多的就通过。我问哲哲："我觉得你非常乐于助人，而且与同学分享了很多书，为什么没有你呢？""我学习不好呗。"语气中明显有些失望。

后来，哲哲告诉我，他的学号被贴上红花了，肯定能第二批入队。终于，有一天下午接他时，他很快乐地告诉我："爸爸，我是第二批入队的。我们班有26个人选了我。而且，我讲的那个故事特别好听，像王一耀啊，王旭啊，都笑得格嘎的。"

哲哲的笑声让我解除了一桩心事。

红领巾

知道儿童节前要加入少先队的消息后，哲哲非常激动。

一天晚上，哲哲很严肃地问我："爸爸，老师说，红领巾是五星红旗的一角，是革命烈士的鲜血染成的，你说是这样吗？"旁边的哲哲妈一向比较"民间"，接话说："不是，那是瞎说。"

把哲哲叫到跟前，语重心长地告诉他："红领巾呢，的确不是鲜血染成的。但它是一种象征，代表着荣誉和责任，就像鸽子象征着和平一样。系上红领巾以后，就要守纪律，多帮助其他小朋友。"哲哲做恍然大悟状："我就说嘛，哪有那么多的鲜血。再说，用鲜血染也太可怕了。看来啊，老师说的也不全对。"

许是太过遥远，已经记不起自己入队时，有没有举行仪式，是谁系的红领巾，老师讲了什么。可是，"红领巾是鲜血染成的"这句话一直深深印在脑海。

所幸，哲哲已经不是当初的自己，明白了许多应该明白的事。

入队仪式

2012年5月29日，哲哲学校举行了入队仪式。

那天，全校的大朋友、小朋友聚集在大学礼堂，席地而坐。领导讲话、代表发言、节目表演之后，一年级的240名小朋友们走到礼堂中央，六年级学长给他们系上鲜艳的红领巾。

仪式中，家长可以进场拍照。只见哲哲抿着小嘴，在庄重的音乐氛围中始终保持着庄重的表情。后来问他，入队的心情怎样。回答说，很高兴。

当天他的作文是这样写的：今天，我入队了。我jue得很开心。有个六年一班的大姐姐给我带(注：系错字)上了红ling jin。我还biao yan了《草原就是我的家》。还有几位小朋友biao yan了《狼大shu的红men鸡》。我jue得他们的节目很精彩。今后我yao语文数学都好，zuo个好孩子。

跟以前的作文相比，这是他写得最好的一篇作文。突然间感觉，入队之后的哲哲真的长大了。

5. 学习坐在路边鼓掌的小朋友

助人为乐奖

转眼间，二年级下学期结束了。

真正的陪伴

领期末成绩那天，哲哲拿回来两张奖状。一张是助人为乐奖，上书"哲哲同学平时关心同学，为同学着想，颁发此证，希望你再接再厉"。知道他经常帮助别人，在别人需要帮助的时候伸出友爱的小手，就像《站在路边鼓掌的人》里学号 23 的小朋友。

哲哲告诉我，还有一些同学得了"语文小标兵"、"数学小标兵"什么的，还有人被评为了"优秀班干部"。那些奖项虽然很有含金量，但在我心里，助人为乐奖的分量远远大于其他，因为助人为乐是一种金不换的品质，背后是一颗堪称伟大的童心。

家长奖

还有一张奖状是好家长奖。

上面写着：哲哲同学的父母积极参与班级工作，为班级做出了巨大贡献，特颁发此证，以资鼓励。鉴于哲哲妈一学期只接过哲哲一次，而且连家委会的成员是谁都不知道，猜测此奖只颁发我一个人。

获奖的感觉就是好。不过，也要感谢哲哲，是他让我看到自身的不足，不断反省、改进，督促我努力成为一个好爸爸。

结语：长长的路

巴西艺术家费尔南多·维雷拉绘有一本无字书《长长的路》，画面上浓重的黑色和火焰般的红色，对比强烈，凸显了武士的勇猛，更昭示着前行之路的曲折与艰辛。

其实，在孩子的教育问题上，也从来不是一帆风顺的。

就像一位同事苦恼于孩子的不愿意分享：一天，幼儿园要求小朋友之间相互交换礼物。同事的孩子不想拿自己最喜欢的礼物跟别的孩子交换，于是带了自己不喜欢的玩具。同事跟孩子讲了大半天要与人分享的道理，甚至"己所不欲，勿施于人"的古训都用上了，但孩子还是坚持把好玩具留在家，哪怕别的小朋友带的都是最最最好的礼物。

其实，类似的烦恼在孩子的成长过程中屡见不鲜。

一年级期中考试结束后，哲哲全班去植物园郊游。我给他带了很多好吃的东西。回来，问他游玩是否快乐，他告诉我不快乐，还问我："为什么我一带东西，其他的同学都抢着要？""因为你带的东西太好吃了吧！那你给同学们了吗？""给了。""与人分享是一种幸福，你应该很高兴才对啊！""但是，但是，他们为什么一个好吃的也不给我呢！"

问题明显不是出在哲哲身上。怎么办？我只能说，下次咱们跟愿意分享的小朋友一起分享。而这，显然也不是更好的解决方法。

还有更苦恼的事。

采访心理学家李子勋时，他告诉我，家庭教育最忌讳夫妻之间教育理念不一致，那样会导致孩子无所适从。现实中，这类情况并不少见。我希望哲哲多运动、多冒险、多尝试；哲哲妈却希望他绝对安全，冒险的事情坚决反对。我觉得学习马马虎虎也没什么，而她一看到哲哲考试

 真正的陪伴

不及格就发火。我认为，放学回家可以尽情去玩，她认为回家应该写作业。我坚持孩子参加跑步、游泳等，即使在寒冷的冬天；但她认为，冷天不适宜游泳，很容易导致孩子感冒，不希望哲哲在户外运动。

随着孩子不断长大，冲突与矛盾的地方越来越多。在与哲哲妈反复沟通之后，在调适自身行为的同时，我坚持着一些东西，也放弃了一些东西。坚持下来的，就是以上我总结的9个成长关键词。放弃的，或者因为实在无力改变，或者因为精力有限，就像去改变哲哲妈的生活习惯，让她多给孩子做榜样，就像周末多带孩子到大自然中去写生，等等。

某种程度上，教育和成长一样，都是不断妥协、不断前进的过程，没有绝对的对与错，重要的是沿着科学的育儿之路走下去。而所谓科学，就是不走极端。教育专家卢勤指出，中国的家庭教育爱走极端，具体表现就是对孩子期望极高，极其溺爱孩子，过度保护孩子，过多干预孩子成长，孩子犯错了又严厉指责孩子。

每个父母都爱孩子，但爱孩子并不简单，只凭一腔热爱是远远不够的，还要掌握科学的教育理念。如果理念和方法不得当，就会适得其反。爱而有教，是一种智慧的考验。通过了时间的考验，我们才有资格说：我爱孩子，爱得不肤浅。

也许，这9个关键词并不全面，也不系统，但却是我8年陪伴孩子的谨慎实践和经验总结，也算是我送给哲哲的童年礼物，是我陪他走过的日子的一段见证。9个关键词，就像一串串脚印，引领哲哲一点点长大，也让我重温了一遍童年。

但愿更多的父母能和孩子一起，走好这条长长的路。

——完——

附录：推荐给家长的 99 本经典童书

图画书类（适合学龄前儿童）

1. 我等待——让孩子感悟生命
2. 旁帝"大翅膀"系列——想象力是无边无际的
3. "神奇的校车"系列（第一辑）——离孩子最近的科普书
4. 失落的一角——最简单的图画，最深刻的哲理
5. 花婆婆——让孩子学会爱这个世界
6. 野兽出没的地方——告诉你"坏孩子"的内心世界
7. 我的爸爸叫焦尼——感悟单亲孩子的心灵
8. 摇摇晃晃的桥——画面与故事都非常美
9. 疯狂星期二——伟大的作家都有超乎寻常的想象力
10. 猜猜我有多爱你——每个儿童的内心都很柔软
11. 我爸爸——对父爱最充分的表达
12. 小蝙蝠德林——教会孩子换一种眼光看世界
13. 一片叶子落下来——告诉孩子如何理解生命的意义
14. 爷爷的天使——让孩子明白亲情的可贵
15. "巴巴爸爸"系列（第一辑）——陪伴几代人童年的经典童书
16. 海底的秘密——作家的想象力是无法被束缚的
17. 团圆——打动心灵的亲情故事
18. 大猩猩——图画书大师安东尼·布朗的代表作
19. 小房子——让孩子学会与自然和谐相处
20. 鼠小弟的背心——童贞在图画与文字间绽放

21. 好饿的小蛇——与童心最近的图画书

22. 爱心树——一个关于感恩与回报的故事

23. 一园青菜成了精——充满童趣的北方童谣

24. 驿马——文字间流淌着古典的旋律

25. 躲猫猫大王——童年生活记忆的温暖再现

26. 月下看猫头鹰——充满田园气息的画面让人久久难忘

27. 让路给小鸭子——一个温情脉脉的故事

28. 鳄鱼哇尼——让孩子忍俊不禁的图画书

29. 你看上去好像很好吃——这个故事让很多人感动得流泪

30. "旅之绘本"系列——画面很美,内容也很美

31. 大卫,不可以——母爱的别样表达

32. 高空走索人——画面有一种震撼的力量

33. 我是霸王龙——宫西达也的代表作

34. 荷花镇的早市——插画作家周翔的代表作,浓浓的中国味道

35. 艺术大魔法——文中处处有着无边的想象力

36. 星期三书店——残酷的战争背后是默默的温情

37. 铁丝网上的小花——让孩子了解战争的最好绘本

38. 我讨厌书——写了一个让孩子爱上阅读的故事

39. 没有耳朵的兔子——教会孩子认可独一无二的自己

40. 西雅图酋长的宣言——最震撼、最有深度的演讲

桥梁书(适合小学一年级)

41. "小猪唏哩呼噜"系列——孙幼军的代表作

42. "贝贝熊"系列——既有趣又温情的成长故事

43. "恐龙大陆"系列——很美很吸引人

44. "蓝精灵"系列——父辈的最美记忆

45. "鼹鼠的故事"系列——永远的小鼹鼠

46. "不一样的卡梅拉"系列（1-6册）——卡梅拉和卡梅利多身上有太多我们童年的影子

47. "大头儿子心灵启蒙故事"系列——原创儿童文字中的佼佼者

48. "玛蒂娜"系列——处处有一种美

49. "丁丁历险记"系列——满足了无数孩子的冒险梦

50. "老鼠记者"系列——杰罗尼摩是陪伴孩子成长的好伴侣

儿童文学类（适合小学中高年级段）

51. 夏洛的网——每个孩子都应该知道的儿童文学经典

52. "猫头鹰王国"系列（1-3册）——儿童心灵成长式

53. 我们属龙——常新港写出了青少年真实的内心世界

54. 黑狗哈拉诺亥——日益消逝的美丽自然被作者变成了纯美的、感人的文字

55. 吹小号的天鹅——E.B.怀特的另一部代表作

56. 绿野仙踪——经久不衰的儿童文学经典

57. 我是跑马场老板——保护一颗童心没有那么难

58. 长袜子皮皮——皮皮的身上映着我们每个人的童年

59. 木偶奇遇记——影响了几代人的家喻户晓的童话

60. 海底两万里——科幻作家凡尔纳的代表作

61. 乌丢丢奇遇记——金波的代表作

62. 金银岛——每个孩子都有一个探险梦

63. 时代广场的蟋蟀——感悟友情的可贵

64. 彼得兔的故事——每个孩子都是彼得兔

65. 尼尔斯骑鹅旅行记——带孩子徜徉在奇幻的世界

66. 绿山墙的安妮——一个不朽的经典

67. 第94只风筝——让孩子懂得战争的残酷

68. 弗朗兹系列——每个孩子身边都有这样的孩子

69. 野生动物故事集——西顿的代表作

70. 一只耳朵的大鹿——椋鸠十最感人的作品

71. 男生贾里新传——这本书让秦文君一举成名

72. 我是白痴——这个故事更容易感动成人

73. 玛蒂尔达——罗尔德·达尔的代表作

74. 造梦的雨果——走进充满梦幻的时代

75. 甜心小米 2——本土原创小说，有一种直达内心的温暖

76. 哈利波特与魔法石——点燃孩子心中的魔法梦

77. 红色羊齿草的故乡——美国当代最经典的动物小说之一

78. 灵犬莱西——流传最久远、读者最多的动物小说

79. 狮子、女巫和魔衣柜——C.S. 刘易斯的代表作

80. 爱丽丝漫游奇境——刘易斯·卡洛尔最富想象力的书

81. 小王子——一本给成年人更多启示的童书

82. 周末与爱丽丝聊天——程玮是个很低调但很有内涵的儿童文学作家

83. 我要做好孩子——黄蓓佳让我们走近儿童的内心世界

84. 战马——英国桂冠作家的不朽文学经典

85. 狼王梦——沈石溪最好的作品

86. 苹果树上的外婆——很感人的亲情故事

87. 城南旧事——林海音站在儿童视角的写作

88. 亲爱的汉修先生——童年梦、作家梦

89. "最美最美的中国童话"系列——中国传统文化最恰当的传达

科普类

90. 神奇校车（第一辑）

91. 蛋蛋学校（第一辑）

92. 希利尔世界地理

93. 万物简史（少儿彩绘版）

94. "HOW&WHY"系列

95. "小牛顿科学馆"系列（第一辑）

96. "妈妈，这是为什么"系列

97. 孩子提问题 大师来回答

98. "可怕的科学"惊奇地理系列

99. "第一次发现"手电筒系列

图书在版编目（CIP）数据

真正的陪伴：爸爸教育孩子的9个关键词/张贵勇
著.—北京：中央编译出版社，2014.4（2020.1重印）
ISBN 978-7-5117-2089-4

Ⅰ.①真… Ⅱ.①张… Ⅲ.①家庭教育 Ⅳ.①G78

中国版本图书馆CIP数据核字（2014）第048074号

真正的陪伴：爸爸教育孩子的9个关键词

出 版 人：	刘明清
出版统筹：	贾宇琰
责任编辑：	廖晓莹
特约编辑：	陈朝阳
出　　版：	中央编译出版社
地　　址：	北京西城区车公庄大街乙5号鸿儒大厦B座（100044）
电　　话：	（010）52612345（总编室）（010）52612313（编辑室） （010）52612316（发行部）（010）52612346（馆配部）
传　　真：	（010）66515838
经　　销：	全国新华书店
印　　刷：	天津旭丰源印刷有限公司
开　　本：	710×1000mm 1/16
字　　数：	210千字
插　　图：	9幅
印　　张：	17.75
版　　次：	2014年4月第1版
印　　次：	2020年1月第7次印刷
定　　价：	32.80元

网　　址：	www.cctphome.com　邮　箱：cctp@cctphome.com
新浪微博：	@中央编译出版社　微　信：中央编译出版社（ID:cctphome）
淘宝店铺：	中央编译出版社直销店（http://shop108367160.taobao.com）（010）55626985

本社常年法律顾问：北京市吴栾赵阎律师事务所律师　闫军　梁勤
凡有印装质量问题，本社负责调换。电话：（010）55626985